RÉSERVE ET ARMÉE TERRITORIALE

OFFICIERS ET ASSIMILÉS

Volume mis à jour à la date du 15 juillet 1913.

PARIS

Henri CHARLES-LAVAUZELLE

Éditeur militaire

10, Rue Danton, Boulevard Saint-Germain, 118

(MÊME MAISON A LIMOGES)

RÉSERVE ET ARMÉE TERRITORIALE

OFFICIERS ET ASSIMILÉS

Volume mis à jour à la date du 15 juillet 1913.

PARIS

Henri CHARLES-LAVAUZELLE

Éditeur militaire

10, Rue Danton, Boulevard Saint-Germain, 118

(MÊME MAISON A LIMOGES)

RÉSERVE ET ARMÉE TERRITORIALE

———

OFFICIERS ET ASSIMILÉS

———

Ire PARTIE.

État des officiers. — Avancement.

———

1° ÉTAT DES OFFICIERS DE RÉSERVE ET DES OFFICIERS DE L'ARMÉE TERRITORIALE.

———

Décret portant règlement sur l'état des officiers de réserve et des officiers de l'armée territoriale (1).

Paris, le 31 août 1878.

Le Président de la République française,

Sur le rapport du Ministre de la guerre,

Vu la loi du 13 mars 1875, sur la constitution des cadres

———

(1) Mis à jour par l'incorporation dans le texte des décrets des 20 mars 1890 et 1er juillet 1912.

et des effectifs de l'armée, et notamment les articles 45 et 58 ainsi conçus :

« *Art. 45.* L'état des officiers de réserve, le mode et les conditions de leur avancement, seront réglés par les lois spéciales relatives à l'état des officiers et à l'avancement. Il y sera pourvu transitoirement par décrets du Président de la République. »

« *Art. 58.* Les dispositions de l'article 45 de la présente loi sont applicables aux officiers de l'armée territoriale. »

Vu la loi du 27 juillet 1872, sur le recrutement de l'armée ;

Vu la loi du 24 juillet 1873, sur l'organisation de l'armée ;

Vu la loi du 18 novembre 1875, qui coordonne les nouvelles lois sur l'organisation de l'armée avec le Code de justice militaire ;

Vu la loi du 15 décembre 1875, sur les cadres de l'armée ;

Vu le décret du 15 juillet 1875, relatif aux positions des officiers de réserve ;

Vu le décret du 19 février 1876, relatif aux officiers de réserve qui vont résider à l'étranger ;

Vu la loi du 22 juin 1878, sur les pensions de l'armée de terre ;

Vu le décret du 29 juin 1878, sur les conseils d'enquête de l'armée active ;

Le Conseil d'Etat entendu,

Décrète :

TITRE PREMIER.

DU GRADE.

Art. 1er. Le grade des officiers de réserve et des officiers de l'armée territoriale est conféré par décret du Président de la République, sur la proposition du Ministre de la guerre, conformément aux articles 31 de la loi du 24 juillet 1873 et 41 de la loi du 13 mars 1875 ; il constitue l'état de l'officier et ne se perd que par l'une des causes ci-après :

1° Radiation des cadres prononcée dans les formes et les conditions prévues par les articles 2, 3, 4 et 5 du présent décret ;

2° Démission acceptée par le Président de la République ;

3° Perte de la qualité de Français prononcée par jugement ;

4° Condamnation à une peine afflictive ou infamante ;

5° Condamnation à une peine correctionnelle pour délits prévus par les articles 379 à 408 du Code pénal ;

6° Condamnation à une peine correctionnelle d'emprisonnement et qui, en outre, a placé le condamné sous la surveillance de la haute police et l'a interdit des droits civiques, civils et de famille ;

7° Destitution prononcée par jugement d'un conseil de guerre ;

8° Révocation prononcée dans les formes et les conditions prévues par les articles 6 et 7 du présent décret.

Les officiers de réserve et les officiers de l'armée territoriale rayés des cadres dans les conditions prévues par les articles 2, 3 ou 4 du présent décret, peuvent, sur leur demande, être réintégrés dans leur ancien grade s'ils remplissent encore les conditions d'aptitude nécessaires.

Un arrêté ministériel détermine le mode suivant lequel cette aptitude est constatée.

Peuvent, dans les mêmes conditions, être réintégrés dans leur ancien grade, les officiers de réserve et de l'armée territoriale démissionnaires. Cette disposition ne s'applique pas, en cas de mobilisation, aux officiers démissionnaires encore liés au service dans la réserve de l'armée active.

La réintégration est prononcée, par décret, sur le rapport du Ministre de la guerre.

Le temps écoulé entre la radiation des cadres ou l'acceptation de la démission ou la réintégration ne compte pas pour la fixation du rang d'ancienneté.

De la radiation des cadres.

Art. 2. Les officiers de réserve sont rayés des cadres de l'armée active : lorsqu'ils sont appelés par leur âge à passer dans l'armée territoriale, à moins qu'une décision du Ministre de la guerre, rendue sur leur demande, ne les admette à rester dans les cadres des officiers de réserve, conformément à l'article 44 de la loi du 13 mars 1875.

Les officiers maintenus malgré leur âge dans le cadre des officiers de réserve et les officiers de l'armée territoriale sont rayés des cadres à l'expiration du temps de service exigé par la loi de recrutement, à moins qu'une décision du Ministre de la guerre, rendue sur leur demande, ne les admette à rester soit dans la réserve, soit dans l'armée territoriale, conformément aux articles 44 et 56 de la loi du 13 mars 1875.

Les officiers de réserve pères de quatre enfants vivants sont, sur leur demande, admis à passer par anticipation dans l'armée territoriale.

Art. 3. Les officiers de tout grade, retraités par application de la loi du 22 juin 1878, sont rayés des cadres de l'armée, lorsqu'ils sont restés à la disposition du Ministre de la guerre pendant cinq ans à partir de leur mise à la retraite, conformément à l'article 2 de ladite loi, à moins qu'une décision du Ministre de la guerre, rendue sur leur demande, ne les maintienne dans la réserve ou dans l'armée territoriale, s'ils n'ont pas atteint la limite d'âge fixée par l'article 56 de la loi du 13 mars 1875.

Art. 4. Sont également rayés des cadres les officiers de réserve et ceux de l'armée territoriale qui ont atteint l'âge fixé par l'article 56 de la loi du 13 mars 1875.

Art. 5. La radiation des cadres des officiers de réserve ou des officiers de l'armée territoriale peut encore être prononcée par décret du Président de la République, sur les certificats des médecins désignés à cet effet par l'autorité militaire et après avis du conseil de santé des armées :

1° Pour tout officier reconnu atteint d'infirmités incurables;

2° Pour tout officier placé hors cadres pour raison de santé depuis trois ans.

De la révocation.

Art. 6. La révocation est prononcée par décret du Président de la République :

1° Contre tout officier de réserve ou contre tout officier de l'armée territoriale déclaré en état de faillite;

2° Contre tout officier, possédant une charge d'officier ministériel, qui est destitué par jugement ou révoqué par mesure disciplinaire.

Art. 7. La révocation peut être prononcée, par décret du Président de la République, sur l'avis conforme d'un conseil d'enquête :

1° Pour révocation d'un emploi civil par mesure disciplinaire;

2° Pour faute contre l'honneur, à quelque époque qu'elle ait été commise;

3° Pour inconduite habituelle ;

4° Pour fautes graves dans le service ou contre la discipline ;

5° Pour condamnation à une peine correctionnelle, lorsque la nature du délit et la gravité de la peine paraissent rendre cette mesure nécessaire ;

6° Contre tout officier qui, ayant été suspendu de ses fonctions pendant un an pour avoir manqué aux prescriptions de l'article 55 de la loi du 15 juillet 1889 (1), n'a pas, à l'expiration de cette peine disciplinaire, fait connaître officiellement sa résidence, ou a commis une nouvelle infraction à ces dispositions ;

7° Contre tout officier qui, en dehors de la période d'activité, adresse à un de ses supérieurs militaires ou publie contre lui un écrit injurieux, ou commet envers l'un d'eux un acte offensant ;

8° Contre tout officier qui publie ou divulgue, dans des conditions nuisibles aux intérêts de l'armée, des renseignements particuliers à sa connaissance en raison de sa position militaire ;

9° Contre tout officier suspendu de son grade par mesure disciplinaire dans les conditions prévues par l'article 16 ci-après.

TITRE II.

DES SITUATIONS DE L'OFFICIER.

Art. 8. Les officiers de réserve et ceux de l'armée territoriale sont compris dans les cadres ou placés hors cadres.

Art. 9. Sont compris dans les cadres tous les officiers faisant partie d'un corps de troupes ou pourvus d'un des emplois prévus par les articles 38 et 51 de la loi du 13 mars 1875, qu'ils soient appelés à un service actif ou qu'ils restent dans leurs foyers à la disposition du gouvernement.

Art. 10. L'officier hors cadres est celui qui est pourvu d'un grade, sans cependant compter dans un corps de troupes ni être affecté à l'un des emplois prévus par les articles 38 et 51 de la loi du 13 mars 1875, et qui est temporairement dispensé de tout service.

Tout officier mis hors cadres est remplacé dans son emploi.

---

(1) Devenu article 45 de la loi du 21 mars 1905.

Art. 11. Sont placés hors cadres :

1° Les officiers de réserve ou ceux de l'armée territoriale auxquels cette situation est conférée en raison des emplois ou fonctions qu'ils remplissent dans l'ordre civil, et dont la nomenclature est déterminée par décret du Président de la République inséré au *Bulletin des lois*.

Ces officiers rentrent dans les cadres aussitôt qu'ils cessent d'exercer les fonctions qui avaient motivé leur mise hors cadres;

2° Les officiers de réserve ou ceux de l'armée territoriale reconnus, par les médecins militaires désignés à cet effet, incapables d'exercer leurs fonctions militaires pendant six mois au moins; cette situation ne peut se prolonger plus de trois années.

A l'expiration de la troisième année, les certificats médicaux concernant ces officiers sont examinés par le conseil de santé des armées, qui émet son avis sur la question de savoir s'il y a lieu de les rayer des cadres.

Art. 12. Sont également placés hors cadres les officiers suspendus pour un an conformément aux articles 14 et 15 du présent décret, jusqu'au moment où ils sont réintégrés dans un emploi.

Art. 13. Le temps passé hors cadres ne compte pas pour la fixation du rang d'ancienneté.

TITRE III.

DE LA SUSPENSION.

Art. 14. Tout officier, durant la période d'activité ou en dehors de cette période, peut être suspendu disciplinairement de ses fonctions par décision du Président de la République, sur le rapport du Ministre de la guerre, pendant trois mois au moins et un an au plus.

Art. 15. L'officier suspendu pour un an est remplacé dans son emploi.

Tout officier suspendu ne peut porter l'uniforme ni prendre part à aucune réunion.

Le temps de la suspension ne compte pas pour la fixation du rang d'ancienneté.

Art. 16. En cas de mobilisation, tout officier suspendu pour moins d'un an est réintégré dans ses fonctions; celui qui est suspendu pour un an est, dans le même cas, envoyé devant un conseil d'enquête ; il peut être révoqué sur avis conforme de ce conseil, sinon il est réintégré dans un emploi de son grade.

TITRE IV.

DES CONSEILS D'ENQUÊTE.

(Art. 17 à 21 et tableaux n°ˢ 1 et 2 du décret du 31 août 1878, portant règlement sur l'état des officiers de réserve et de l'armée territoriale, art. 3 du décret du 3 février 1880 abrogés et remplacés par le décret du 8 novembre 1903.)

Art. 22. Lors de la réunion d'un conseil d'enquête pour un officier de réserve ou pour un officier de l'armée territoriale, soit pendant la période d'activité, soit en dehors de cette période, le président du conseil pose, suivant les cas, séparément, et dans les termes ci-après, les questions suivantes, savoir :

M.   est-il dans le cas d'être révoqué de son grade comme ayant été révoqué de son emploi civil par mesure disciplinaire ?

M.   est-il dans le cas d'être révoqué pour faute contre l'honneur ?

M.   est-il dans le cas d'être révoqué pour inconduite habituelle ?

M.   est-il dans le cas d'être révoqué pour fautes graves dans le service ?

M.   est-il dans le cas d'être révoqué pour fautes graves contre la discipline ?

M.   , condamné à une peine correctionnelle de   , par jugement du   , est-il dans le cas d'être révoqué ?

M.   est-il dans le cas d'être révoqué pour, après avoir été suspendu de ses fonctions pendant un an à la suite d'une infraction à l'article 55 de la loi du 15 juillet 1889 (1),

---

(1) Devenu article 45 de la loi du 21 mars 1905.

n'avoir pas, à l'expiration de cette peine disciplinaire, fait connaître officiellement sa résidence, ou avoir commis une nouvelle infraction à ces dispositions?

M.   est-il dans le cas d'être révoqué pour avoir, en dehors de la période d'activité, adressé à un de ses supérieurs militaires ou publié contre lui un écrit injurieux, ou avoir commis contre l'un d'eux un acte offensant?

M.   est-il dans le cas d'être révoqué pour avoir publié ou divulgué, dans des conditions nuisibles aux intérêts de l'armée, des renseignements parvenus à sa connaissance en raison de sa position militaire?

M.   , suspendu de ses fonctions pour un an, est-il dans le cas d'être révoqué?

TITRE V.

DISPOSITIONS GÉNÉRALES.

Art. 23. Les dispositions édictées par le présent décret pour les officiers de réserve et pour ceux de l'armée territoriale sont applicables aux fonctionnaires assimilés ou ayant rang d'officier.

Art. 24. Sont rapportées les dispositions des décrets antérieurs, en ce qu'elles ont de contraire au présent décret.
Le décret du 15 juillet 1875, relatif aux positions des officiers ou assimilés de réserve, et le décret du 19 février 1876, relatif aux officiers de réserve qui vont résider à l'étranger, sont et demeurent abrogés.

Art. 25. Le Ministre de la guerre est chargé de l'exécution du présent décret, qui sera inséré au *Journal officiel* et au *Bulletin des lois.*

Décret qui modifie le décret du 31 août 1878, portant règlement sur l'état des officiers de réserve et des officiers de l'armée territoriale.

Paris, le 3 février 1880.

Le Président de la République française,
Sur le rapport du Ministre de la guerre,

Vu les articles 45 et 58 de la loi du 13 mars 1875, sur la constitution des cadres et des effectifs de l'armée ;

Vu la loi du 22 juin 1878, sur les pensions des officiers de l'armée de terre ;

Vu le décret du 31 août 1878, sur l'état des officiers de réserve et des officiers de l'armée territoriale ;

Le Conseil d'Etat entendu,

Décrète :

Art. 1er. Les officiers admis à la retraite et placés pendant cinq ans à la disposition du Ministre de la guerre, par application de la loi du 22 juin 1878, sont pourvus d'emplois dans les cadres de l'armée territoriale de préférence aux officiers de cette même armée qui n'ont pas la même origine.

Ces derniers peuvent être mis à la suite par décret du Président de la République rendu sur le rapport du Ministre de la guerre.

Art. 2. Tout officier mis à la suite, par application de l'article précédent, et qui a atteint la limite du temps de service exigé dans la réserve de l'armée territoriale, peut être rayé des cadres par décision ministérielle.

Art. 3. Abrogé. (Décret du 8 novembre 1903.)

Art. 4. Sont abrogés les dispositions du décret du 31 août 1878, contraires au présent décret, ainsi que les tableaux annexés audit décret du 31 août 1878.

Art. 5. Le Ministre de la guerre est chargé de l'exécution du présent décret, qui sera inséré au *Journal officiel* et au *Bulletin des lois.*

Décret relatif aux conseils d'enquête des officiers de réserve et de l'armée territoriale.

Paris, le 8 novembre 1903.

Le Président de la République française,

Sur le rapport du Ministre de la guerre,

Vu les articles 45 et 58 de la loi du 13 mars 1875 sur la constitution des cadres et des effectifs de l'armée ;

Vu les décrets des 31 août 1878 et 3 février 1880 portant règlement sur l'état des officiers de réserve et de l'armée territoriale;

Vu le décret du 8 novembre 1903 portant règlement d'administration publique sur les conseils d'enquête d'officiers;

Le Conseil d'Etat entendu,

Décrète :

Art. 1er. Lorsqu'il y a lieu de réunir un conseil d'enquête pour émettre un avis sur la situation d'un officier de réserve ou de l'armée territoriale, soit en dehors des périodes d'activité, soit pendant une de ces périodes, il est composé et fonctionne comme les conseils d'enquête de l'armée active ; les dispositions du décret du 8 novembre 1903 et des tableaux y annexés lui sont applicables, sauf référence, quand il y a lieu, aux correspondances de grades déterminées, pour chaque service, par l'acte organique qui le concerne et sous réserve des modifications spécifiées dans les articles ci-après.

Dans le cas où l'officier soumis à l'enquête est un attaché du cadre auxiliaire du service de l'intendance, la composition du conseil est la même que pour un lieutenant ou sous-lieutenant, sous cette réserve que le chef de bataillon, membre du conseil, est remplacé par un adjoint à l'intendance.

Art. 2. Dans chaque conseil d'enquête, les deux officiers les moins élevés en grade sont pris, dans l'arme ou le service de l'officier soumis à une enquête, parmi les officiers de réserve ou parmi ceux de l'armée territoriale, suivant que l'officier soumis à l'enquête appartient aux cadres de la réserve ou de l'armée territoriale ; l'autorité qui constitue le conseil les désigne parmi les officiers accomplissant une période d'activité ou en résidence dans le gouvernement militaire, la région ou la division où se forme le conseil, sans être tenue de suivre aucun tour de rôle ou aucun ordre d'ancienneté.

Si dans le gouvernement militaire, la région, ou, en Algérie, la division, il ne se trouve pas un nombre suffisant d'officiers de la réserve ou de l'armée territoriale, suivant les cas, réunissant les conditions exigées, il y est suppléé en prenant des officiers de l'armée territoriale au lieu d'officiers de réserve ou, récipoquement, des officiers de réserve au lieu d'officiers de l'armée territoriale.

S'il n'est pas possible de constituer ainsi le conseil, il est fait appel à des officiers d'un grade plus élevé de la même arme ou du même service appartenant, suivant le cas, et sauf remplacement dans les conditions prévues par le paragraphe précédent, à la réserve ou à l'armée territoriale, sans que leur grade puisse être supérieur à celui du président du conseil d'enquête.

A défaut d'officiers de la réserve ou de l'armée territoriale remplissant les conditions déterminées par les paragrahpes précédents, il est fait appel à des officiers de l'armée active de la même arme ou du même service que l'officier soum's à l'enquête, pris, d'après l'ordre d'ancienneté, sur la liste établie en exécution de l'article 4 du décret du 8 novembre 1903.

Art. 3. Pendant les périodes d'activité, les officiers de réserve et de l'armée territoriale peuvent être envoyés devant un conseil d'enquête formé soit dans le gouvernement, la région ou la division où se trouve le corps, le service ou l'établissement auquel appartient l'officier ou auprès duquel il est détaché, soit dans le gouvernement, la région ou la division où se sont produits les faits motivant l'enquête.

En dehors des périodes d'activité, le conseil d'enquête peut être constitué soit dans l'une des régions mentionnées au paragraphe précédent, soit dans le gouvernement militaire, la région ou la division où l'officier soumis à l'enquête a sa résidence.

Art. 4. La décision du Ministre de la guerre qui envoie un officier de réserve ou de l'armée territoriale devant un conseil d'enquête peut être prise soit d'office, soit, pendant les périodes d'activité, sur le rapport des autorités désignées à l'article 9 du décret du 8 novembre 1903 sur les conseils d'enquête de l'armée active, et, en dehors de ces périodes, sur le rapport de l'officier général exerçant le commandement dans la région, le gouvernement militaire, ou la division où l'officier soumis à l'enquête a sa résidence.

Art. 5. Sont et demeurent abrogés :

Les articles 17 à 21 et les tableaux nos 1 et 2 du décret du 31 août 1878, portant règlement sur l'état des officiers de réserve et des officiers de l'armée territoriale ;

L'article 3 du décret du 3 février 1880 ;

Et toutes les dispositions contraires au présent décret.

Art. 6. Les Ministres de la guerre et des colonies sont chargés, chacun en ce qui le concerne, de l'exécution du présent décret qui sera publié au *Journal officiel* et inséré au *Bulletin des lois.*

Décret permettant de rayer, soit sur leur demande, soit d'office, les officiers de réserve ou de l'armée territoriale maintenus après limite d'âge.

Paris, le 24 août 1904.

Le Président de la République française,

Sur le rapport du Ministre de la guerre,

Vu la loi du 13 mars 1875, sur la constitution des cadres et des effectifs de l'armée, et l'article 3 de la loi du 19 juillet 1892, modifiant la durée du service militaire;

Vu le décret du 31 août 1878, portant règlement sur l'état des officiers de réserve et des officiers de l'armée territoriale;

Le Conseil d'Etat entendu,

Décrète :

Art. 1er. Les officiers pourvus d'un emploi dans les conditions fixées par l'article 3 de la loi du 19 juillet 1892, peuvent être rayés des cadres par décret, soit sur leur demande, soit d'office, sur le rapport du chef de corps ou de service et après avis des autorités militaires territoriales.

Art. 2. Le Ministre de la guerre est chargé de l'exécution du présent décret, qui sera publié au *Journal officiel* et inséré au *Bulletin des lois.*

2° OFFICIERS PLACÉS HORS CADRES.

(Art. 11, § 1er du décret du 31 août 1878.)

Décret qui détermine la nomenclature des fonctions ou emplois civils pouvant faire placer hors cadres les officiers de réserve ou de l'armée territoriale qui en sont revêtus (1).

Paris, le 18 novembre 1908.

Le Président de la République française,

Vu le décret du 31 août 1876, portant règlement sur l'état des officiers de réserve ou de l'armée territoriale, notamment le premier paragraphe de l'article 11 ainsi conçu :

« Sont placés hors cadres et, en conséquence, dispensés temporairement de tout service :

« 1° Les officiers de réserve et ceux de l'armée territoriale auxquels cette situation est conférée en raison des emplois ou fonctions qu'ils remplissent dans l'ordre civil, et dont la nomenclature est déterminée par décret du Président de la République inséré au *Bulletin des lois* » ;

Sur le rapport du Ministre de la guerre,

Décrète :

Art. 1er. Les fonctions ou emplois civils pouvant faire placer hors cadres les officiers de réserve ou de l'armée territoriale qui en sont revêtus sont les suivants :

1° Les fonctions diplomatiques ou consulaires (ambassadeurs, ministres plénipotentiaires, secrétaires d'ambassade, attachés d'ambassade, consuls généraux, consuls, élèves consuls, vice-consuls rétribués, chanceliers, drogmans et interprètes, commis de chancellerie) ;

2° Les fonctions administratives spéciales (préfets, sous-préfets, secrétaires généraux) ;

3° Les emplois d'officiers du génie attachés soit au service de

---

(1) Mis à jour par l'incorporation dans le texte des paragraphes 11° et 12° (décret du 10 juillet 1912).

la marine, soit à celui des différentes compagnies de chemins de fer, soit à l'administration des chemins de fer de l'Etat ;

4° Les officiers d'artillerie (réserve ou armée territoriale) anciens élèves de l'Ecole polytechnique, attachés soit aux différentes compagnies de chemins de fer, soit à l'administration des chemins de fer de l'Etat ;

5° Les officiers d'artillerie (réserve ou armée territoriale) anciens élèves de l'Ecole centrale des arts et manufactures attachés soit aux différentes compagnies de chemins de fer, soit à l'administration des chemins de fer de l'Etat ;

6° Les anciens élèves de l'Ecole polytechnique et de l'Ecole forestière investis d'un grade d'assimilation (réserve et armée territoriale) ;

7° Les anciens élèves de ces mêmes écoles qui, investis d'un grade d'assimilation et pourvus d'un emploi militaire, ne seraient pas maintenus dans cet emploi ;

8° Les officiers de réserve et de l'armée territoriale nommés à des emplois de commissaire de police ;

9° Les officiers de réserve ou de l'armée territoriale occupant des emplois d'inspecteur spécial de police ;

10° Les officiers de réserve et de l'armée territoriale occupant un des emplois énumérés dans les tableaux B et C annexés de la loi du 21 mars 1905 sur le recrutement de l'armée.

11° Les fonctionnaires ou employés des administrations centrales des ministères de la guerre et de la marine, nominativement désignés par le Ministre intéressé.

12° Les fonctionnaires divers qui, en raison de leur emploi, seraient placés en sursis d'appel s'ils n'étaient officiers de réserve ou de territoriale.

Art. 2. Les décrets des 24 octobre 1878, 25 septembre 1879, 20 mars 1881, 26 mai 1882, 2 mai 1892, 21 août 1892, 31 mars 1899 et 22 avril 1899 sont et demeurent abrogés.

Art. 3. Le Ministre de la guerre est chargé de l'exécution du présent décret.

3° CHANGEMENTS D'ARME OU DE SERVICE DES OFFICIERS DE COMPLÉMENT.

Décret autorisant les officiers des réserves et assimilés à changer d'arme ou de service.

Paris, le 19 juillet 1906.

Le Président de la République française,
Sur le rapport du Ministre de la guerre,

Vu la loi du 13 mars 1875, sur la constitution des cadres et des effectifs de l'armée, et notamment les articles 45 et 58 ;

Vu la loi du 24 juillet 1873, sur l'organisation de l'armée ;

Vu le décret du 16 juin 1897, sur l'avancement des officiers de réserve et des officiers de l'armée territoriale ;

Vu le décret du 31 août 1878, portant règlement sur l'état des officiers de réserve et des officiers de l'armée territoriale, modifié par les décrets du 3 février 1880, du 20 mars 1890 et du 8 novembre 1903 :

Le Conseil d'Etat entendu,

Décrète :

Art. 1er. Les officiers de réserve et les officiers de l'armée territoriale du grade de capitaine, lieutenant ou sous-lieutenant peuvent être autorisés à changer d'arme, s'ils justifient, dans les formes déterminées par un arrêté ministériel, qu'ils remplissent les conditions d'aptitude nécessaires (1).

L'autorisation de changer de service peut être accordée dans les mêmes conditions aux officiers d'administration de 1re, de 2e ou de 3e classe de la réserve et de l'armée territoriale.

Art. 2. Les changements d'arme ou de service sont prononcés, après consentement des deux chefs de corps ou de service intéressés et avis de leurs chefs hiérarchiques, par décision du Président de la République, rendue sur le rapport du Ministre de la guerre.

Art. 3. Le Ministre de la guerre est chargé de l'exécution du présent décret, qui sera publié au *Journal officiel* et inséré au *Bulletin des lois*.

---

(1) Article 30 de l'instruction, page 44.

4ᵉ AVANCEMENT.

Décret relatif à l'avancement des officiers de réserve et des officiers de l'armée territoriale.

Paris, le 10 décembre 1907.

Rapport au Président de la République française.

Monsieur le Président,

L'expérience a fait apparaître la nécessité de remanier les dispositions relatives à l'avancement des officiers des réserves.

Le projet de décret ci-joint met au point les nouvelles conditions d'avancement de ces officiers. Les modifications importantes apportées aux dispositions actuellement en vigueur sont les suivantes :

1° *Périodes d'instruction exigées avant promotion.* — L'obligation d'accomplir un certain nombre de périodes d'instruction pour passer d'un grade à un autre est rétablie;

2° *Suppression des examens pour capitaines et chefs de bataillon.* — Cette mesure, appliquée depuis longtemps aux officiers de l'armée active, est étendue aux officiers de complément;

3° *Promotion au grade de lieutenant automatiquement après quatre ans de grade et deux périodes.* — Innovation qui se justifie par l'identité des fonctions correspondant aux grades de lieutenant et de sous-lieutenant;

4° *Conditions particulières aux sous-officiers retraités.* — En ce qui concerne les sous-officiers retraités, le temps d'ancienneté et le nombre de périodes exigés pour passer d'un grade à un autre ont été réduits. Leur situation morale se trouvera ainsi relevée et le recrutement ultérieur des cadres territoriaux sera rendu plus facile.

Si vous approuvez ces diverses propositions, j'ai l'honneur de vous prier de vouloir bien revêtir de votre signature le projet de décret ci-joint.

DÉCRET.

Le Président de la République française,
Vu les articles 45 et 58 de la loi du 13 mars 1875;
Sur le rapport du Ministre de la guerre,

Décrète :

I. — OFFICIERS DE RÉSERVE.

Art. 1er. Les sous-lieutenants de réserve sont promus lieute-nants lorsqu'ils comptent quatre années de grade de sous-lieutenant, et s'ils ont accompli deux périodes d'instruction avec ce grade.

Les sous-lieutenants de réserve provenant des sous-officiers retraités et ceux provenant des grandes écoles civiles énumérées à l'article 23 de la loi du 21 mars 1905, à l'exception de l'Ecole nationale des eaux et forêts, sont promus lieutenants lorsqu'ils comptent deux ans de grade de sous-lieutenant, s'ils ont accompli une période d'instruction.

Art. 2. Les lieutenants de réserve de toutes origines peuvent être promus capitaines lorsqu'ils comptent six ans de grade de lieutenant et ont accompli trois périodes d'instruction avec ce grade.

Art. 3. Les capitaines de réserve provenant des anciens officiers de l'armée active peuvent être promus chefs de bataillon ou d'escadron de réserve, lorsqu'ils comptent six années de grade de capitaine et ont accompli trois périodes d'instruction avec ce grade.

Le nombre des périodes est réduit à une pour ceux de ces officiers qui proviennent des capitaines retraités ou démission-naires de l'armée active.

Art. 4. Les chefs d'escadron de réserve d'artillerie provenant des chefs d'escadron retraités ou démissionnaires de l'armée active peuvent être promus lieutenants-colonels de réserve s'ils comptent quatre ans de grade et s'ils ont accompli une période d'instruction.

II. — OFFICIERS DE L'ARMÉE TERRITORIALE.

Art. 5. Les sous-lieutenants de l'armée territoriale sont promus lieutenants lorsqu'ils comptent quatre ans de grade de sous-lieutenant, s'ils ont accompli deux périodes d'instruction avec ce grade.

Les sous-lieutenants de l'armée territoriale provenant des sous-officiers retraités sont promus lieutenants lorsqu'ils comptent deux ans de grade de sous-lieutenant, s'ils ont accompli une période d'instruction avec ce grade.

Art. 6. Les lieutenants de réserve ou de l'armée territoriale peuvent être promus capitaines, lorsqu'ils comptent six ans de grade de lieutenant, s'ils ont accompli trois périodes d'instruction avec ce grade.

Les lieutenants de réserve ou de l'armée territoriale provenant des sous-officiers retraités peuvent être promus capitaines dans l'armée territoriale, lorsqu'ils comptent trois ans de grade de lieutenant, s'ils ont accompli une période d'instruction avec ce grade.

Art. 7. Les capitaines de réserve ou de l'armée territoriale peuvent être promus chefs de bataillon ou d'escadron dans l'armée territoriale, lorsqu'ils comptent six ans de grade de capitaine, s'ils ont accompli trois périodes d'instruction avec ce grade.

Le nombre des périodes est réduit à une pour les capitaines de réserve ou de l'armée territoriale provenant des anciens officiers de l'armée active.

Art. 8 (1). Les chefs de bataillon ou d'escadron de réserve ou de l'armée territoriale, provenant des chefs de bataillon ou d'escadron retraités ou démissionnaires de l'armée active, peuvent être promus lieutenants-colonels dans l'armée territoriale lorsqu'ils comptent quatre ans de grade, s'ils ont accompli une période d'instruction.

Les chefs de bataillon de réserve ou de l'armée territoriale, provenant des capitaines retraités ou démissionnaires de l'armée active, peuvent être promus lieutenants-colonels dans les mêmes conditions d'ancienneté, s'ils ont accompli deux périodes d'instruction depuis leur promotion au grade de chef de bataillon ou d'escadron.

Les chefs de bataillon ou d'escadron de réserve ou de l'armée territoriale, ne provenant pas des catégories d'officiers visées aux paragraphes qui précèdent, peuvent être promus lieutenants-colonels dans l'armée territoriale, s'ils ont rendu des services exceptionnels soit comme officiers de réserve ou de l'armée territoriale, soit en prêtant un concours assidu aux écoles d'instruction ou aux sociétés agréées de préparation et de perfectionnement militaires.

---

(1) Nouvelle rédaction (décret du 6 mai 1911, *B. O.*, p. 569).

III. — DISPOSITIONS COMMUNES AUX OFFICIERS DE RÉSERVE ET AUX OFFICIERS DE L'ARMÉE TERRITORIALE.

Art. 9. Aucune période d'instruction n'est exigée pour la promotion des officiers de réserve ou de l'armée territoriale qui, lors du travail annuel d'avancement, ont été proposés pour le grade supérieur dans l'armée active.

Art. 10. L'avancement a lieu au choix sur toute l'arme, sauf pour le grade de lieutenant, qui est donné dans les conditions particulières prévues aux articles 1er et 5.

Art. 11. L'aptitude des candidats à l'avancement est constatée d'après leur manière de servir au cours des périodes d'instruction, sans recourir à des examens spéciaux donnant lieu à la délivrance d'un certificat.

Art. 12. Les conditions d'ancienneté de grade exigées des officiers de réserve de l'armée territoriale, pour l'avancement, ne sont pas applicables à ceux d'entre eux dont l'admission au grade d'officier ou l'avancement sont réglés par des décrets spéciaux.

Art. 13. L'ancienneté de grade des officiers de réserve ou de l'armée territoriale est déterminée par la date du décret qui les a nommés à leur grade, soit dans l'armée active, soit dans la réserve, soit dans l'armée territoriale, déduction faite des interruptions de service.

Le temps passé par les officiers de réserve ou de l'armée territoriale dans leurs foyers compte pour l'ancienneté de grade. Le temps passé dans la position hors cadres et le temps de la suspension sont déduits de l'ancienneté.

Art. 14. Les officiers de réserve ou de l'armée territoriale sont inscrits au tableau d'avancement et peuvent en être rayés dans les mêmes formes que les officiers de l'armée active.

Art. 15. En temps de guerre, les officiers de réserve ou de l'armée territoriale peuvent obtenir de l'avancement dans les mêmes conditions que les officiers de l'armée active, mais au titre de la réserve ou de l'armée territoriale.

Art. 16. Le décret du 16 juin 1897 et les dispositions antérieures contraires au présent décret sont et demeurent abrogés.

Art. 17. Le Ministre de la guerre est chargé de l'exécution du présent décret.

5° RÉSERVE SPÉCIALE.

Loi créant, pour les officiers, la position dite
« en réserve spéciale ».

(Direction de l'Infanterie; Bureau du Personnel.)

Paris, le 11 avril 1911.

Le Sénat et la Chambre des députés ont adopté,
Le Président de la République promulgue la loi dont la teneur suit :

Art. 1er. Le Ministre de la guerre est autorisé à mettre, chaque année, sur leur demande, dans une position dite « en réserve spéciale », cent officiers des différentes armes ou services des troupes métropolitaines ou coloniales, ayant accompli dans l'armée active au minimum douze années de services effectifs, dont six en qualité d'officier.

Ces officiers sont remplacés, nombre pour nombre, dans les cadres de l'armée active, au moment de leur départ de l'activité.

Art. 2. Les officiers en réserve spéciale sont pourvus d'un emploi de leur grade ou d'un grade supérieur dans les réserves, et ne peuvent être rappelés à l'activité qu'en cas de mobilisation générale ou partielle.

Ils sont astreints à une période d'instruction de cinq semaines tous les deux ans et ce jusqu'au moment où ils ont atteint l'âge de cinquante-trois ans. Pendant ces périodes, ils jouissent des droits, avantages et prérogatives des officiers du même grade de l'armée active dans les mêmes conditions que les officiers de réserve et de l'armée territoriale. En dehors des périodes, ils jouissent de tous les droits dévolus aux autres citoyens français et en particulier de leurs droits politiques.

Art. 3. Il est alloué aux officiers en réserve spéciale, quel que soit leur grade au moment où ils ont quitté le service actif et quels que soient les grades qu'ils obtiendront ultérieurement dans les réserves, une solde annuelle dont le minimum est fixé par le tableau ci-dessous et qui est majorée ensuite de trente francs (30 francs) pour chaque période obligatoire effectivement accomplie.

NOMBRE D'ANNÉES de SERVICE ACTIF.	TAUX INITIAL de la solde.	NOMBRE D'ANNÉES de SERVICE ACTIF.	TAUX INITIAL de la solde.
	francs.		francs.
12 ans..................	1.245	21 ans..................	1.740
13 ans........	1.300	22 ans	1.795
14 ans..................	1.355	23 ans............. ...	1.850
15 ans..................	1.410	24 ans..................	1.905
16 ans..................	1.465	25 ans..................	1.960
17 ans..................	1.520	26 ans..................	2.015
18 ans..................	1.575	27 ans..................	2.070
19 ans..................	1.630	28 ans...	2.125
20 ans..................	1.685	29 ans..................	2.180

Au cours des périodes d'instruction, ils perçoivent, en sus de la solde de réserve, la différence entre la solde du grade dont ils sont titulaires dans les réserves et la portion de la solde de réserve qui correspond à la durée de la période.

Aucune période d'instruction accomplie en dehors des périodes biennales et pour quelque motif que ce soit ne donne droit à une majoration de solde. L'officier qui demandera à avancer d'une année l'accomplissement d'une période ne pourra prétendre à la majoration de solde qu'au moment où elle lui serait normalement échue.

Art. 4. Les officiers en réserve spéciale peuvent être admis et obtenir de l'avancement dans la Légion d'honneur. Une loi spéciale déterminera le nombre de décorations qui leur sont spécialement attribuées.

Ces décorations leur donnent droit au traitement de la Légion d'honneur dans les mêmes conditions que pour les officiers de l'armée active.

Art. 5. Les officiers sont rayés des cadres de la réserve spéciale à l'âge de 53 ans, et la solde dont ils sont titulaires à ce moment est transformée en une pension viagère d'un taux égal. Cette pension sera majorée, s'il y a lieu, pour les campagnes effectuées pendant que l'officier était en activité de service ou pour les campagnes de guerre qu'il a effectuées dans la situation de réserve spéciale, dans les conditions prévues par la loi du 11 avril 1831 modifiée le 15 mars 1904.

Cette pension n'est réversible sur les veuves et les orphelins que si le titulaire a accompli vingt-cinq ans de services dans l'armée active et si la condition de durée de mariage, requise par la loi du 11 avril 1831, est remplie.

Les officiers ainsi rayés du cadre de la réserve spéciale restent encore pendant cinq années à la disposition du Ministre de la guerre, dans les mêmes conditions que les officiers retraités normalement, et sont soumis aux mêmes obligations.

Art. 6. Le cumul de la solde de réserve spéciale ou de la pension avec les traitements de l'Etat, des départements et des communes, est autorisé dans les limites fixées actuellement pour les titulaires des pensions militaires.

Les officiers en réserve spéciale ne peuvent être compris parmi les titulaires de certaines fonctions ou emplois qui sont autorisés à ne pas rejoindre immédiatement, en cas de mobilisation, en vertu de l'article 42 de la loi du 21 avril 1905.

Art. 7. Les officiers en réserve spéciale peuvent demander à être rayés des cadres. Dans ce cas, ils remboursent la solde qu'ils ont perçue depuis la fin de la dernière période d'instruction accomplie par eux ou depuis leur admission dans la réserve spéciale s'ils n'ont encore accompli aucune période d'instruction.

Les officiers en réserve spéciale atteints d'infirmités incurables ou n'ayant pu, pour raisons de santé, accomplir de périodes d'instruction pendant deux années consécutives, peuvent être rayés des cadres dans les conditions fixées par les dispositions en vigueur pour les officiers de réserve.

Art. 8. Les officiers en réserve spéciale ne peuvent se dérober à l'obligation d'accomplir les périodes d'instruction auxquelles ils sont astreints. Ceux qui se soustrairaient à cette obligation seraient révoqués.

Toutefois, en cas de maladie dûment constatée ou en cas de force majeure constituant un empêchement absolu, la période d'instruction peut être reportée à l'année suivante par décision du Ministre de la guerre.

Art. 9. Les officiers en réserve spéciale peuvent être révoqués par mesure disciplinaire dans les conditions fixées par les dispositions en vigueur pour les officiers des réserves.

Dans tous les cas, la révocation entraîne le remboursement

des allocations perçues par les officiers révoqués à titre de solde de réserve, sans que toutefois la somme remboursée puisse dépasser le montant de trois années de cette solde.

Art. 10. Dans les six mois qui suivront la promulgation de la présente loi, un règlement d'administration publique réglera l'état, les droits au commandement, le mode et les conditions d'avancement des officiers en réserve spéciale et pourvoira aux mesures d'application de la loi.

La présente loi, délibérée et adoptée par le Sénat et par la Chambre des députés, sera exécutée comme loi de l'Etat.

Fait à Paris, le 11 avril 1911.

A. FALLIÈRES.

Par le Président de la République :

Le Ministre de la guerre,	*Le Ministre des finances,*
Maurice Berteaux.	J. Caillaux.

Décret portant règlement d'administration publique pour l'application de la loi du 11 avril 1911 créant, pour les officiers, la position dite « en réserve spéciale ».

(Direction de l'Infanterie; Bureau du Personnel.)

Paris, le 12 septembre 1911.

Rapport au Président de la République française.

Monsieur le Président,

J'ai l'honneur de soumettre à votre haute approbation deux projets de décrets fixant les mesures d'application de la loi du 11 avril 1911, qui a créé pour les officiers la postition dite « en réserve spéciale ».

Le premier, portant règlement d'administration publique et préparé en exécution de l'article 10 de cette loi, détermine les conditions d'admission dans cette réserve et règle l'état, les droits au commandement, le mode et les conditions d'avancement des officiers admis. Il a été délibéré et adopté par le Conseil d'Etat.

Le second projet, élaboré en exécution de l'article 1er du précédent, répartit entre les armes et services les cent admissions dans la réserve spéciale que le Ministre a la faculté de prononcer chaque année.

Si vous approuvez les dispositions de ces deux décrets, je vous prie de vouloir bien les revêtir de votre signature.

Veuillez agréer, Monsieur le Président, l'hommage de mon respectueux dévouement.

Le Ministre de la guerre,

Messimy.

Décret.

Le Président de la République française,

Sur le rapport du Ministre de la guerre,

Vu la loi du 11 avril 1911, créant pour les officiers la position dite « en réserve spéciale », et en particulier l'article 10 ainsi conçu :

« Dans les six mois qui suivront la promulgation de la présente loi, un règlement d'administration publique réglera l'état, les droits au commandement, le mode et les conditions d'avancement des officiers en réserve spéciale et pourvoira aux mesures d'application de la loi »;

Le Conseil d'Etat entendu,

Décrète :

Art. 1er. Les admissions dans la réserve spéciale que le Ministre de la guerre a la faculté de prononcer en vertu de l'article 1er de la loi du 11 avril 1911 sont réparties par décret entre les armes et services.

Elles sont prononcées, chaque année, conformément aux bases de répartition ainsi arrêtées, jusqu'à concurrence de la moitié du contingent attribué à chaque arme ou service au cours du mois de juin, et, pour le surplus, en décembre.

Dans le cas où, pour certaines armes ou certains services, le nombre des demandes d'admission est inférieur au contingent attribué à ces armes ou services, les places ainsi disponibles sont réparties, au mois de décembre, entre les autres armes et services au prorata de leurs contingents respectifs.

Art. 2. Peuvent seuls concourir pour les admissions dans la réserve spéciale à prononcer en juin et décembre de chaque année les officiers qui, réunissant aux dates des 1er juin et 1er décembre les conditions exigées par l'article 1er de la loi du 11 avril 1911, ont formulé ou renouvelé par écrit une demande à cet effet, au cours du semestre précédent et jusqu'à la date fixée par le Ministre de la guerre pour la réception des demandes.

Dans chaque arme et dans chaque service les désignations sont faites sans distinction de grades, en suivant l'ordre d'un tableau sur lequel les officiers sont classés d'après la durée de leurs services effectifs, augmentée, s'il y a lieu, de leurs campagnes sur le pied de guerre ou en temps de guerre décomptées comme en matière de pensions, et d'autant de semestres que la demande de passage dans la réserve spéciale a été renouvelée de fois sans interruption.

En cas d'égalité de la durée des services effectifs ainsi majorée entre deux ou plusieurs candidats, la désignation est faite en commençant par le grade le plus élevé et, dans chaque grade, par ancienneté de grade.

Art. 3. Les officiers placés dans la réserve spéciale sont répartis par le Ministre de la guerre entre la réserve de l'armée active et l'armée territoriale, suivant les besoins respectifs des cadres d'officiers correspondants; ils sont pourvus d'un emploi du grade dont ils étaient titulaires dans l'armée active.

Ultérieurement, ils peuvent être promus à un grade supérieur dans les conditions fixées par l'article 6 ci-après.

Art. 4. L'état des officiers en réserve spéciale est fixé par les dispositions en vigueur pour les officiers de réserve et de l'armée territoriale, sous les exceptions et modalités résultant soit de la loi du 11 avril 1911, soit des prescriptions du présent décret.

Les officiers en réserve spéciale ne peuvent être ni rayés des cadres pour expiration du temps de service exigé par la loi sur le recrutement, ni placés hors cadres.

Au cas où, ayant été suspendus, ils se trouveraient normalement appelés pendant leur suspension à accomplir une période d'instruction, celle-ci est ajournée à l'année suivante sans qu'il soit rien modifié ni au nombre ni à l'époque des autres périodes restant à accomplir.

En cas de comparution d'un officier en réserve spéciale devant un conseil d'enquête, les deux officiers les moins élevés en grade qui doivent faire partie du conseil sont pris dans la réserve spéciale ou, à défaut d'officiers de cette catégorie en résidence dans la subdivision de région, dans l'armée active.

Art. 5. Les droits au commandement des officiers en réserve spéciale sont ceux qui sont déterminés pour les officiers de réserve et les officiers de l'armée territoriale par les articles 43 et 47 de la loi du 13 mars 1875, modifiée par la loi du 9 décembre 1900.

Art. 6. L'avancement des officiers en réserve spéciale affectés soit à la réserve de l'armée active, soit à l'armée territoriale, a lieu exclusivement au choix dans les conditions ci-après déterminées.

Peuvent être promus :

1° Au grade de capitaine, les lieutenants qui comptent six ans de grade de lieutenant et ont accompli au moins une période d'instruction;

2° Au grade de chef de bataillon ou d'escadron, les capitaines qui comptent six ans de grade de capitaine et ont accompli au moins trois périodes d'instruction dans ce grade; toutefois, il n'est exigé qu'une période de ceux de ces officiers qui proviennent des capitaines de l'armée active;

3° Au grade de lieutenant-colonel, les chefs de bataillon ou d'escadron qui comptent quatre ans de grade de chef de bataillon ou d'escadron et ont accompli au moins trois périodes d'instruction dans ce grade; toutefois, il est exigé seulement deux périodes de ceux de ces officiers qui proviennent des capitaines de l'armée active, et une période de ceux qui proviennent des chefs de bataillon ou d'escadron de l'armée active.

L'ancienneté de grade des officiers en réserve spéciale est déterminée par la date du décret qui les a nommés à leur grade soit dans l'armée active, soit dans la réserve de l'armée active ou l'armée territoriale.

Le temps pendant lequel un officier a été suspendu ne lui est pas compté pour l'avancement.

En temps de guerre, les officiers en réserve spéciale peuvent obtenir de l'avancement dans les conditions prévues pour le temps de guerre en ce qui concerne les officiers de réserve et de l'armée territoriale.

Art. 7. La solde des officiers en réserve spéciale leur est payée mensuellement et à terme échu.

Le supplément de solde et les autres prestations qu'ils reçoivent au cours des périodes d'instruction sont calculés d'après les tarifs établis pour les officiers de réserve et de l'armée territoriale.

Art. 8. Les services effectifs, seuls valables tant pour l'admission dans la réserve spéciale que pour la liquidation de la solde de réserve, sont comptés à partir de l'entrée au service des intéressés, à l'exclusion de toute bonification à titre d'études préliminaires; ils ne comprennent ni le temps passé en non-activité ni les congés de plus de trois mois.

Art. 9. Toute demande en radiation des cadres formée par application de l'article 7 de la loi du 11 avril 1911 doit être accompagnée d'un récépissé constatant le remboursement de solde prescrit par ledit article.

Aucune demande en radiation ne peut être agréée en cas de mobilisation générale ou partielle.

Art. 10. La révocation dont se rendraient passibles, aux termes de l'article 8 de la loi du 11 avril 1911, les officiers en réserve spéciale qui se soustrairaient à l'obligation d'accomplir les périodes d'instruction auxquelles ils sont astreints, est prononcée par décret sur le rapport du Ministre de la guerre après que les intéressés ont été mis en demeure de fournir leurs justifications écrites, et après communication de leur dossier par application des prescriptions de l'article 65 de la loi du 22 avril 1905.

Art. 11. Les officiers en réserve spéciale empêchés d'accomplir une période pour cause de maladie, sont tenus de produire les justifications exigées des officiers de l'armée active par les règlements en vigueur pour l'obtention des congés de convalescence.

Une période d'instruction interrompue pour cause de maladie ou par cas de force majeure, ne compte que pour le nombre de jours de service réellement effectués et doit être ultérieurement complétée jusqu'à concurrence de cinq semaines.

Art. 12. A titre transitoire, les admissions dans la réserve spéciale que le Ministre de la guerre pourra prononcer pour 1911 ne feront l'objet que d'une seule décision d'ensemble au mois de décembre 1911. Le Ministre fixera la date jusqu'à laquelle seront reçues les demandes.

Art. 13. Le Ministre de la guerre est chargé de l'exécution du présent décret, qui sera publié au *Journal officiel* de la République française et inséré au *Bulletin des lois*.

Fait à Rambouillet, le 12 septembre 1911.

A. FALLIÈRES.

Par le Président de la République :
Le Ministre de la guerre,
MESSIMY.

Décret portant répartition, entre les armes et services, des admissions dans la réserve spéciale à prononcer annuellement.

(Direction de l'Infanterie; Bureau du Personnel.)

Paris, le 12 septembre 1911.

DÉCRET.

Le Président de la République française,

Sur le rapport du Ministre de la guerre,

Vu la loi du 11 avril 1911 créant, pour les officiers, la position dite « en réserve spéciale »;

Vu le décret du 12 septembre 1911, portant règlement d'administration publique en exécution de l'article 10 de la loi du 11 avril 1911 et, notamment, l'article 1er ainsi conçu :

« Les admissions dans la réserve spéciale que le Ministre de la guerre a la faculté de prononcer en vertu de l'article 1er de la loi du 11 avril 1911 sont réparties par décret entre les armes et services. »

Décrète :

Art. 1er. Les cent admissions dans la réserve spéciale que le Ministre de la guerre a la faculté de prononcer, chaque année, sont réparties, comme il suit, entre les armes et services :

I.

Infanterie métropolitaine	60
Infanterie coloniale	15
Cavalerie	5
Artillerie métropolitaine (non compris les officiers d'administration)	10
Artillerie coloniale (non compris les officiers d'administration)	2
Génie	2
Train des équipages	1

II.

Gendarmerie. . . . .
Intendance (troupes coloniales et troupes métropo-
   litaines). . . . .
Santé (troupes coloniales et troupes métropolitaines).
Vétérinaires militaires. . . . .
Justice militaire. . . . .   Ensemble 5
Recrutement. . . . .
Officiers d'administration des divers services (trou-
   pes coloniales et troupes métropolitaines). . . . .
Chefs de musique. . . . .
Interprètes militaires. . . . .

Art. 2. Le Ministre de la guerre est chargé de l'exécution du présent décret.

Fait à Rambouillet, le 12 septembre 1911.

A. FALLIÈRES.

Par le Président de la République :

Le Ministre de la guerre,

Messimy.

6° RÉINTÉGRATION DANS LES CADRES.

Arrêté déterminant les formes dans lesquelles les officiers de complément, rayés des cadres ou démissionnaires, peuvent être réintégrés dans les cadres.

Paris, le 8 juillet 1912.

Le Ministre de la guerre,
Vu l'article 1ᵉʳ du décret du 1ᵉʳ juillet 1912,

    Arrête :

L'officier de complément rayé des cadres ou démissionnaire qui désire être réintégré dans les cadres doit adresser au général commandant le corps d'armée de sa résidence une demande à cet effet.

Le général commandant le corps d'armée transmet cette demande au Ministre (Bureau de l'Arme) en l'accompagnant de l'avis qu'elle lui paraît susceptible de recevoir et en y joignant un certificat de visite et de contre-visite constatant l'aptitude de l'intéressé.

II° PARTIE.

*Instruction relative aux officiers et assimilés
de complément (1).*

Paris, le 2 février 1909.

Dispositions communes.

CHAPITRE Ier.

ADMISSION DANS LES CADRES DE LA RÉSERVE
ET DE L'ARMÉE TERRITORIALE.

Dispositions générales.

Art. 1er. Le cadre des officiers de réserve est constitué au moyen des nominations faites parmi :

a) Les officiers ou assimilés de l'armée de mer retraités ou de l'armée de terre;

b) Les officiers ou assimilés de l'armée de mer retraités ou démissionnaires qui, n'étant pas employés dans les services de la marine, désireraient être compris dans le cadre des officiers de réserve de l'armée de terre;

c) Les sous-officiers retraités de l'armée active;

d) Les anciens sous-officiers de l'armée active comptant au moins deux ans de grade, soit dans l'armée active, soit dans la réserve (2);

e) Les jeunes gens du contingent se trouvant dans les conditions prévues par les articles 23 et 24 de la loi du 21 mars 1905;

---

(1) NOTA. — Afin de faciliter la mise à jour de l'instruction relative aux officiers et assimilés de complément, toutes les modifications qui y seront apportées devront paraître sous le timbre « Direction de l'Infanterie ; Bureau du Personnel » et sous forme de « Rectificatifs », portant un numéro d'ordre et une date.

(2) Sont compris dans cette catégorie les sous-officiers nommés à leur libération du service actif.

ceux qui, après avoir contracté l'engagement spécial dit « de devancement d'appel » prévu à l'article 50 de la même loi, ont satisfait aux conditions énoncées à l'article 24 précité;

f) Les agents des différentes administrations civiles auxquels des décrets spéciaux ont conféré l'assimilation de grade.

Art 2. Le cadre des officiers de l'armée territoriale est constitué :

1° Au moyen de nominations faites parmi :

a) Les officiers et assimilés en retraite ou démissionnaires de l'armée de terre;

b) Les officiers et assimilés de l'armée de mer retraités ou démissionnaires qui ne seraient pas employés dans le service de la marine, et qui désireraient être compris dans le cadre des officiers de l'armée territoriale;

c) Les sous-officiers retraités de l'armée active;

d) Les anciens sous-officiers de l'armée active comptant au moins deux ans de grade, soit dans l'armée active, soit dans les réserves, appartenant à l'armée territoriale ou appelés à y passer (1);

e) Les agents des différentes administrations civiles auxquels des décrets spéciaux ont conféré l'assimilation de grade;

2° Au moyen d'affectations faites parmi les officiers et assimilés de réserve qui, ayant atteint l'époque de leur passage dans l'armée territoriale, ne sont pas maintenus dans les cadres de la réserve.

Art. 3. Les officiers retraités dans les conditions de la loi du 22 juin 1878 qui, au moment de la mise à la retraite, sont proposés pour le grade supérieur, n'y sont nommés, à moins de raisons tout à fait exceptionnelles, qu'à défaut de candidats déjà titulaires de ce grade retraités dans les mêmes conditions.

Les officiers démissionnaires ne peuvent être pourvus, lors de leur admission dans le cadre des officiers de réserve ou de l'armée territoriale, d'un grade supérieur à celui dont ils étaient investis dans l'armée active.

Art. 4. Le grade est conféré par décret du Président de la République, sur la proposition du Ministre de la guerre.

Art. 5. Les sous-officiers des réserves candidats au grade de sous-lieutenant de réserve ou de l'armée territoriale doivent,

---

(1) Sont compris dans cette catégorie les sous-officiers nommés à leur libération du service actif.

au point de vue de la conduite, de l'intelligence, du caractère
et de l'éducation, présenter toutes les garanties que l'on est en
droit d'attendre d'un officier.

A l'exception de ceux qui proviennent des adjudants et ser-
gents-majors ou maréchaux des logis chefs retraités, ils doivent être pourvus du certificat d'aptitude à l'emploi de chef de
section ou de peloton.

Art. 6. Le élèves des écoles désignés conformément aux dispositions de l'article 23 de la loi du 21 mars 1905, ainsi que les
élèves officiers de réserve désignés conformément aux dispositions de l'article 24 de la même loi, doivent avoir passé, avec
succès, l'examen spécial de fin de cours.

Art. 7. Dans les armes combattantes, les sous-officiers réservistes ou territoriaux n'ayant pas été nommés à ce grade dans l'armée active ne peuvent concourir pour le grade de sous-lieutenant
de réserve ou de l'armée territoriale.

Dans les services, les sous-officiers réservistes ou territoriaux
n'ayant pas servi avec ce grade dans l'armée active ne peuvent
concourir pour le grade de sous-lieutenant de réserve ou de l'armée territoriale que s'ils ont servi dans l'armée active comme
caporaux, s'ils sont adjudants de réserve ou de l'armée territoriale et s'ils ont accompli, en cette qualité, une période d'instruction.

Ils peuvent, sur leur demande. être autorisés à accomplir, à
titre supplémentaire, cette période d'instruction.

Art. 7 *bis*. Les sous-lieutenants de réserve et de l'armée territoriale qui, à l'époque où ils remplissent les conditions d'ancienneté
prévues par l'article 1er du décret du 10 décembre 1907, ont accompli le nombre exigé de périodes, sont promus lieutenants
pour prendre rang, selon leur provenance, deux ans ou quatre ans
après la date de leur nomination au grade de sous-lieutenant.

Ceux qui, bien qu'ayant l'ancienneté fixée, n'ont pas accompli
ce nombre de périodes, ne sont pourvus que lorsqu'ils ont rempli
cette condition et prennent alors rang du jour où ils ont terminé
la période d'instruction qui leur manquait pour être promus.

En conséquence, les corps de troupe ou services doivent établir trimestriellement les 1er février, 1er mai, 1er août, 1er novembre, des états conformes aux modèles 6 *bis* et 6 *ter*, dans lesquels
figureront les candidats remplissant les conditions susvisées.

Ces états, centralisés par MM. les généraux commandant les
corps d'armée, doivent être adressés (Bureau de l'Arme), lors de
l'envoi trimestriel précédant la date à laquelle les intéressés doivent être promus lieutenants.

Les candidats dont la promotion a été ajournée jusqu'à l'accomplissement des périodes ne feront pas l'objet d'états supplémentaires; ils figureront dans le premier état établi après la date
à laquelle ils ont terminé la période leur donnant droit à la pro-

motion. Cette date sera indiquée dans la colonne « Observations. »

Certificat d'aptitude à l'emploi de chef de section ou de peloton.

Art. 8. L'aptitude des candidats à l'emploi de chef de section ou de peloton dans la réserve ou l'armée territoriale est constatée, dans le corps de l'armée active, par une commission composée ainsi qu'il suit : le chef de corps, président ; le lieutenant-colonel, deux chefs de bataillon ou d'escadron (dont celui de l'intéressé), le commandant de la compagnie, de l'escadron ou de la batterie de l'intéressé ; dans les bataillons formant corps : le chef de corps, l'adjudant-major, le commandant de la compagnie de l'intéressé ; dans les groupes de bataillons de zouaves de France, la commission comprend : le lieutenant-colonel chef de groupe, deux chefs de bataillon et le capitaine de l'intéressé.

En Algérie, en Tunisie et aux colonies, il appartient aux chefs de détachement de constituer ou de faire constituer par le commandement local les commissions d'examen en se rapprochant autant que possible, pour leur composition, des dispositions qui précèdent. Dans ce but, il est fait état des officiers des différents corps ou services disponibles sur place ou dans un rayon voisin.

Dans tous les cas, la commission doit comprendre un officier supérieur de l'arme à laquelle appartient le candidat. Toutefois, il est fait exception à cette dernière disposition pour les compagnies formant corps.

Si le commandant de l'unité (compagnie, escadron ou batterie) à laquelle appartient le candidat ne peut être appelé à faire partie de la commission, il doit adresser au président un rapport détaillé de nature à éclairer la commission sur la valeur du candidat présenté.

L'examen porte exclusivement sur les matières contenues dans le programme fixé par les directions intéressées.

Le certificat d'aptitude (modèle n° 1) est délivré par le chef de corps, le commandant de l'école ou le chef de service et soumis à l'acceptation et au visa du général de brigade ou du directeur du service (1).

Dans les écoles relevant directement du Ministre et commandées par un officier supérieur, le certificat d'aptitude est soumis à l'acceptation et au visa du directeur de l'arme ou service au ministère de la guerre ; dans les écoles commandées par un officier général, le certificat d'aptitude est délivré par cet officier général, sans autres formalités.

(I) Aux colonies : visa du commandant supérieur des troupes.

Propositions pour le grade de sous-lieutenant de réserve
ou de l'armée territoriale.

Art. 9. Les candidats au grade de sous-lieutenant de réserve
ou de l'armée territoriale dans leurs foyers adressent leur demande au général commandant la subdivision de leur résidence (1).

Dans cette demande, accompagnée d'un extrait de l'acte de
naissance, ils font connaître la situation ou l'emploi qu'ils occupent dans la vie civile.

Le général commandant la subdivision de la résidence, après
s'être entouré des renseignements nécessaires, adresse cette
demande, avec son avis motivé et en y joignant l'extrait de l'acte
de naissance et un extrait du casier judiciaire (bulletin n° 2), au
chef de corps intéressé.

Quelle que soit l'arme ou le service pour lequel le candidat
demande à être proposé, le mémoire de proposition est toujours
établi par le chef de corps ou de service auquel il est affecté
comme réserviste ou territorial.

Art. 10. Le chef de corps ou de service établit en double
expédition, pour chaque candidat, un mémoire de proposition
(modèle n° 2).

Il transmet au général commandant le corps d'armée (2) la
première expédition de ce mémoire de proposition, accompagnée de toutes les pièces justificatives.

Dans le cas où le candidat postule pour une autre arme ou
service, le mémoire de proposition est transmis dans les mêmes
conditions en passant par les autorités hiérarchiques de l'arme
ou du service demandé.

La deuxième expédition, qui ne comprend que l'imprimé
modèle n° 2, est conservée par le chef de corps pour être adressée, le cas échéant, au nouveau corps ou service auquel le candidat a été affecté, dès que la nomination a été insérée au *Journal officiel*.

Les candidats ne peuvent être proposés que pour une seule
arme ou service.

Aucun nouveau mémoire de proposition ne peut être établi
en leur faveur tant que le premier n'a pas été annulé et n'a pas
fait retour au corps.

Art. 11. Les propositions acceptées par le général comman-

---

(1) Aux colonies les demandes sont adressées au commandant supérieur
des troupes qui les fait parvenir au chef de corps intéressé.
(2) Aux colonies ou dans les pays de protectorat, au commandant
supérieur des troupes.

dant le corps d'armée (1) sont adressées au Ministre, en principe, le 15 mai et le 15 novembre de chaque année.

Elles sont résumées par arme ou service, et séparément pour la réserve et l'armée territoriale, en une liste d'aptitude au grade de sous-lieutenant (modèle n° 3).

La liste d'aptitude est établie par ordre d'ancienneté dans le grade de sous-officier. Les candidats ayant la même ancienneté y sont inscrits, par ordre de préférence, en tenant compte des appréciations portées sur les mémoires de proposition.

Un extrait de la liste d'aptitude est transmis au chef de corps ou de service intéressé.

CHAPITRE II.

SOUS-OFFICIERS SE TROUVANT DANS LEUR DERNIÈRE ANNÉE DE SERVICE ACTIF.

Art. 12. Les sous-officiers se trouvant dans leur dernière année de service actif sont l'objet d'une préparation spéciale à l'emploi de chef de section ou de peloton et admis, dans le mois qui précède leur libération, à passer l'examen d'aptitude à cet emploi.

Les gradés susceptibles par leurs qualités militaires d'être nommés officiers de complément reçoivent une attestation certifiant cette aptitude; il en est fait mention sur leur livret.

Art. 13. Les sous-officiers de l'armée active pourvus du certificat d'aptitude à l'emploi de chef de section ou de peloton restent affectés à leur corps d'origine ou au corps correspondant de la réserve ou de l'armée territoriale, lorsqu'ils se retirent dans une des subdivisions limitrophes. Dans le cas contraire, ils sont, suivant la règle générale, affectés au corps dans la circonscription duquel ils fixent leur résidence.

L'état nominatif des sous-officiers qui ont obtenu au moment de leur renvoi dans leurs foyers le certificat d'aptitude à l'emploi de chef de section ou de peloton est adressé aux commandants des bureaux de recrutement intéressés, avec l'indication de l'affectation.

Art. 14. Les sous-officiers de réserve ou de l'armée territoriale non pourvus du certificat d'aptitude à l'emploi de chef de section ou de peloton peuvent l'obtenir au cours d'une période d'instruction.

---

(1) Aux colonies ou dans les pays de protectorat, le commandant supérieur des troupes.

Nominations à l'emploi de chef de section ou de peloton dans la réserve ou l'armée territoriale.

Art. 15. Les sous-officiers pourvus du certificat d'aptitude peuvent, s'ils ne demandent pas à être proposés pour le grade d'officier de complément, être nommés adjudants de réserve ou de l'armée territoriale et être employés comme chefs de section ou de peloton, à défaut d'officiers de complément.

Art. 16. A cet effet, il est établi dans chaque corps ou service un tableau d'avancement au grade d'adjudant de réserve ou de l'armée territoriale approuvé et arrêté les 15 mai et 15 novembre de chaque année par le général de brigade ou le directeur du service.

Chaque candidat est l'objet d'un mémoire de proposition (modèle n° 4).

Art. 17. Le chef de corps ou de service nomme adjudant de réserve ou de l'armée territoriale le nombre de candidats suffisant pour pourvoir aux emplois de chef de section ou de peloton vacants dans les corps ou services dont il a à assurer la mobilisation.

Art. 18. Les emplois de chef de section ou de peloton vacants au moment de la mobilisation sont donnés :

1° Aux sous-officiers inscrits sur les listes d'aptitude au grade de sous-lieutenant de complément. Ils sont nommés sous-lieutenants par le Ministre et prennent rang du 1er jour de la mobilisation ;

2° A défaut des candidats ci-dessus, aux sous-officiers réservistes ou territoriaux inscrits au tableau d'avancement pour adjudant; ces sous-officiers sont immédiatement nommés à ce grade.

CHAPITRE III.

AFFECTATIONS. — CHANGEMENT DE CORPS. — CHANGEMENT D'ARME. — PASSAGE DANS L'ARMÉE TERRITORIALE. — RÉAFFECTATION DANS LA RÉSERVE.

Affectation des officiers de complément aux corps de troupes ou services.

Art. 19. Les officiers de réserve, autres que ceux provenant des élèves officiers de réserve institués par l'article 24 de la loi du 21 mars 1905, et des élèves des écoles mentionnées à l'article 23 de ladite loi, sont, en principe, affectés au corps actif stationné dans la région du corps d'armée où ils ont leur résidence, à leur corps d'origine, de préférence. Toutefois, en raison des inégalités de leur répartition sur le territoire, ils sont affectés hors de leur région, lorsque les nécessités du service l'exigent (1).

Les officiers de l'armée territoriale sont affectés dans les mêmes conditions à un corps territorial.

Les officiers et assimilés de la réserve et de l'armée territoriale, appartenant aux divers services, sont affectés dans les régions du corps d'armée où ils résident, et, faute de vacance, dans la région la plus rapprochée de leur résidence.

Les officiers de complément ne peuvent être affectés en Corse, en Algérie, en Tunisie ou dans une colonie ou pays de protectorat, s'ils n'y ont leur résidence, sauf, en ce qui concerne les colonies ou pays de protectorat, les exceptions déterminées à l'article 23 ci-après.

Toutefois, dans le cas où l'insuffisance des ressources l'exigerait, les officiers et assimilés de complément résidant en France peuvent être affectés à des unités de la Corse.

Art. 20. La répartition des officiers de réserve entre les unités du corps actif et du corps de réserve et celle des officiers du corps territorial entre les unités du corps territorial sont arrêtées par le chef du corps actif.

Art. 21. *a*) Les sous-lieutenants de réserve provenant des élèves officiers institués par l'article 24 de la loi du 21 mars 1905 sont affectés, en principe, à un corps stationné dans la région du corps d'armée où ils ont leur résidence. Néanmoins, ils peuvent être affectés à une autre région si les nécessités de la mobilisation et l'état des vacances l'exigent.

Ils ne sont jamais affectés aux corps dans lesquels ils ont servi, soit comme hommes de troupe, soit comme élèves officiers de réserve. Ils ne le sont pas non plus à des corps stationnés dans la garnison où se trouvent les unités précitées (2).

Il doit être tenu compte, *dans la mesure du possible*, et sous réserve des principes ci-dessus, des préférences exprimées au sujet de leur affectation par cette catégorie d'officiers de complément, suivant le numéro de classement obtenu par chacun d'eux aux examens de sortie du cours spécial.

Enfin, par dérogation aux règles ci-dessus, les élèves officiers de réserve mariés peuvent être affectés comme sous-lieutenants de réserve à des corps stationnés au lieu même ou à proximité de la résidence de leur famille.

b) Les élèves des écoles mentionnés à l'article 23 de la loi du

---

(1) Les officiers retraités au titre de la loi du 7 avril 1905 sont affectés dans les mêmes conditions, lors de leur nomination dans la réserve.

(2) Cette disposition n'est pas applicable aux sous-lieutenants de réserve du génie, provenant des compagnies de sapeurs de chemins de fer et de sapeurs-télégraphistes, qui peuvent être affectés à leur corps de troupe d'origine.

21 mars 1905 précitée, sont affectés comme sous-lieutenants de réserve, d'après l'état des vacances adressé chaque année à l'école par la direction intéressée du ministère de la guerre, suivant les préférences exprimées par les candidats dans l'ordre de leur classement militaire.

Ils ne doivent pas être affectés, en principe, au corps dans lequel ils ont accompli leur première année de service comme homme de troupe.

En ce qui concerne les personnels du service de santé du cadre auxiliaire, il convient de se reporter aux règles tracées par les articles 17 et 34 des dispositions spéciales au service de santé.

Art. 22. Les officiers de réserve des troupes coloniales sont affectés, en principe, aux corps ou portions de corps de leur arme les plus rapprochés de leur résidence.

Ceux de ces officiers qui ne peuvent être pourvus d'emplois dans les unités sont versés dans la réserve de l'armée métropolitaine ou dans l'armée territoriale, suivant les ordres du Ministre.

Aux colonies, les officiers de réserve des troupes coloniales sont affectés, par les soins du commandant supérieur des troupes, à l'un des corps de leur arme stationnés dans la colonie et sont employés en cas de mobilisation suivant les besoins de la défense.

Officiers résidant dans les colonies ou en pays de protectorat.

Art. 23. Les officiers de complément des troupes métropolitaines ou coloniales résidant dans les colonies françaises ou dans les pays de protectorat (l'Algérie et la Tunisie exceptées) sont mis à la disposition de l'autorité militaire du pays où ils sont fixés. Ils sont, en conséquence, rayés des contrôles sur lesquels ils figuraient au moyen de la formule de mutation : « Passé à la colonie de..... le..... (date), par suite de changement de résidence », et les chefs de corps ou de service adressent leurs dossiers généraux (1re et 2e parties) à l'administration centrale de la guerre (Bureau de l'arme), qui les fait parvenir, par l'intermédiaire de la direction des troupes coloniales, aux autorités militaires intéressées.

Les officiers de complément des troupes métropolitaines ou coloniales, résidant en pays étranger, voisin d'une colonie française ou d'un pays de protectorat, sont mis à la disposition des autorités militaires ou coloniales, en vue de leur affectation dans les conditions indiquées au tableau ci-dessous :

Officiers de complément résidant :	Affectation :
En Australie anglaise.	Troupes de la Nouvelle-Calédonie.
En Chine et au Japon.	Troupes du Tonkin.

Au Siam, en Birmanie, aux Indes (1), dans les colonies hollandaises ou autres d'Océanie. . . . . Troupes de Cochinchine.

En pays étrangers de la côte orientale d'Afrique. . . . . Troupes de Madagascar.

En pays étrangers de la côte occidentale d'Afrique, au Brésil, de la République argentine, l'Uruguay, le Paraguay et au Chili. . . . . Troupes de l'Afrique occidentale française.

Au Pérou, au Vénézuéla, à l'Equateur, en Colombie. . . . . Troupes de la Martinique.

Les prescriptions prévues au 1er alinéa du présent article, en ce qui concerne la radiation des contrôles et l'envoi des dossiers généraux, sont applicables aux officiers dont il s'agit.

Dispositions spéciales à l'A'gérie et à la Tunisie.

Art. 24. Les officiers de complément résidant en Algérie ou en Tunisie sont affectés à des formations de l'armée d'Afrique. A cet effet, ils sont mis à la disposition des généraux commandant le 19º corps ou la division d'occupation de Tunisie, qui sont chargés de prononcer les affectations et autorisés à effectuer ultérieurement, dans l'étendue de leur commandement, les changements de corps ou de service dont ils reconnaissent l'utilité, en se conformant aux autres dispositions réglementaires en vigueur.

Le général commandant le 19e corps d'armée prononce directement les mutations nécessaires entre les divisions d'Algérie et la division d'occupation de Tunisie, après entente avec le général commandant cette dernière, lorsqu'il y a lieu de compléter, avec les éléments mis à sa disposition, les cadres des formations de la régence.

Ces mesures font l'objet, pour les affectations, de comptes rendus et, pour les mutations, de bulletins d'emploi vacant (modèle nº 13). Les documents dont il s'agit doivent être envoyés à l'administration centrale sous le timbre des directions intéressées.

Les officiers de réserve ou de l'armée territoriale qui, par application des dispositions qui précèdent, sont affectés à un corps ou service d'une arme autre que celle à laquelle ils appartiennent, continuent d'appartenir à cette arme, dont ils conservent l'uniforme. Ils restent inscrits à la matricule du corps ou service de leur arme, où ils comptaient avant leur changement d'affectation, d'où ils sont simplement détachés.

---

(1) Y compris ceux résidant dans les établissements français de l'Inde.

Les livrets matricules et les dossiers généraux (1re et 2e parties) sont envoyés au corps ou service d'affectation.

En cas de mutation n'entraînant pas la réaffectation à l'arme d'origine, l'ancien corps ou service, dans lequel l'officier était détaché, envoie au nouveau corps le livret matricule et le dossier général de l'officier intéressé et en informe le corps sur la matricule duquel cet officier figure.

En cas de radiation définitive des contrôles ou de réaffectation à un corps ou service de l'arme d'origine, le corps ou service, dans lequel l'officier cesse d'être détaché, adresse directement à celui de la matricule le livret et le dossier général.

Dans le cas d'excédents en officiers de complément résidant en Algérie-Tunisie, ces officiers sont affectés à des unités des 15e, 16e et 17e régions, mais sont convoqués, pour l'accomplissement de leurs périodes d'instruction, dans les corps d'Algérie ou de Tunisie.

Officiers résidant en Corse.

Art. 25. Les officiers de complément résidant en Corse sont affectés à l'une des formations existant ou devant exister éventuellement dans l'île.

Les mesures prévues à l'article précédent, pour les officiers en excédent, leur sont applicables.

Dispositions communes aux officiers fixant leur résidence en Corse, en Algérie, en Tunisie ou dans une autre colonie.

Art. 26. Les officiers qui ne rentrent en France ou ne viennent de Corse, d'Algérie ou de Tunisie ou d'une colonie ou pays de protectorat sur le continent qu'à titre temporaire, conservent leur affectation, mais sont tenus, pendant la durée de leur séjour, de se mettre, en cas de mobilisation, à la disposition de l'autorité militaire de leur résidence momentanée.

De même ceux qui, affectés à des formations métropolitaines, se trouveraient, au moment d'une mobilisation, en Corse, en Algérie, en Tunisie ou dans une colonie, devront se mettre à la disposition de l'autorité militaire de leur résidence accidentelle.

Les généraux commandant les 15e et 19e corps d'armée, le général commandant la division d'occupation de Tunisie et les commandants supérieurs des troupes aux colonies signalent, au moyen du bulletin indicatif n° 14 adressé au Ministre (Bureau de l'arme), les officiers de complément qui viennent se fixer sur le territoire de leur commandement. Ils signalent, dans les mêmes conditions, ceux de ces officiers qui quittent sans esprit de retour la Corse, l'Algérie, la Tunisie ou les colonies, en indiquant très exactement la nouvelle résidence qu'ils ont choisie.

Les prescriptions du présent article sont applicables aux officiers résidant dans l'un des pays étrangers énumérés à l'article 23.

Affectation aux services spéciaux du territoire.

Art. 27. Les officiers affectés aux services spéciaux du territoire sont choisis parmi les officiers de toutes armes ou services dégagés de toute obligation militaire, même s'ils ont atteint la limite d'âge, qui demandent à être pourvus d'un emploi dans ces services.

Exceptionnellement les officiers de complément que leur état de santé rend inaptes à tout service actif dans un corps de troupes ou service, peuvent recevoir cette affectation avant d'être dégagés de toute obligation militaire.

Ils doivent résider à proximité du lieu où ils sont appelés à exercer leur emploi.

Les services spéciaux du territoire n'existent et ne fonctionnent qu'en cas de mobilisation.

Les officiers qui y sont affectés ne sont, par suite, astreints à aucune obligation militaire en temps de paix ; ils ne sont pas admis à accomplir des périodes d'instruction ou des stages.

Ces officiers sont inspectés, chaque année, par le général commandant la subdivision de leur résidence.

Les officiers subalternes peuvent, par délégation, être inspectés par les officiers supérieurs de gendarmerie (1).

Ils sont convoqués, à cet effet, soit au chef-lieu de la subdivision (de la légion ou de la compagnie), à partir du mois de mai, soit au chef-lieu de canton (ou au lieu de leur résidence) lors des tournées des conseils de revision et des tournées d'inspection des chefs de légion et des commandants de compagnie de gendarmerie.

Ils se présenteront en tenue militaire.

Le résultat de cette inspection est consigné sur un état collectif établi par chaque officier général (ou supérieur délégué) inspecteur, et transmis au Ministre, au titre du service courant, après avoir été complété par les avis et propositions du général commandant le corps d'armée; les officiers reconnus peu aptes ou inaptes à conserver leur emploi sont l'objet de propositions en vue de leur radiation des cadres, par application des dispositions des décrets des 31 août 1878 et 24 août 1904, selon le cas.

---

(1) A Paris, les deux lieutenants-colonels de la légion de la garde républicaine peuvent être également délégués pour procéder à cette inspection.

Affectation aux formations d'aéronautique.

Art. 27 *bis.* **Les officiers de complément de toutes les armes et de tous les services**, pourvus du brevet de pilote de ballon dirigeable ou du brevet d'aviateur militaire, pourront, sur demande adressée par la voie hiérarchique et annotée par l'inspecteur **permanent de l'aéronautique militaire**, recevoir une affactation de mobilisation dans les troupes de l'aéronautique.

Ils seront pourvus, à cet effet, d'une lettre de service, qui leur sera délivrée par l'inspecteur permanent de l'aéronautique militaire, lequel rendra compte au Ministre (4ᵉ Direction; Section d'Aéronautique et Direction d'arme intéressée) de l'affectation de chaque officier, en faisant connaître, en outre, le groupe et l'unité d'aéronautique chargés de l'administrer.

Les officiers de complément visés ci-dessus seront considérés comme détachés dans les troupes de l'aéronautique; ils conserveront leur uniforme. Ils seront mis à la disposition de leur arme sur leur demande ou sur la proposition de l'inspecteur permanent.

Changements de corps.

Art. 28. Le Ministre prononce d'office les changements de corps ou d'emploi nécessités par le service.

Aux colonies, les changements de corps ou d'emploi d'office sont prononcés par le commandant supérieur des troupes qui en rend compte au Ministre de la guerre.

Art. 29. Les changements de corps ou d'emploi peuvent être autorisés pour convenances personnelles après avis favorable des autorités militaires sous les ordres desquelles les officiers sont placés.

Les officiers ayant reçu une convocation ne sont, sauf dans des cas exceptionnels, l'objet d'aucune mutation, tant que leur période n'est pas accomplie.

Quand un corps actif change de garnison, le Ministre décide si les officiers de réserve qui lui sont affectés doivent changer de corps.

Changements d'arme ou de service.

Art. 30. Les changements d'arme des officiers subalternes de réserve ou de l'armée territoriale, et les changements de service des officiers d'administration de 1ʳᵉ, 2ᵉ ou 3ᵉ classe peuvent être autorisés dans les conditions fixées par le décret du 19 juillet 1906.

L'officier de complément qui désire changer d'arme, ou l'assimilé qui désire changer de service, doit adresser au général commandant le corps d'armée de sa résidence une demande à l'effet d'être autorisé à subir un examen d'aptitude.

L'examen est subi devant une commission composée d'officiers du cadre actif appartenant à l'arme (ou service) dans laquelle le candidat sollicite son admission et désignés parmi ceux de la garnison la plus rapprochée par le général commandant le corps d'armée dont dépend cette garnison.

La commission est ainsi constituée :

POUR LES ARMES.

Président :

Un officier supérieur.

Membres :

Deux capitaines.

POUR LES SERVICES.

Président (suivant le service) :

Un officier supérieur d'artillerie ;
Un chef du génie ;
Un sous-intendant militaire ou un officier d'administration principal ;
Un médecin principal ou major de 1re classe.

Membres (quel que soit le service) :

Deux officiers d'administration d'un grade au moins égal à celui du candidat.

(En cas de besoin, un des membres peut être remplacé par un officier de grade équivalent appartenant à une arme.)

L'examen a lieu d'après les épreuves énumérées dans les programmes actuellement en vigueur pour la constatation de l'aptitude aux divers grades dans la réserve ou dans l'armée territoriale.

Pour le service du génie, l'examen porte sur les terrassements, la construction, la comptabilité des travaux exécutés ou des emplois tenus par les postulants.

Dans les armes ou services où il n'existe pas de programme
d'examen pour la constatation de l'aptitude, le choix des épreuves destinées à établir si le candidat possède l'aptitude nécessaire est laissé à la commission.

Une seule séance est, en principe, consacrée à cet examen.

Le président est chargé de fixer les lieu, jour et heure de
cette séance et de convoquer les membres de la commission,
ainsi que le candidat. L'ordre de convocation doit parvenir à
ce dernier huit jours au moins avant la date assignée à la
réunion ; il sert de feuille de déplacement pour l'obtention du
tarif militaire sur les chemins de fer, mais n'ouvre aucun droit
à une solde ou à une indemnité quelconque.

L'officier ou assimilé, qui a satisfait à l'examen avec la
mention « très bien » ou « bien », reçoit un certificat d'aptitude qu'il est tenu de joindre à sa demande de changement
d'arme ou de service.

Cette demande, après avoir reçu les avis des autorités militaires hiérarchiques des deux armes ou services intéressés, est
transmise au Ministre (Bureau de l'arme ou du service demandé
par l'officier).

Passage dans l'armée territoriale.

Art. 31. Le Ministre prononce le passage, dans l'armée territoriale, des officiers de réserve qui, ayant accompli dans la
réserve de l'armée active le temps de service prescrit par la
loi, ne demandent pas à y être maintenus.

Les généraux de brigade prononcent, par délégation du Ministre, le maintien dans la réserve de ceux de ces officiers qui
demandent à y être maintenus.

A cet effet les chefs de corps ou de service établissent pour
tout officier de réserve atteignant l'époque de son passage dans
l'armée territoriale un bulletin n° 9 ou 10 selon le cas, et une
déclaration n° 11.

Ces pièces sont transmises, trois mois à l'avance, par la voie
hiérarchique, au général commandant le corps d'armée, qui les
fait parvenir au Ministre (Bureau de l'arme) avec sa proposition, ou la décision du général de brigade, selon que l'officier
a demandé à passer dans l'armée territoriale ou à être maintenu dans la réserve.

Les officiers maintenus dans la réserve peuvent ultérieurement demander à passer dans l'armée territoriale.

Les officiers de réserve ne sont rayés des contrôles de la réserve que lorsque leur affectation à un corps ou service territorial a été insérée au *Journal officiel* ; ils sont, autant que possible, placés au corps territorial correspondant au corps actif
qu'ils quittent.

Réintégration dans la réserve.

Art. 32. Les capitaines, lieutenants ou sous-lieutenants de réserve passés dans l'armée territoriale peuvent, sur leur demande, être réaffectés dans la réserve.

Cette faculté n'est pas étendue aux chefs de bataillon territoriaux ne provenant pas des chefs de bataillon ou capitaines retraités ou démissionnaires de l'armée active, ni aux capitaines territoriaux promus à ce grade dans les conditions fixées par l'article 6 du décret du 10 décembre 1907.

CHAPITRE IV.

DIRECTION A DONNER A L'INSTRUCTION. — ÉCOLES D'INSTRUCTION. PÉRIODES D'INSTRUCTION. — STAGES. — CONVOCATIONS.

Direction à donner à l'instruction.

Art. 33. Les chefs de corps ou de service de l'armée active dirigent l'instruction et l'éducation militaires des officiers de complément placés sous leurs ordres.

Ils doivent prendre toutes les dispositions qu'ils jugent favorables à leur éducation militaire, de manière qu'au moment des périodes normales d'exercices, ces officiers arrivent, devant leur troupe, instruits, pénétrés de leurs devoirs et à hauteur de leurs obligations.

Ces officiers devant être uniquement des officiers du temps de guerre, il ne saurait être question d'en faire des instructeurs, car toutes leurs fonctions consistent à employer effectivement et à commander une troupe dressée en dehors d'eux.

En principe, ils ne doivent pas non plus être considérés par les officiers de l'armée active comme des auxiliaires destinés à faciliter le service courant dans les corps de troupes. Ils reçoivent donc une instruction essentiellement pratique et uniquement dirigée en vue de leurs fonctions éventuelles en campagne.

Ils font leur service, à moins d'impossibilité, dans l'unité à laquelle ils sont affectés en cas de mobilisation, de façon à être connus des chefs avec lesquels ils doivent marcher.

Les officiers affectés au commandement des compagnies de dépôt commun, et en particulier ceux qui ne proviennent pas des retraités ou démissionnaires de l'armée active, doivent être initiés aux opérations si importantes qu'ils auraient à remplir à la mobilisation (organisation et administration de la compagnie de dépôt commun, habillement, équipement, armement, etc...).

Les officiers de complément sont appelés, le plus fréquemment possible, à appliquer les connaissances qu'ils ont acquises.

Cette dernière prescription a une valeur toute particulière en ce qui concerne les médecins, vétérinaires et fonctionnaires ou officiers des différents services.

Enfin, pour devenir profitable, l'enseignement doit, autant que possible, être collectif et donné par des officiers de l'armée active, spécialement préparés à ce rôle d'instructeurs.

Les chefs de corps ou de service de l'armée active engagent les officiers de complément à assister aux réunions, conférences, exercices ou manœuvres qui peuvent leur être profitables.

Ils les invitent à se rendre en uniforme aux cérémonies et fêtes militaires et à s'y joindre aux officiers de l'armée active.

Lorsque les circonstances le permettent, ils adressent à ces officiers un « Bulletin périodique » qui les tient au courant de ce qui se passe d'important à leur corps ou service d'affectation, et les avertit des principales modifications ou innovations apportées aux lois ou règlements militaires.

D'une façon générale, les chefs de corps ou de service cherchent, par tous les moyens en leur possession, à maintenir les officiers de réserve en contact permanent avec leur corps ou service. Ils s'efforcent ainsi de resserrer le lien moral qui doit unir, en tout temps, ces officiers aux officiers du cadre actif.

Les commandants d'armes informent également, par tous les moyens de publicité, et en recourant, au besoin, à des avis individuels, tous les officiers habitant les environs des garnisons et n'appartenant pas aux corps qui y sont stationnés, des exercices, manœuvres avec cadres ou avec troupes, services en campagne, conférences, etc., qu'ils jugent de nature à leur être utiles.

Les moyens de transport que possèdent les corps ou les garnisons peuvent être mis à leur disposition.

Ecoles d'instruction.

Art. 34. Les gouverneurs militaires, les généraux commandant les corps d'armée et le général commandant la division d'occupation de Tunisie ont toute latitude pour organiser, au profit des officiers de complément, des écoles d'instruction, en s'inspirant des conditions spéciales à la région, du nombre d'officiers des différentes armes et des différents services qui peuvent les fréquenter, ainsi que des ressources en officiers de l'armée active susceptibles d'y être employés comme instructeurs.

Si, pour une raison quelconque, ces écoles ne semblaient pas devoir donner de résultats pour les officiers de troupe, il y aurait lieu, tout au moins, d'étudier les moyens d'en orga-

niser pour les officiers des divers services : état-major, intendance, santé, etc.

En tout état de cause, les programmes doivent être établis
de façon que les auditeurs puissent trouver aux séances intérêt
et profit : toute interrogation, toute récitation des règlements
en sont bannies d'une façon absolue. Les officiers instructeurs
doivent réellement professer et démontrer ; toute latitude leur
est laissée pour donner à leur enseignement le caractère essentiellement pratique qu'il doit revêtir : réunion de troupes,
constitution sur place, à l'endroit où le matériel est entreposé,
de divers éléments à utiliser en campagne, tels que : ambulances, hôpitaux de campagne, sections de munitions, boulangeries, etc.

Comme, en raison de leurs occupations habituelles, les officiers inscrits aux écoles d'instruction ne peuvent, le plus sou-
vent, assister à toutes les séances, il est à désirer que, pour
chacune d'elles, un résumé du sujet traité puisse leur être
communiqué. Cette mesure présente l'avantage de supprimer
toute lacune dans l'enseignement et d'en augmenter par suite
l'intérêt.

Certaines séances des écoles d'instruction peuvent, en raison de la nature des opérations qui y sont exécutées, être considérées comme de véritables exercices pratiques, et donner
droit, dans la limite des crédits disponibles, à la solde de présence.

Toutefois les officiers qui, par suite de leur affectation à un
service sédentaire, n'accomplissent pas de périodes, ne parti-
cipent pas à ces allocations.

Il appartient aux gouverneurs militaires, aux généraux commandant les corps d'armée, et au général commandant la division d'occupation de Tunisie de statuer sur les propositions qui
leur sont adressées à ce sujet par les officiers directeurs des
écoles d'instruction, avec l'avis des chefs de corps ou de service
intéressés.

Le montant de la dépense, résultant du payement de la solde
de présence aux officiers et assimilés qui sont admis au bénéfice des séances pratiques soldées, est acquitté sur les crédits
alloués pour les stages des officiers et assimilés de réserve et
de l'armée territoriale.

Ces crédits sont répartis, entre les écoles d'instruction existant sur le territoire, par les soins des gouverneurs militaires,
des généraux commandant les corps d'armée et du général commandant la division d'occupation de Tunisie.

Une feuille de réduction (1) donnant droit au tarif militaire

---

(1) Le mode d'établissement des feuilles de rédaction est indiqué au
paragraphe 1° des *dispositions particulières* jointes à l'instruction sur
les conditions dans lesquelles s'effectue, en temps de paix, le transport
par voies ferrées du personnel relevant du Département de la guerre
(É. M., vol. n° 100³, p. 125).

sur les chemins de fer est adressée à tout officier de réserve ou de l'armée territoriale inscrit à une école d'instruction (modèle n° 5).

Les gouverneurs militaires, les généraux commandant les corps d'armée et le général commandant la division d'occupation de Tunisie approuvent les programmes et règlent le fonctionnement des écoles d'instruction organisées sur leur territoire; ils adressent chaque année au Ministre, pour le 1er novembre, sous le timbre de l'Etat-Major de l'Armée, Section du service courant, un compte rendu succinct des mesures prises et des résultats obtenus.

Les officiers de complément qui se sont fait remarquer par leur zèle et leur assiduité, sont mis à l'ordre du corps d'armée. En outre, dans leur compte rendu annuel, les commandants de corps d'armée peuvent proposer les plus méritants, ainsi que ceux qui, au cours de l'année, auraient produit des travaux importants, pour l'une des récompenses suivantes :

1° Citation au *Bulletin officiel;*

2° Lettre de félicitations avec citation au *Bulletin officiel.*

Ces deux récompenses doivent être inscrites au dossier du personnel des officiers.

Les propositions en faveur des officiers de l'armée active, chargés de la direction des écoles ou des fonctions d'instructeurs, sont établies conformément aux prescriptions de l'article 277 du Service courant, sur des états distincts de ceux des officiers de complément.

Chaque année, avant le 1er juillet, les directeurs des écoles d'instruction adressent aux chefs de corps ou de service des notes détaillées sur les officiers de complément qui, pendant l'année, se sont fait remarquer d'une façon spéciale par leur assiduité aux cours ou par leurs travaux et, en particulier, sur ceux qui ont été l'objet d'une récompense.

Si, parmi les officiers susceptibles d'être proposés pour l'avancement ou la Légion d'honneur, il s'en trouve certains qui ne figurent pas dans la catégorie ci-dessus, les chefs de corps ou de service en adressent la liste, avant le 15 août, aux directeurs des écoles intéressées; ceux-ci établissent des notes pour les officiers portés sur ces listes, qui ont assisté à une ou plusieurs séances d'instruction; ils signalent, d'autre part, ceux d'entre eux qui n'ont assisté à aucune séance. Ces renseignements sont fournis pour le 1er octobre au plus tard.

Les chefs de corps ou de service transcrivent les notes ainsi obtenues sur les feuilles modèle E des officiers proposés, dans

la case qui leur est réservée, sous la rubrique : « Renseigne-
» ments de l'Ecole d'instruction », et avant la mention : « Ren-
» seignements de la subdivision ».

Pour les officiers signalés comme n'ayant assisté à aucune
séance de l'Ecole, on se borne à porter dans la case de la
feuille de notes la mention : « N'a assisté à aucune séance de
l'Ecole d'instruction ».

Art. 35. Les menues dépenses occasionnées par le fonctionnement des écoles d'instruction sont supportées par les masses des
écoles des corps auprès desquels sont organisées ces écoles ;
elles sont, au besoin, réparties par le commandement territorial
entre les masses des différents corps.

Dans les corps de troupes qui n'ont pas de masse des écoles,
les dépenses dont il s'agit sont supportées par la masse d'habillement.

Art. 36. Les officiers de complément ayant leur résidence dans
une région où il n'existe pas d'école d'instruction de leur arme
ou service peuvent, sur une demande dûment justifiée, être inscrits à une école d'instruction d'une région voisine.

Les demandes de cette nature ne sont accordées qu'en nombre
très limité et doivent être soumises à la décision du Ministre
(Direction d'arme intéressée).

Périodes d'instruction.

Art. 37. Les officiers de réserve et de l'armée territoriale sont
en principe convoqués tous les deux ans, et, autant que possible,
à la même époque que l'unité à laquelle ils appartiennent, de
manière à y exercer le commandement qui leur reviendrait en
temps de guerre (1).

La durée des périodes normales d'instruction à accomplir par
les officiers de complément est fixée dans les conditions ci-
après :

1° *Officiers de réserve.* — La durée des périodes ne doit,
dans aucun cas, être supérieure à vingt-quatre jours, quelle
que soit l'affectation des intéressés (formations actives ou de
réserve).

2° *Officiers de l'armée territoriale.* — La durée des périodes
est de dix jours. Cette durée peut être portée à douze jours
pour les officiers d'artillerie convoqués à un cours de tir.

---

(1) Aux colonies, les convocations sont réglées par les commandants
supérieurs des troupes, de manière à concilier, autant que possible, l'intérêt des officiers avec leur degré d'instruction.

Les officiers de complément, résidant dans l'un des pays étrangers
énumérés à l'article 23 ne sont admis à accomplir des périodes d'instruction que sur leur demande et sans qu'il leur soit alloué de frais de déplacement. Toutefois, ces officiers seront tenus d'accomplir, dans les conditions indiquées ci-dessus, au moins une période d'instruction tous les cinq
ans, faute de quoi ils seront mis en demeure d'offrir leur démission.

En outre, les généraux commandants de corps d'armée conservent la latitude de convoquer, si le service l'exige, les chefs de corps territoriaux, commandants d'unité, officiers comptables et de casernement un jour avant les autres officiers, et de les licencier un jour après.

Les durées des convocations indiquées ci-dessus constituent des maxima qui ne peuvent être dépassés. Il convient, par contre, de les abréger chaque fois que les circonstances et les nécessités de l'instruction le permettent : en particulier, la durée de l'appel des officiers affectés aux unités de réserve peut être presque toujours inférieure à vingt-quatre jours; mais, dans tous les cas, ces officiers doivent être renvoyés avec leur troupe, ou, au plus, un jour après.

Art. 38. Les officiers de complément, remplissant les fonctions d'officiers d'approvisionnement, accomplissent, en remplacement de l'une des périodes d'instruction auxquelles ils sont astreints, un stage de même durée dans l'escadron du train des équipages militaires de la région où ils résident. Ce stage a lieu à l'époque fixée par le général commandant le corps d'armée, et ils sont convoqués en deux séries distinctes : officiers affectés aux unités de réserve, officiers affectés aux corps territoriaux.

Art. 39. Les officiers affectés au service de garde des voies de communication sont convoqués pour l'accomplissement de périodes d'instruction dont la durée ne dépasse pas trois jours.

Exceptionnellement, ils peuvent être convoqués pour des périodes dépassant cette limite.

Art. 40. Les officiers appartenant aux services spéciaux du territoire et au service des places de Paris ne sont pas convoqués.

Stages d'instruction.

Art. 41. Les officiers de complément qui, lors des périodes normales d'instruction, se sont montrés insuffisants dans le commandement de leur unité, sont convoqués d'office, pour un stage de durée égale à accomplir l'année suivante.

Art. 42. Les officiers de complément peuvent, en dehors des périodes normales d'instruction, être convoqués, sur leur demande, pour des stages volontaires, avec solde dans la limite des crédits disponibles, ou sans solde.

Avec solde, la durée des stages est, en principe, celle d'une période normale; sans solde, elle ne peut excéder trois mois.

Par mesure exceptionnelle, les généraux commandant les corps d'armée peuvent accorder des autorisations de stages volontaires sans solde, d'une durée supérieure; s'il y a lieu, ils retirent les autorisations ainsi accordées.

Art. 43. Les stages obligatoires ou volontaires, ainsi que les périodes d'instruction réglementaires accomplies par les offi-

-ciers (réserve ou armée territoriale) doivent être mentionnés dans la colonne « Observations » de l'état des services et du feuillet matricule. Les corps communiquent également ce renseignement aux commandants de recrutement détenteurs du registre matricule, et ont soin d'indiquer les dates initiales et finales de la période d'exercices ou du stage.

Convocations.

Art. 44. Les officiers de complément et assimilés sont convoqués pour les périodes et pour les stages par les soins du chef de corps ou de service de l'armée active (modèle d'ordre de convocation portant récépissé, n°s 17 et 18).

Art. 45. Les médecins de réserve ou de l'armée territoriale affectés à des corps de troupes sont convoqués par le directeur du service de santé du corps d'armée, après entente avec les chefs de corps.

Les vétérinaires de réserve ou de l'armée territoriale affectés à des corps de troupes sont convoqués dans les mêmes conditions par le directeur du service vétérinaire du corps d'armée.

Art. 46. Les convocations doivent être adressées au moins deux mois (1) avant la période à accomplir, sauf le cas où cette date aurait été fixée après accord entre l'officier et son chef de corps (2).

Dans le cas de stage volontaire, les officiers de complément sont invités à faire connaître l'époque de l'année qui conviendrait le mieux à leurs intérêts ; il en est tenu compte dans la mesure du possible.

Les dispositions relatives à la non-convocation pendant les périodes électorales, et au mode de convocation en cas d'épidémie des hommes de troupe, sont applicables aux officiers de complément (3).

Art. 47. Aucune convocation ne doit être adressée aux officiers de réserve ou de l'armée territoriale provenant des agents des eaux et forêts, en dehors des manœuvres d'automne, sans que le conservateur des eaux et forêts dont ils relèvent ait été consulté.

Art. 48. Les fonctionnaires de l'inspection générale des finances pourvus du grade d'officier (réserve ou armée territoriale) ne peuvent être convoqués pour accomplir une période d'instruction que pendant la période comprise entre le 1er décembre et le 30 avril.

Dans le cas où un inspecteur est chargé d'une mission en dehors de l'époque habituelle de la tournée, il y a lieu, sur

---

(1) Ce délai est porté à trois mois toutes les fois que les circonstances le permettent.

(2) Aux colonies, les convocations sont réglées par le commandant supérieur des troupes.

(3) Voir É. M., vol. n° 71.

le vu d'une demande de sursis visée par le service de l'inspection générale des finances, produite par ce fonctionnaire, d'ajourner son appel jusqu'au moment où sa mission a pris fin.

Art. 49. Les membres de l'enseignement public qui sont officiers de réserve ou de territoriale accomplissent leurs périodes d'instruction dans les conditions ci-après :

1° Ceux qui sont officiers de réserve sont affectés à un corps actif dans lequel ils accomplissent leurs périodes d'instruction pendant les manœuvres d'automne, c'est-à-dire pendant les vacances scolaires;

2° Ceux qui sont officiers de l'armée territoriale sont affectés au dépôt et accomplissent leurs périodes d'instruction au corps actif de rattachement, pendant les vacances scolaires (entre le 15 août et le 25 septembre pour ceux d'entre eux qui sont instituteurs).

Toutefois, les membres de l'enseignement public, qui appartiennent à l'une des deux catégories ci-dessus visées, peuvent, s'ils le demandent, effectuer, en dehors de l'époque des vacances scolaires, quatre de leurs périodes d'instruction, savoir : deux périodes dans la réserve au moment des exercices d'ensemble de leur corps d'affectation (tirs de combat, manœuvres avec tirs réels, évolutions, manœuvres spéciales) et deux périodes dans l'armée territoriale au moment de la convocation de leur corps territorial.

Les membres du Conseil d'Etat sont convoqués autant que possible à l'époque des vacances judiciaires (15 août au 15 octobre).

Art. 50. Les officiers de complément, membres du Parlement, qui en expriment le désir, ne doivent pas être convoqués dans leur circonscription électorale.

En principe, ils ne sont convoqués qu'en dehors des sessions. Toutefois, ils peuvent être convoqués pendant les sessions, sur la demande du Ministre de la guerre, de leur propre consentement et après décision favorable de l'assemblée à laquelle ils appartiennent.

Art. 51. Sont dispensés de la convocation :

1° Les officiers de l'armée territoriale qui, en qualité d'officiers de réserve, ont assisté à une réunion d'exercices dans le courant d'une période de moins de douze mois avant l'appel de l'unité à laquelle ils sont affectés dans l'armée territoriale;

2° Les officiers de réserve qui, ayant accompli avant l'époque des manœuvres le temps de service (armée active et réserve) exigé par la loi, ont demandé à passer dans l'armée territoriale et n'ont pas encore reçu une affectation dans cette armée;

3° Les officiers qui se sont mis en instance régulière de démission avant d'avoir reçu leur ordre de convocation, alors même qu'ils n'auraient pas encore été informés de l'acceptation de leur démission au jour fixé pour le commencement de la période d'instruction ;

4° Les officiers en instance régulière de radiation des cadres.

Art. 52. Les officiers de complément, n'appartenant pas aux unités de réserve ou aux corps de troupes territoriaux, qui ont fait preuve d'une instruction complète peuvent, sur leur demande, être dispensés, par leur chef de corps ou de service, de tout ou partie d'une ou plusieurs périodes d'instruction.

Cette faculté n'est pas étendue à ceux de ces officiers provenant de l'article 24 de la loi du 21 mars 1905, qui ont à accomplir les périodes supplémentaires imposées par cette loi.

Art. 53. Les officiers appelés à exercer les fonctions de jurés pendant le cours d'une période d'instruction sont ajournés de droit.

Dans ce cas ils préviennent de leur situation leur chef de corps ou de service.

Art. 54. Les officiers soumis à une enquête ou ayant fait l'objet d'une plainte en vue de leur envoi devant un conseil d'enquête, et les officiers en instance régulière de passage dans une autre arme ou service sont ajournés d'office.

Art. 55. Des devancements d'appel et des ajournements peuvent être accordés par les chefs de corps ou de service aux officiers de complément qui en font la demande, si ces autorisations sont compatibles avec la nécessité du commandement des unités convoquées et de l'instruction des officiers.

Art. 56. Les officiers de complément qui ont fait un stage volontaire dans l'année qui précède leur convocation normale peuvent, sur leur demande et sous les réserves spécifiées à l'article précédent, être dispensés de répondre à cette convocation et autorisés à compter comme période d'instruction le stage qu'ils ont accompli.

Art. 57. Les officiers de complément affectés, soit à un corps de troupes actif, soit aux différents services, peuvent, sur leur demande, être reportés à l'année qui suit celle où ils doivent être normalement convoqués. Dans ce cas, ils sont appelés l'année suivante, de manière à pouvoir exercer un commandement de leur grade dans ces corps ou services.

Art. 58. Les changements de lieu de convocation ne peuvent être accordés qu'après avis favorable des deux chefs de corps ou de service intéressés et avec l'approbation des généraux commandant les corps d'armée.

Cette mesure n'est applicable qu'à titre tout à fait exceptionnel aux officiers de complément appartenant à une unité de réserve ou à un corps de troupes territorial, en raison des nécessités qu'entraîne la constitution de ces corps, au moment d'une convocation.

La demande est instruite par le chef de corps ou de service auquel appartient l'officier. Le général commandant le corps d'armée dans lequel l'officier demande à être appelé, statue en dernier ressort, sauf pour les demandes de convocations dans le gouvernement militaire de Paris, qui ne sont accordées qu'à titre tout à fait exceptionnel et qui sont réservées à la décision du Ministre.

Pour les officiers de réserve des troupes coloniales, les changements de lieu de convocation sont accordés en France par le commandant du corps d'armée des troupes coloniales et, aux colonies ou dans les pays de protectorat, par le commandant supérieur des troupes.

L'officier est convoqué par le chef de corps ou du service actif dans lequel ou auprès duquel il demande à faire une période d'instruction.

Art. 59. Les officiers de complément qui demandent à accomplir, dans un corps ou service autre que celui auquel ils appartiennent, un stage volontaire avec ou sans solde, peuvent y être autorisés dans les formes prescrites à l'article qui précède.

CHAPITRE V.

ADMINISTRATION.

Administration des officiers de complément.

Art. 60. Les officiers de complément dans leurs foyers sont placés, pour tout ce qui concerne la police générale, la discipline, la conduite et la tenue, sous la haute autorité du général commandant la subdivision de région dans laquelle ils résident (1).

Art. 61. Les officiers et assimilés de complément sont administrés par le corps ou service de l'armée active auquel ils sont affectés ou dont relève l'unité à laquelle ils appartiennent.

Les chefs de corps de réserve et les chefs de corps de l'armée territoriale n'en conservent pas moins leurs droits et leur responsabilité de chefs de corps. Ils notent les officiers sous leurs ordres ; ils donnent leur avis sur les demandes qui les concernent ; ils ont l'initiative de toutes les propositions à établir en leur faveur.

Le chef de corps de l'armée active les transmet à l'autorité supérieure en y ajoutant son avis personnel et ses propositions. Dans le cas où les règlements lui donnent le pouvoir de sta-

____

(1) Ceux qui résident dans une colonie ou un pays de protectorat ou un des pays étrangers énumérés à l'article 23 relèvent du commandant supérieur des troupes, à moins qu'ils ne lui soient supérieurs en grade, auquel cas ils relèvent directement du Ministre de la guerre.

tuer, il fait connaître sa décision au chef de corps de réserve ou au chef de corps de l'armée territoriale.

Les officiers retraités non encore pourvus d'emploi, ainsi que les officiers affectés aux services spéciaux du territoire sont administrés par les chefs d'état-major des corps d'armée, et les officiers affectés à l'encadrement des auxiliaires des places fortes par les chefs d'état-major des gouverneurs de ces places.

Les officiers hors cadres sont administrés par l'administration centrale (Bureau de l'arme ou service).

Art. 62. L'instruction sur le service courant (1) fixe les règles relatives à la tenue du dossier général des officiers de complément.

Les dossiers des officiers affectés aux services spéciaux du territoire et de ceux affectés à l'encadrement des auxiliaires des places fortes sont tenus par les chefs d'état-major qui les administrent.

Immatriculation.

Art. 63. L'immatriculation des officiers de complément s'effectue, conformément aux prescriptions de l'instruction pour la tenue des registres et livrets matricules (2), sur le vu des titres et avis authentiques constatant leur affectation au corps ou service dont ils font partie.

Feuillets matricules et livrets matricules.

Art. 64. Les feuillets matricules des hommes de troupe qui sont promus officiers de complément sont adressés, lors de leur promotion, au bureau de recrutement détenteur du registre matricule, pour être conservés tant que les intéressés demeurent en possession de leur grade et qu'ils n'ont pas accompli le temps de service fixé par la loi.

Contrôle des officiers de complément par subdivision de recrutement.

Art. 65. Il est tenu, dans chaque bureau de recrutement, un contrôle (modèle n° 7) des officiers et assimilés de complément inscrits sur les listes de recrutement cantonal (3) et encore astreints aux obligations militaires.

---

(1) é. m., vol. n° 74.
(2) é. m., vol. n° 10.
(3) Ou ayant concouru au tirage au sort dans la subdivision pour les officiers entrés au service sous les régimes antérieurs à la loi du 21 mars 1905.

Contrôle général, par corps d'armée, des officiers de complément.

Art. 66. Un contrôle général des officiers de complément (modèle n° 8) est tenu à l'état-major de chaque corps d'armée par le chef de la section territoriale (1).

Ce contrôle est divisé en quatre parties :

1° Officiers retraités non encore pourvus d'un emploi dans la réserve ou dans l'armée territoriale, ayant fixé leur résidence sur le territoire de la région ;

2° Officiers de complément appartenant aux corps ou services stationnés sur le territoire de la région, quelle que soit leur résidence ;

3° Officiers de complément n'appartenant pas aux corps ou services stationnés sur le territoire de la région, mais y résidant ;

4° Officiers de complément, de toutes résidences, désignés comme devant se rendre dans le corps d'armée, pour y recevoir une affectation ne devant leur être notifiée qu'à la mobilisation.

Officiers de l'armée active retraités ou démissionnaires.

Art. 67. Les propositions d'admission à la retraite (d'office ou sur demande) ainsi que les offres de démission des officiers de l'armée active doivent être accompagnées d'un rapport particulier (modèle n° 6) auquel sont joints l'état des services et la déclaration d'option et de résidence.

Les mêmes pièces concernant les officiers généraux et assimilés passés dans le cadre de réserve ou admis à la retraite, à l'exception des généraux membres du conseil supérieur de la guerre, commandants de corps d'armée ou présidents de comités techniques, sont adressées à l'état-major de l'armée (Section du personnel).

En ce qui concerne les officiers généraux et fonctionnaires de grades correspondants placés dans la position de disponibilité avant d'être atteints par la limite d'âge, le rapport particulier est établi au moment même où ils cessent leurs fonctions d'activité et transmis à l'état-major de l'armée avec les pièces annexées, par le général commandant le corps d'armée sous les ordres duquel ils servaient.

Un double du rapport particulier est également adressé à l'état-major de la région dans laquelle l'officier a fixé sa résidence. On se conforme, en outre, aux prescriptions de l'ins-

---

(1) Dans chaque colonie ou pays de protectorat, ce contrôle est tenu par le commandant supérieur des troupes.

truction sur le service courant (É. M., vol. n° 74) au sujet de l'envoi du dossier général.

Lorsque la nomination d'un officier retraité ou démissionnaire à un emploi d'officier de complément est insérée au *Journal officiel*, le chef de la section territoriale en prend note et envoie au chef de corps ou de service le rapport particulier et le dossier général (1re et 2e parties), après avoir mentionné, sur le livret matricule, la nouvelle position de l'officier.

Art. 68. Les chefs de légion de gendarmerie en résidence au chef-lieu des corps d'armée doivent être avisés par les soins des états-majors de corps d'armée des noms des officiers retraités restant à la disposition du Ministre, ainsi que de ceux des officiers de complément de toute provenance résidant dans leur circonscription, y compris les officiers placés hors cadres ou mis à la suite par application du décret du 3 février 1880.

Ils les communiquent, de leur côté, aux commandants de compagnie sous leurs ordres, ainsi qu'aux chefs de légion *bis* et *ter*.

Ils sont tenus de rendre compte au commandant du corps d'armée, qui fait informer le Ministre (Bureau de l'arme), des décès de ces officiers ou des événements graves pouvant les concerner (délits, poursuites, condamnations, incapacité de servir, etc...).

Tous les ans, du 1er au 5 avril, les chefs de légion en résidence au chef-lieu du corps d'armée font collationner leur liste.

Ces prescriptions sont applicables aux officiers ressortissant au Département de la marine.

En conséquence, il est tenu à l'état-major de chaque corps d'armée, d'après les renseignements fournis par l'administration centrale de la marine, une liste des officiers dont il s'agit résidant dans la région.

Les commandants de compagnie de gendarmerie sont avisés, par les soins des états-majors des corps d'armée, des noms des officiers retraités résidant dans leur circonscription et sont tenus de rendre compte au commandant de corps d'armée, qui fait informer le préfet maritime intéressé, des décès de ces officiers ou des événements graves pouvant les concerner (délits, poursuites, condamnations, incapacité de servir, etc...).

Une liste d'adresses est tenue, dans chaque brigade de gendarmerie, pour les officiers en résidence dans la circonscription de la brigade.

La gendarmerie délivre à tous les officiers, qui se déplacent pour changer de résidence, pour voyager ou se rendre aux colonies, dans un pays de protectorat ou à l'étranger, un récépissé extrait d'un carnet à souche envoyé aux commandants de brigade par le Ministre de la guerre (modèle n° 16). La première partie à détacher de cette feuille est remise à l'officier, la seconde envoyée au commandant de recrutement de la subdivision dont relève la brigade de gendarmerie qui reçoit la déclaration, quel que soit le régiment ou service auquel appartienne l'officier.

Le commandant de recrutement adresse ce bulletin à l'état-major de son corps d'armée. L'officier supérieur chargé de la section territoriale qui reçoit cette pièce la transmet au bureau de recrutement détenteur du registre matricule, où elle est conservée comme pièce à l'appui.

Il avise, en outre, par une note, le corps d'armée dont relève le régiment ou service auquel est affecté l'officier, et le corps d'armée de la dernière résidence, si la déclaration a été faite au point d'arrivée.

Chacun de ces corps d'armée informe de la déclaration les autorités intéressées ; le chef de corps ou de service et les généraux commandant les subdivisions de la dernière et de la nouvelle résidence.

Notification des nominations et mutations.

Art. 69. Toutes les mutations (nominations, démissions, révocations, etc.), intéressant le personnel de complément, sont notifiées par l'autorité qui détient les pièces matricules :

1° Aux intéressés, au moyen d'un « extrait » du *Journal officiel* (modèle B) ou de la lettre d'avis, établie par l'administration centrale pour les démissions, supensions et révocations (É. M., vol. n° 22);

2° Au bureau de recrutement détenteur du registre matricule (et à celui de la liste matricule pour ceux qui ont fixé leur résidence en dehors de leur subdivision d'origine), au moyen du bulletin spécial portant récépissé (modèle n° 2) (É. R., vol. n° 71).

NOTA. — Pour les élèves des grandes écoles visés au 2ᵉ alinéa de l'article 23 de la loi du 21 mars 1905, les pièces matricules sont détenues par le corps de troupe auquel est rattachée l'école. Ce corps est désigné par le gouverneur militaire ou le général commandant le corps d'armée sur le territoire duquel cette école est située.

Situations nominatives.

Art. 70. Un état nominatif de la situation et des mutations survenues parmi les officiers de chaque corps ou service de réserve ou de l'armée territoriale est fourni : le 10 du premier mois de chaque trimestre (1).

Ces situations sont établies suivant le modèle spécial à chaque arme ou service.

---

(1) Cet état n'est fourni que le 1ᵉʳ janvier de chaque année en ce qui concerne le service de l'intendance et les vétérinaires militaires.

Ces pièces périodiques sont établies par les autorités militaires chargées de la tenue des feuillets matricules, qui les adressent directement au général commandant le corps d'armée chargé de les transmettre au Ministre (Bureau de l'arme).

Ces situations sont établies conformément aux prescriptions suivantes :

1° Le grade de chaque officier dans l'ordre de la Légion d'honneur est indiqué, dans la colonne « Décorations », par les signes ci-après : Médaille militaire, ♣ ; Chevalier, ✳ ; Officier, O. ✳ ; Commandeur, C. ✳ ;

2° Chaque officier doit toujours être l'objet d'une des annotations suivantes :

Pour ceux qui n'ont pas fait mutation, on l'indique par le signe S. M. ;

Pour ceux qui ont fait mutation, on mentionne le décès, les changements de corps, de bataillon, de compagnie, d'emploi, ainsi que les promotions, démissions, enfin les absences temporaires pour aller à l'étranger.

Dans la colonne « Mutations », on inscrira à l'encre rouge, en regard du nom des officiers, les dates des convocations qui leur ont été adressées et sous le coup desquelles ils se trouvent.

Sur les états de situation des corps de réserve, les noms des officiers de l'armée active sont portés à l'encre rouge, ceux des officiers de réserve et de l'armée territoriale à l'encre noire.

Les vacances d'emploi encore existantes ou survenues dans le mois ou le trimestre auquel se rapportent les mutations sont, tant qu'elles n'ont pas été remplies, signalées dans la colonne « Noms », par le mot « Vacance ».

Les officiers affectés à l'un des emplois prévus par l'article 51 de la loi du 13 mars 1875 (états-majors généraux et particuliers, services des chemins de fer et des étapes et des remontes, ou aux services spéciaux du territoire, service de garde des voies de communication, etc...) n'appartiennent à aucun corps de troupes. Ils sont désignés dans les documents officiels, sous la dénomination d'officiers de réserve ou de l'armée territoriale d..... (l'arme), affectés à un service d'état-major ou au service des étapes ou des remontes, etc.

Les mutations survenues dans l'intervalle d'un trimestre à l'autre sont notifiées immédiatement par le bulletin des emplois vacants (modèle n° 13).

Les décès sont toujours notifiés au moyen dudit bulletin.

Radiation des cadres et maintien dans les cadres.

Art. 71. Lorsqu'il y a lieu de retirer à un officier de réserve ou de l'armée territoriale le grade dont il a été investi, cette mesure est toujours prise par décret ou décision présidentielle, sauf dans les cas prévus par les paragraphes 3, 4, 5, 6 et 7 de l'article 1er du décret du 31 août 1878, et par l'article 2 du décret du 3 février 1880.

Art. 72. Les officiers de réserve maintenus dans l'armée active à l'époque légale de leur passage dans l'armée territoriale, sont, comme les officiers de cette dernière armée, rayés des cadres à l'expiration du temps de service exigé par la loi de recrutement, à moins qu'ils ne soient les uns et les autres admis à rester dans la portion de l'armée à laquelle ils appartiennent respectivement.

Les officiers que la loi met à la disposition du Ministre pour une période de temps déterminée, et qui ont été pourvus d'un emploi de leur grade dans la réserve ou dans l'armée territoriale, sont de même rayés des cadres et des contrôles lorsqu'ils ont satisfait à l'obligation qui leur était imposée, à moins qu'ils ne soient maintenus, sur leur demande, dans leur affectation.

Tous les officiers de complément qui ont atteint l'extrême limite d'âge fixée par l'article 56 de la loi du 13 mars 1875 sont rendus définitivement à la vie civile, à l'exception des officiers retraités qui n'auraient pas, à ce moment, accompli entièrement le temps de service complémentaire qui leur était imposé, et de ceux qui auraient obtenu, sur leur demande, d'être maintenus dans les cadres par application de l'article 3 de la loi du 19 juillet 1892 pour être affectés à un emploi sédentaire.

Les officiers maintenus ou réintégrés dans les cadres après avoir atteint la limite d'âge peuvent être ultérieurement rayés des cadres, soit d'office, soit sur leur demande, sur le rapport des autorités militaires territoriales, par application de l'article 1er du décret du 24 août 1904.

Les chefs de corps ou de service doivent apporter le plus grand soin à signaler exactement, trois mois à l'avance, aux généraux commandant les corps d'armée, ou au général de brigade selon le cas, au moyen des bulletins modèles nos 9 et 10 accompagnés de la déclaration modèle n° 12 : 1° les officiers qui sont arrivés au terme de la durée légale du service militaire (25 ans) ; 2° ceux qui, jouissant d'une pension de retraite, ont satisfait aux obligations du service complémentaire imposées par la loi ; 3° enfin ceux qui sont arrivés à l'une des limites d'âge fixées par l'article 56 de la loi du 13 mars 1875 (65 ans pour les officiers supérieurs et 60 pour les autres).

Les généraux de brigade prononcent, par délégation du Ministre, le maintien dans leur position actuelle des officiers qui en ont fait la demande et qu'ils jugent susceptibles de rendre encore de bons services dans leur emploi. Dans ce cas, mention de la décision prise est portée sur le bulletin individuel et cette pièce est adressée à l'administration centrale (Bureau de l'arme) avec la déclaration de l'intéressé.

Les officiers maintenus ou réintégrés dans leur emploi après l'accomplissement légal du service militaire ne peuvent plus demander ensuite à être rayés des cadres pour limite de service. S'ils ne désirent plus faire partie de l'armée, ils doivent offrir la démission de leur grade.

Lorsqu'un officier n'est pas maintenu, pour une raison quelconque, dans la position où il se trouve, le bulletin individuel le concernant est annoté par le commandant du corps d'armée, et transmis au Ministre, qui statue.

Les officiers retraités qui n'ont pas été pourvus d'emploi au cours des cinq années pendant lesquelles ils sont à la disposition du Ministre, sont, à l'expiration de cette période et sur l'ordre des généraux commandant les corps d'armée, rayés d'office des contrôles généraux tenus à l'état-major de la région dans laquelle ils résident.

Le Ministre doit être informé très exactement de la radiation des officiers désignés dans le paragraphe précédent (modèle n° 13).

Art. 73. Sont également rayés des cadres, sur les certificats des médecins désignés à cet effet par l'autorité militaire et après avis du comité technique de santé :

1° Les officiers reconnus atteints d'infirmités incurables ;

2° Les officiers placés hors cadres pour raisons de santé depuis trois ans, dont les infirmités ne permettent pas la réintégration dans les cadres.

Révocations.

Art. 74. La révocation est prononcée par décision présidentielle, sur le rapport du Ministre de la guerre, pour les causes prévues à l'article 6 du décret du 31 août 1878.

Art. 75. Lorsque, pour une des causes prévues à l'article 7 du décret du 31 août 1878, un officier ou assimilé de complément est dans le cas d'être envoyé devant un conseil d'enquête, ce conseil est composé et fonctionne conformément aux prescriptions du décret relatif aux conseils d'enquête des officiers de réserve et de l'armée territoriale, et de l'instruction ci-après.

Sur avis conforme de ce conseil d'enquête, la révocation peut être prononcée par décret du Président de la République sur le rapport du Ministre de la guerre.

« *Instruction pour l'application du décret du 8 novembre 1903 sur les conseils d'enquête des officiers de réserve et de l'armée territoriale.*

(Cabinet du Ministre ; Direction du Contentieux et de la Justice militaire [Service spécial] ; 2ᵉ Section ; Contentieux.)

Paris, le 8 novembre 1903.

« Les dispositions générales du décret et de l'instruction du 8 novembre 1903 sur les conseils d'enquête des officiers de l'armée active étant applicables aux officiers de réserve et de l'armée territoriale, sauf les exceptions indiquées dans le décret spécial les concernant, il y aura lieu, pour l'application de ce dernier décret, de se reporter à ces documents (*B. O.*, É. R., vol. nº 22, p. 108 et suiv.).

« On se bornera à appeler l'attention sur les points ci-après :

« 1º Le conseil d'enquête devra comprendre deux officiers de réserve ou de l'armée territoriale, au lieu d'un seul comme précédemment : ces deux officiers seront, en principe, les membres du grade le moins élevé ;

« 2º Les conseils d'enquête à former pour les officiers d'infanterie, de cavalerie, d'artillerie, du génie, du train des équipages et de la gendarmerie, employés, soit dans des corps de troupes, soit dans les divers services de l'armée (commandements, états-majors, chemins de fer et étapes, remontes et réquisitions, etc.), devront être composés comme pour les officiers du même grade de l'armée active, sans se préoccuper de l'arme des trois officiers actifs à désigner, puisque la condition que le conseil doit comprendre deux officiers de la même arme que celui soumis à l'enquête sera remplie par les deux autres membres appartenant à la réserve ou à l'armée territoriale.

« Toutefois, lorsqu'il s'agira des personnels appartenant aux services de l'intendance, de santé, etc., pour lesquels le conseil d'enquête doit, suivant la règle adoptée pour les officiers du cadre actif, comprendre trois membres du service, on ne prendra que les deux derniers membres dans le cadre auxiliaire ; le troisième sera pris dans le cadre correspondant de l'armée active ;

« 3º En ce qui concerne les attachés du cadre auxiliaire de

l'intendance, dont les grades correspondant à sous-lieutenant et lieutenant n'existent pas dans la hiérarchie du cadre actif de ce service, le conseil se trouvera, en vertu du paragraphe 2 de l'article 1er, composé comme pour les médecins aides-majors de 2e et de 1re classe, les médecins étant remplacés par des fonctionnaires de l'intendance ;

« 4° Quant aux personnels n'ayant pas de similaires dans l'armée active, comme celui du service de la télégraphie militaire et les corps des douaniers et chasseurs forestiers, qui, *en cas de mobilisation seulement*, pourraient être justiciables des conseils d'enquête, le conseil sera composé selon la correspondance de grade du fonctionnaire ou de l'officier soumis à l'enquête, au moyen de trois officiers de l'armée active, pris sans distinction d'arme et de deux fonctionnaires ou officiers du même service ou du même corps, sauf le cas d'impossibilité, prévu au dernier paragraphe de l'article 2, où il serait fait appel à des officiers d'une arme quelconque ;

« 5° Le décret n'est pas applicable aux personnels de la trésorerie et des postes aux armées, ni des sections de chemins de fer de campagne ou du personnel technique des chemins de fer aux armées, qui ne comportent pas d'assimilation et restent exclusivement régis par le décret du 24 mars 1897 et le règlement ministériel du 22 août 1890 ;

« 6° Le décret sera applicable aux officiers de réserve des troupes coloniales, en tenant compte des dispositions spéciales à ces troupes contenues dans le décret relatif aux officiers de l'armée active ;

« 7° Le décret sera également applicable aux officiers retraités maintenus pendant cinq ans à la disposition du Ministre ou y restant volontairement après ce délai, dans le cas où il y aurait lieu, en vertu de l'article 7 du décret du 31 août 1878, de les révoquer de leur grade dans la réserve ou dans l'armée territoriale, étant entendu qu'ils conserveront toujours le grade avec lequel ils ont quitté l'armée active ;

« 8° On devra, pour la position des questions dans les conseils d'enquête des officiers de réserve et de l'armée territoriale, se référer à l'article 22 du décret du 31 août 1878, modifié par décret du 20 mars 1890. A l'ouverture de la séance, le président donnera lecture de l'article 7 dudit décret (paragraphes auxquels se rapportent les questions à poser). »

Radiation à la suite de condamnation.

Art. 76. La condamnation d'un officier de réserve ou de l'armée territoriale à l'une des peines énumérées aux paragraphes 3, 4, 5, 6 et 7 de l'article 1er du décret du 31 août 1878, entraîne, *de plano*, la radiation des cadres.

Suspensions.

Art. 77. L'officier dans le cas d'être suspendu de son grade fait l'objet d'un rapport dans lequel le chef de corps ou de service, après avoir exposé les faits reprochés, propose de fixer la durée de la suspension (trois mois à un an).

Ce rapport est transmis, avec l'avis des autorités militaires hiérarchiques, au Ministre (Bureau de l'arme).

La suspension peut être proposée d'office par le Ministre.

Elle est prononcée par décret du Président de la République sur le rapport du Ministre.

Réintégration dans le cadre des officiers placés hors cadres par suspension d'emploi.

Art. 78. En temps de paix, les officiers de complément, suspendus de leurs fonctions pendant une année, sont, à l'expiration de cette année, réintégrés dans un emploi de leur grade, par une décision du Président de la République, prise sur la proposition du Ministre de la guerre, sans l'intervention d'un conseil d'enquête.

S'il n'existe pas de vacance d'emploi du grade des officiers dont il s'agit, ceux-ci sont mis à la suite d'un corps de leur arme, jusqu'à ce qu'ils puissent être replacés.

Leur ancienneté est réduite d'une année.

Les officiers suspendus pour moins d'un an reprennent purement et simplement leur emploi à l'expiration de leur peine disciplinaire. Leur ancienneté est réduite du temps passé en suspension d'emploi.

En cas de mobilisation, il est fait application des dispositions de l'article 16 du décret du 31 août 1878.

Démissions.

Art. 79. Les officiers de complément, à l'exception des officiers retraités, tant qu'ils n'ont pas accompli les années de service pendant lesquelles ils sont à la disposition du Ministre, peuvent offrir leur démission.

L'offre de démission est conçue dans les termes ci-après :

« Je soussigné (le nom, le grade, le corps ou le service), offre ma démission du grade qui m'a été conféré par décret du (indiquer la date) dans le cadre des officiers (de réserve ou de l'armée territoriale).

« Je déclare, en conséquence, renoncer volontairement, et d'une manière absolue, aux prérogatives attachées à ce grade, et me fixer à....., département d....., arrondissement d.....

« A....., le..... 19..... »

Les officiers de complément de toutes armes qui demandent à concourir pour un emploi dans le cadre auxiliaire du service de l'intendance (bureaux de l'intendance, subsistances militaires, habillement et campement) ou dans le cadre auxiliaire du service des hôpitaux joignent à leur demande une offre de démission conditionnelle ainsi conçue :

« Je soussigné (nom, grade, corps) candidat à un emploi dans le service auxiliaire (indiquer le service) offre ma démission du grade qui m'a été conféré par décret (indiquer la date) dans le cadre des officiers (de réserve ou de l'armée territoriale), dans le cas où je serais nommé à l'emploi que je sollicite.

« Je déclare, en conséquence, renoncer volontairement, et d'une manière absolue, aux prérogatives attachées à ce grade, et me fixer à....., département d....., arrondissement d.....

« A....., le..... 19..... »

Cette démission conditionnelle ne sera acceptée que le jour où la demande de changement de service sera agréée.

Chaque offre de démission doit être transmise au Ministre accompagnée d'une lettre du chef de corps ou du service faisant connaître les motifs pour lesquels l'officier demande à se retirer. Les diverses autorités hiérarchiques consignent leur avis sur cette lettre.

Ceux de ces officiers auxquels il a été alloué une première mise d'équipement, doivent joindre, à l'appui de leur offre de démission, un récépissé constatant qu'ils ont effectué le reversement de cette indemnité au Trésor, ou une demande d'exonération.

Les offres de démission formulées par les officiers de réserve provenant des élèves officiers visés à l'article 24 de la loi sur le recrutement, ne peuvent être acceptées que lorsque ces officiers ont satisfait à l'engagement pris par eux d'accomplir trois périodes supplémentaires dans la réserve, à moins qu'ils n'aient été autorisés, par décision spéciale du Ministre, à contracter un rengagement dans l'armée active.

Il en est de même de celles adressées par les officiers de complément ayant reçu un ordre de convocation, qui ne peuvent être accueillies que lorsque les intéressés ont accompli leur période d'instruction.

Officiers nommés à des emplois soldés ou ayant repris du service
dans l'armée active.

Art. 80. Lorsqu'un officier ou assimilé en retraite est nommé à un emploi dans un service ressortissant à l'armée active (écoles militaires ou justice militaire), il doit être mis en demeure d'offrir sa démission du grade dont il a été pourvu dans le cadre des officiers de complément.

Il en est de même en ce qui concerne les anciens sous-officiers, pourvus d'un grade d'officier, lorsqu'ils viennent à reprendre du service dans l'armée active, soit par voie de rengagement, soit en qualité de commissionnés.

Les offres de démission formées dans ces conditions sont soumises par les soins du Ministre à l'acceptation de M. le Président de la République; mais les intéressés n'en sont pas moins autorisés à prendre, en attendant la notification de la décision présidentielle, possession de leur nouvel emploi.

Toutefois, afin d'éviter autant que possible l'obligation de recourir à cette mesure, les commandants de corps d'armée sont invités à se faire rendre compte très exactement de la situation des candidats aux emplois d'officier de complément en faveur desquels des propositions ont été établies, et à signaler ou les changements de résidence ou les modifications de position les concernant, survenus pendant le temps écoulé entre les propositions dont ils ont été l'objet et l'époque de leur nomination auxdits emplois.

Officiers nommés à des emplois de comptables directs du Trésor.

Art. 81. A la suite d'une entente survenue entre les Départements des finances et de la guerre, les agents des finances retraités comme officiers et sous-officiers sous le régime des lois des 22 juin 1878, 18 mars 1889 et 21 mars 1905 ne peuvent pas être mis par leurs chefs civils dans l'obligation de renoncer à leurs grades d'officiers dans le cadre de réserve ou de l'armée territoriale, avant d'avoir accompli le temps de service complémentaire qui leur est imposé par ces lois.

Les anciens officiers de l'armée active démissionnaires qui font partie de la même administration, ont la faculté de conserver, s'ils le désirent, leurs grades dans l'armée territoriale jusqu'à l'expiration de la durée légale de leur temps de service (vingt-cinq ans).

Officiers nommés à des emplois dans les postes et télégraphes.

Art. 82. Après entente entre les Départements de la guerre et des travaux publics, et en considération du concours apporté par le personnel des postes et télégraphes à l'œuvre de la défense nationale et des services particuliers qu'il serait appelé à rendre en cas de mobilisation, les officiers de complément provenant des sous-officiers retraités qui sont nommés à un emploi dans l'administration des postes et télégraphes, sont invités par elle à offrir la démission de leur grade, en vue de leur inscription dans la non-affectation.

Il est toujours donné suite à ces offres de démission, même dans le cas où les intéressés auraient déjà reçu un ordre de convocation pour une période d'instruction.

Situations de l'officier.

Art. 83. Les officiers de réserve et les officiers de l'armée territoriale sont, selon les cas, compris dans les cadres, placés hors cadres ou mis à la suite.

a) *Officiers dans les cadres.* — Sont compris dans les cadres tous les officiers faisant partie d'un corps de troupes, ou pourvus d'un emploi dans les différents services de l'armée.

b) *Officiers hors cadres.* — La position hors cadres est celle de l'officier qui, pourvu d'un grade, reste sans emploi et est temporairement dispensé de tout service.

Le décret du 18 novembre 1908 rendu en exécution du paragraphe 1er de l'article 11 du décret du 31 août 1878 et inséré au *Bulletin des lois*, détermine la nomenclature des emplois ou fonctions civiles qui font placer hors cadres les officiers de réserve et les officiers de l'armée territoriale qui en sont revêtus.

La position d'officier hors cadres comprend, indépendamment des officiers mentionnés ci-dessus, des officiers momentanément privés de leur emploi soit en raison d'infirmités les rendant incapables d'exercer leurs fonctions militaires pendant une durée de six mois au moins (1), soit par suite de suspension par mesure disciplinaire, pour une durée d'un an au moins.

Il convient cependant d'établir une distinction entre les deux catégories d'officiers hors cadres. Les premiers ne sont placés dans cette situation que parce que, revêtus de fonctions soumises à une certaine instabilité, et ne pouvant être affectés à un emploi militaire, il eût été rigoureux de les obliger à servir comme simples soldats, s'ils quittaient leur poste civil. Les autres, au contraire, ne sont classés hors cadres que pour des raisons intéressant directement le service militaire (état de santé, etc.), et devant nécessairement amener, dans un temps donné, une solution définitive, telle que leur radiation des cadres, leur révocation ou leur réintégration (art. 5, 7 et 12 du décret du 31 août 1878).

Les uns et les autres sont d'ailleurs remplacés dans leur emploi (art. 10, § 2, et art. 15).

Le temps passé hors cadres (sauf en ce qui concerne les officiers du génie, ingénieurs des ponts et chaussées, attachés au service de la marine ou à celui des compagnies de chemins de fer, qui conservent, bien que hors cadres, leur rang d'ancienneté) et celui de la suspension ne comptent pas pour la fixation du rang d'ancienneté (art. 13 et 15).

Par suite, l'officier hors cadres, en raison de ses fonctions, continue à figurer à l'*Annuaire militaire* dans une liste nominative ; mais, à sa rentrée dans le cadre, il lui est fait déduction du temps passé hors cadres. L'officier mis hors cadres dans les conditions de l'article 11 (§ 2) et de l'article 12 ne figure pas à l'*Annuaire*.

Les mutations survenues parmi les officiers de réserve ou les officiers de l'armée territoriale, placés hors cadres, en raison de leur nomination à des fonctions diplomatiques ou administratives, et qui viennent à quitter ces fonctions, doivent être très exactement notifiées au Ministre. Les intéressés sont tenus, à cet effet, d'informer, par lettre, les commandants de

---

(1) Les dispositions de l'article 11, paragraphe 2°, du décret du 31 août 1878, ne sont pas applicables aux officiers ou assimilés de réserve, accomplissant leur dernier semestre de service actif en qualité d'officiers de complément.

En cas de maladie les mettant dans l'impossibilité d'accomplir tout ou partie de leurs obligations militaires, ils sont envoyés en congé de convalescence.

corps d'armée de leur résidence, des changements de nature à modifier leur situation militaire.

Il en est de même pour les officiers pourvus d'emplois entraînant la mise hors cadres.

Ces officiers avisent l'autorité militaire de leur nomination auxdits emplois. Faute par eux de remplir ces formalités, ils doivent, au moment d'une mobilisation, marcher avec le corps sur les contrôles duquel ils sont inscrits, tous les officiers (réserve et armée territoriale) figurant sur les contrôles d'un corps ou service étant considérés comme disponibles.

Ceux qui occupent alors des positions autorisant la mise hors cadres ne sont plus admis à réclamer le bénéfice d'une mesure qui leur eût été appliquée dès le temps de paix, s'ils avaient eu le soin de prévenir l'autorité militaire.

Il peut se présenter que certains officiers, par des considérations d'avancement ou autres, aient intérêt à conserver leur situation dans les cadres, s'ils trouvent d'ailleurs le moyen de concilier leurs obligations militaires avec l'exercice de la fonction dont ils sont pourvus.

D'autre part, il ressort des termes du décret du 31 août 1878 et de la présente instruction que la situation « hors cadres » est conférée aux officiers en raison des emplois déterminés par les différents décrets, et que le soin d'aviser l'autorité militaire de leur nomination à ces emplois et de réclamer le bénéfice de la mise hors cadres incombe aux intéressés eux-mêmes.

En conséquence, pour les officiers de complément, susceptibles d'être mis « hors cadres » en raison des fonctions qu'ils occupent, toute proposition de mise hors cadres doit être accompagnée d'une demande de l'intéressé visée par l'administration à laquelle il appartient.

Toutefois, le Ministre se réserve de prononcer d'office la mise hors cadres de ceux de ces officiers qui lui seraient signalés, soit par leur chef de corps ou de service, soit par l'administration publique dont ils dépendent, comme se trouvant dans l'impossibilité de concilier leurs obligations militaires avec l'exercice de la fonction dont ils sont pourvus.

Aux termes des dispositions légales en vigueur, sont à la disposition du Ministre :

1° Les officiers retraités, pour une période de cinq ans, comptée du jour de leur admission à la retraite ;

2° Les sous-officiers retraités, pendant cinq ans au moins et, en tout cas, jusqu'à leur libération définitive.

La mise hors cadres des officiers de complément provenant de ces deux catégories, en les dispensant de toute obligation militaire en temps de paix, et en subordonnant, à la mobilisation, leur concours aux exigences des emplois dont ils seraient pourvus, aurait pour effet de rendre illusoires les prescriptions de la loi. Il s'ensuit donc que les officiers de ces catégories ne peuvent être placés hors cadres avant d'avoir satisfait aux obligations imposées par la loi.

A l'expiration de leur temps de service complémentaire ces officiers rentrent naturellement dans le droit commun. Ils peuvent alors être placés hors cadres dans les mêmes conditions que les autres officiers de complément.

Officiers pourvus d'emplois civils entraînant le classement dans la non-disponibilité, la non-affectation ou dans l'affectation spéciale.

Art. 84. Les officiers ou assimilés, pourvus d'un grade ou d'un emploi, ne doivent être inscrits sur les contrôles de la non-disponibilité, de la non-affectation ou de l'affectation spéciale que lorsqu'il a été constaté qu'ils ont cessé de faire partie du cadre des officiers.

La non-disponibilité, la non-affectation ou l'affectation spéciale, particulière aux sous-officiers ou soldats, est complètement incompatible avec la situation d'officier ou assimilé, et ne saurait conférer aux candidats un avantage particulier (1).

Le Département de la guerre n'a pas à s'immiscer dans les affaires personnelles des autres ministères ou administrations. Aussi il considère toujours comme disponible et soumis à toutes les obligations militaires l'officier, quelle que soit sa fonction civile, qui n'a pas donné sa démission, ou n'a pas été placé hors cadres par suite de dispositions spéciales à certains services (préfets, sous-préfets, secrétaires généraux, agents diplomatiques et consulaires, etc.) ou des prescriptions des décrets sur les assimilations.

---

(1) Toutefois les agents européens des gardes indigènes pourvus d'un grade d'officier de complément pourront, bien que classés dans l'affectation spéciale, conserver ce grade ou concourir, dans les conditions habituelles, pour celui de sous-lieutenant de réserve.

La question de démission doit donc être traitée par l'officier avec ses chefs administratifs, qui jugent si les obligations militaires du grade dont il est pourvu sont compatibles avec les exigences de son service.

Si les officiers démissionnaires dans ces conditions viennent à quitter les fonctions qui les avaient fait classer dans la non-disponibilité, la non-affectation ou l'affectation spéciale, ils sont affectés à un corps comme les hommes de la classe à laquelle ils appartiennent, mais il leur est tenu compte, dans la mesure du possible, pour leur réintégration dans les cadres, de leur qualité d'officiers démissionnaires.

Les commandants de recrutement n'ont donc pas à s'occuper des officiers au point de vue de la non-disponibilité ou de l'affectation spéciale; ils renvoient aux administrations intéressées le bulletin de mutation concernant un non-disponible qualifié d'officier.

Officiers à la suite.

Art. 85. Les officiers mis à la suite par application de l'article 1er du décret du 3 février 1880 sont administrés par l'administration centrale (Bureau de l'arme).

Les officiers de complément placés à la suite par application du décret précité, ne comptant pas, même pour ordre, dans un corps de troupes ou service de l'armée territoriale, ne doivent être, en temps de paix, l'objet d'aucune convocation pour des manœuvres ou périodes d'exercices; ils ne reçoivent non plus aucune affectation pour le cas de mobilisation.

Toutefois, ces officiers sont susceptibles d'être réintégrés dans les cadres; ils reçoivent alors une affectation pour le temps de paix et sont en même temps pourvus d'un emploi pour le cas de guerre.

Les officiers placés à la suite, qui ont accompli la durée légale du service militaire, sont rayés des cadres par décision ministérielle, à moins qu'ils n'aient été maintenus postérieurement à leur mise à la suite; dans ce dernier cas, ils sont rayés dès qu'ils ont atteint la limite d'âge.

Art. 86. Dès que l'officier reçoit notification de l'acceptation de sa démission, ou de sa radiation des cadres, de sa suspension, de sa mise à la suite, de sa révocation, il doit faire par-

venir à son chef de corps ou de service l'ordre de mobilisation
dont il est détenteur.

Affectation à donner aux officiers rayés des cadres pour une cause
quelconque et non dégagés de toute obligation militaire.

Art. 87. *Officiers démissionnaires.* — L'officier démissionnaire qui n'a pas accompli les vingt-cinq années de service prescrites par la loi est tenu de les achever avec les hommes de la
classe à laquelle il appartient. En outre, s'il n'a pas, au moment
de sa démission, terminé le temps de service actif qu'il doit
accomplir, il est maintenu comme homme de troupe sous les
drapeaux jusqu'à ce qu'il ait satisfait à la loi du recrutement.

L'officier démissionnaire rayé des cadres de l'armée active,
de la réserve de l'armée active ou de l'armée territoriale, pour
une cause n'entraînant pas l'incapacité de servir, est, en conséquence, affecté dans la réserve ou dans l'armée territoriale,
selon le cas.

Les officiers de l'armée active, les officiers de réserve et les
officiers de l'armée territoriale démissionnaires sont, en principe, affectés comme simples soldats. Mais ceux d'entre eux
qui ont été sous-officiers antérieurement ou qui sortent d'une
école militaire sont affectés avec le grade de sous-officier, s'ils
n'expriment point un désir contraire, et sous la condition
d'offrir toutes les garanties exigées.

Si l'officier démissionnaire ne se retire pas dans la subdivision où il a satisfait à la loi, il est néanmoins affecté par le
commandant de recrutement de cette subdivision, s'il ne fait
en temps utile une déclaration régulière de changement de
domicile.

Art. 88. *Officiers révoqués.* — Les officiers de complément
révoqués doivent, lorsqu'ils n'ont pas entièrement accompli le
temps de service fixé par la loi sur le recrutement, être rétablis
comme soldats sur les contrôles de leur classe.

Art. 89. *Officiers de l'armée active réformés par mesure de
discipline.* — Les officiers de l'armée active réformés par mesure de discipline avant d'avoir satisfait aux obligations de la
loi militaire imposées par la loi du recrutement (vingt-cinq
années de service) ne peuvent plus être rappelés à l'activité à

quelque titre que ce soit (avis du Conseil d'État du 7 juillet 1877). Aucune affectation n'est, par conséquent, donnée à ces officiers, ni comme officier, ni comme soldat, à moins qu'ils n'aient offert leur démission et que cette démission ait été acceptée.

Dans ce cas, ils sont rétablis comme soldats sur les contrôles de leur classe (avis du Conseil d'État du 23 mars 1904).

Art. 90. *Officiers de l'armée active destitués.* — L'officier destitué est rétabli, comme soldat, sur les contrôles de sa classe s'il n'a pas accompli le temps de service fixé par la loi du 21 mars 1905 (art. 32).

CHAPITRE VI.

DROITS ET OBLIGATIONS DES OFFICIERS ET ASSIMILÉS DE RÉSERVE ET DE L'ARMÉE TERRITORIALE. — PROPOSITIONS ET NOTES.

Droits au commandement.

Art. 91. Les droits au commandement des officiers de l'armée active et des officiers de complément sont déterminés par le décret sur le service intérieur des corps de troupe (règles de la subordination).

En cas de vacance, les fonctions de chef de corps d'un régiment, groupe ou escadron territorial sont exercées par l'officier de ce corps territorial le plus ancien dans le grade immédiatement inférieur et remplissant les conditions prescrites par les articles 43 et 57 de la loi du 13 mars 1875, c'est-à-dire ayant servi comme officier dans l'armée active, mais non point seulement à titre d'officier de complément.

Si aucun officier territorial du grade immédiatement inférieur à celui du chef de corps ne remplit lesdites conditions, il en est référé au Ministre, et provisoirement le commandement est exercé par l'officier le plus ancien dans le grade le plus élevé.

Changements de résidence.

Art. 92. Les officiers de complément sont astreints, lorsqu'ils changent de résidence, aux déclarations imposées par l'article 45 de la loi du 21 mars 1905.

Les officiers retraités non encore pourvus d'emploi sont astreints aux mêmes déclarations tant qu'ils restent à la disposition du Ministre.

L'officier changeant de résidence en fait la déclaration verbalement ou par écrit, dans le délai d'un mois, au commandant de la gendarmerie dont relève la localité où il transporte sa résidence, qui lui délivre un extrait du carnet à souche (modèle n° 16). Lorsque la déclaration est faite par écrit, la gendarmerie peut envoyer le récépissé par lettre (non affranchie), si l'officier ne demeure pas sur le parcours des tournées.

Enfin lorsqu'un officier se déplace pour voyager pendant plus d'un mois ou pour se rendre à l'étranger, aux colonies ou dans les pays de protectorat, il est tenu d'accomplir la même formalité à la gendarmerie de sa résidence habituelle. Il doit également, en outre, à l'étranger, prévenir, dès son arrivée, l'agent consulaire de France. Cet agent lui délivre un récépissé de sa déclaration et envoie copie dans les huit jours au Ministre de la guerre, qui en donne avis à l'autorité militaire compétente.

Tout déplacement pour changer de résidence entraîne, au départ et à l'arrivée, les mêmes formalités.

Aux colonies et dans les pays de protectorat, les déclarations à l'arrivée et au départ, auxquelles sont également tenus les officiers, sont reçues dans les bureaux des gouverneurs ou des résidents qui en avisent dans le moindre délai possible le commandant supérieur des troupes.

Lorsque l'officier rentre en France, il se conforme aux prescriptions du 3ᵉ paragraphe du présent article.

Dans tous les cas il doit avoir le plus grand soin de donner l'indication exacte de la classe à laquelle il appartient et de la subdivision dans laquelle il a satisfait à la loi (1). La gendarmerie refuse le récépissé à l'officier qui ne lui fournit pas ces renseignements ; cependant l'officier qui n'est plus astreint par son âge aux obligations militaires n'est pas tenu de fournir cette indication.

L'officier est tenu en outre, et cette obligation résulte de sa

---

(1) Ainsi que du canton et du numéro de tirage au sort pour les officiers entrés au service sous les régimes antérieurs à la loi du 21 mars 1905.

situation d'officier, de faire toujours connaître, par lettre, sa nouvelle adresse à son chef de corps ou de service.

La même obligation est imposée aux officiers placés hors cadres par application des articles 11 (paragraphes 1 et 2) et 12 du décret du 31 août 1878, et aux officiers placés à la suite par application du décret du 3 février 1880, mais leur lettre est adressée directement au Ministre (Bureau de l'arme).

L'officier doit fournir les mêmes indications au général commandant la subdivision de région dans laquelle il vient résider et à celui de la subdivision qu'il a quittée. (Dans le gouvernement militaire de Paris, au général commandant la place de Paris ou au général commandant le département de Seine-et-Oise, selon le cas.)

Aux colonies, ces renseignements doivent être adressés au commandant supérieur des troupes.

Art. 93. Les officiers qui sont en résidence régulière à l'étranger pour un séjour de courte durée sont, en cas d'appel pour une période d'instruction, considérés comme ajournés jusqu'à leur retour en France.

Mais lorsqu'un officier s'est rendu à l'étranger, en dehors de l'un des pays énumérés à l'article 23, et que son absence se prolonge de manière à en faire une véritable non-valeur, le chef de corps doit le mettre en demeure d'offrir sa démission; s'il ne défère pas à cette invitation, il est tenu de répondre à toutes les convocations qui pourraient lui être adressées.

Quant aux officiers fixés dans les pays limitrophes, ils ne sont pas tenus de donner leur démission, mais ils peuvent être convoqués avec l'unité dont ils font partie, toutes les fois que les généraux commandant les corps d'armée le jugent nécessaire pour leur instruction. Dans ce cas, un ordre de convocation leur est adressé par la voie diplomatique.

L'ordre de mobilisation destiné à un officier en résidence prolongée, ou fixé à l'étranger, lui est adressé également par la voie diplomatique.

Tout échange de correspondance entre chefs de corps ou de service et les officiers en résidence à l'étranger doit être fait par l'intermédiaire du Ministre de la guerre.

Art. 94. L'officier de complément suspendu de son grade pendant un an, pour avoir manqué aux prescriptions de l'article 45 de la loi du 21 mars 1905, doit, avant l'expiration de cette peine disciplinaire, faire connaître officiellement son adresse exacte au général commandant la subdivision de sa résidence, qui en informe le Ministre (Bureau de l'arme).

Art. 95. Lorsqu'un officier de complément est appelé, en dehors de sa période d'activité, à faire partie d'un conseil d'enquête, il ne peut se dispenser de se rendre à la convocation qui lui est adressée sans s'exposer à être suspendu de ses fonctions ou traduit devant un conseil d'enquête pour une faute grave dans le service ou contre la discipline.

Port de l'uniforme (1).

Art. 96. Le port de l'uniforme est obligatoire pour les officiers de complément toutes les fois qu'ils assistent à des réunions ou exercices en vertu d'une convocation régulière, qu'ils sont appelés devant l'autorité militaire pour une raison de service, qu'ils sont admis à suivre les manœuvres, travaux ou conférences d'un corps de troupes, ou lorsqu'ils assistent aux exercices de l'école d'instruction à laquelle ils sont inscrits.

Toutefois, l'autorité militaire peut autoriser, si elle le juge utile, les officiers à assister aux conférences en tenue civile.

En dehors de ces circonstances ils sont admis à se présenter en uniforme à toutes les revues, réunions, fêtes et cérémonies officielles, ou non officielles, à l'exception des réunions publiques ou privées ayant un caractère politique ou électoral. Ils doivent toujours être en tenue régulière lorsqu'ils revêtent l'uniforme.

En cas d'abus ou de tenue irrégulière, le commandant d'armes de leur résidence ou, à défaut, le général commandant la subdivision, peut interdire aux officiers signalés à leur attention le port de l'uniforme en dehors du service.

Les officiers de complément marchent avec leur corps, s'il est présent dans la place de leur résidence, ou après les officiers de l'armée active de leur arme ou de leur service.

Les officiers employés dans les différents services (état-major, étapes) conservent la tenue de leur arme.

Les officiers retraités et les officiers mis en réforme pour

---

(1) Les dispositions spéciales concernant la description des uniformes des officiers et assimilés de complément figurent au volume n° 104 de l'édition méthodique du *Bulletin officiel* (chap. VI de la Iʳᵉ partie)

infirmités qui ne sont pas pourvus d'emploi ou de grade dans la réserve de l'armée active ou dans l'armée territoriale sont autorisés à porter l'uniforme de l'arme ou du service dans lesquels ils servaient au moment où ils ont cessé d'appartenir à l'activité.

Les officiers retraités qui ont obtenu dans l'armée territoriale un grade supérieur à celui qu'ils occupaient dans l'armée active lors de leur mise à la retraite sont autorisés à porter, une fois rendus à la vie civile, les insignes du grade dont ils étaient pourvus dans l'armée territoriale, en remplaçant simplement sur les écussons du collet le numéro brodé du régiment par l'étoile.

Toutefois, ceux de ces officiers qui auraient donné leur démission du grade obtenu dans l'armée territoriale pour occuper, dans des services ressortissant à l'armée active, un emploi du grade qu'ils avaient dans l'armée active, ne peuvent plus porter, dans l'exercice de leurs nouvelles fonctions, que les insignes du grade occupé par eux au moment de leur radiation des contrôles de l'activité.

L'uniforme militaire ne doit jamais être porté en pays étranger sans une autorisation spéciale du Ministre de la guerre.

Cette autorisation n'est donnée que dans le cas de mission régulière ou pour assister soit à des manœuvres, soit à des cérémonies officielles.

Cependant, lorsque des officiers à l'étranger désirent simplement assister en tenue à une cérémonie de famille, l'autorisation nécessaire peut leur être accordée au nom du Ministre par le représentant diplomatique de la France.

Le port de l'uniforme est interdit aux officiers suspendus de leurs fonctions ou mis à la suite par application de l'article 1er du décret du 3 février 1880, excepté lorsqu'ils sont appelés à comparaître devant l'autorité militaire.

Il est également interdit aux officiers de complément dans l'accomplissement de toutes professions (industrielle, commerciale, financière, libérale ou manuelle).

Admission dans les cercles militaires.

Art. 97 Les officiers de réserve et ceux de l'armée territoriale sont admis à faire partie des cercles et bibliothèques militaires du lieu de leur résidence ou de la garnison la plus voisine (décret du 12 juillet 1886).

Avancement et Légion d'honneur.

Art. 98. L'instruction pour l'application du décret relatif à l'établissement des tableaux d'avancement et de concours (1), détermine les conditions dans lesquelles les officiers de complément sont proposés pour l'avancement et pour la Légion d'honneur.

Les décorations accordées au-titre de la réserve ou de l'armée territoriale ne donnent droit à aucun traitement.

Lorsque les commandants d'armes reçoivent l'ordre de passer une revue à l'issue de laquelle des décorations sont distribuées aux officiers de l'armée active, cette mesure est étendue aux officiers de complément présents dans la localité.

Toutes les nominations ou promotions, soit dans la Légion d'honneur, soit dans les ordres étrangers, et les diverses distinctions honorifiques dont les officiers de complément peuvent être l'objet à tout autre titre que celui du Département de la guerre, doivent être exactement portées par les intéressés à la connaissance de l'autorité militaire et du Ministre de la guerre.

Les chefs de corps ou de service doivent très exactement signaler au Ministre (Bureau de l'arme), par bulletin spécial, les nominations et promotions faites dans ces conditions.

Les officiers de complément décorés, à titre civil, pour services rendus dans le commerce ou l'industrie, sont autorisés à reproduire l'image de la croix sur les factures et papiers de commerce, mais à condition que le négociant soit seul en nom, à l'exclusion de l'officier de complément.

Dans aucun cas, en effet, la décoration de la Légion d'honneur ne peut servir de réclame à une maison de commerce, ni figurer sur des produits pour lesquels l'inventeur a reçu cette récompense, ni être exposée dans les vitrines des magasins, sur les voitures, affiches, etc.

Ces prescriptions s'appliquent également aux décorations étrangères.

Publications.

Art. 99. Les officiers de complément ont toute latitude pour faire, sans l'autorisation de l'autorité militaire, telles publications

---

(1) É. R., n° 22.

qu'ils jugeront convenables, relativement à des affaires littérai-
res et commerciales, mais à condition de ne pas faire mention de
leur qualité d'officier.

Ils peuvent également, sous leur signature et sous leur responsabilité, publier des écrits d'ordre militaire, mais sous les
réserves suivantes :

1° Si l'officier est présent sous les drapeaux au moment de la
publication de l'écrit, il doit se conformer aux prescriptions de
l'article 76 du décret du 25 mai 1910 sur le service intérieur des
corps de troupe, modifié par le décret du 14 mai 1912, ainsi que
de la circulaire ministérielle du 15 mai 1912, lesquelles lui sont
intégralement applicables.

2° Dans tous les cas, si la signature est accompagnée de la
mention du grade de l'officier, il doit être expressément indiqué
que l'auteur appartient à la réserve ou à l'armée territoriale, ou
se trouve dans la position de retraite.

Toute infraction à l'une des règles ci-dessus peut être punie
de la suspension et même de la révocation.

Mariage des officiers de complément.

Art. 100. Les officiers de complément ont droit de contracter
mariage sans autorisation de leurs supérieurs hiérarchiques, mais
ils doivent en informer leur chef de corps ou de service.

Toutefois, les officiers qui accomplissent du service effectif,
par application de la loi du 21 mars 1905 (art. 23, 24 et 25) ne
peuvent se marier pendant qu'ils sont sous les drapeaux sans
en avoir au préalable obtenu l'autorisation.

Les autorités militaires qui ont à statuer sur les autorisations
de cette nature n'ont à s'enquérir, avant de les accorder, que
des conditions d'honorabilité et de moralité de la future et de sa
famille.

Lorsqu'un officier (réserve ou armée territoriale) a contracté
mariage, le conseil d'administration du corps auquel il appartient doit en inscrire la mention sur le feuillet matricule et en

---

(1) É. M., n° 31.

rendre compte au Ministre (Bureau de l'arme) par bulletin modèle n° 15.

On procède de même en ce qui concerne les séparations et les divorces.

Les chefs de corps doivent également se renseigner auprès des officiers de complément qu'ils administrent sur la question de savoir s'ils ont contracté mariage avant leur nomination. Ils procèdent à l'égard de ces derniers comme il est indiqué ci-dessus.

Certificat d'origine de blessure en service commandé.

Art. 101. Il y a lieu de délivrer, sur leur demande, un certificat d'origine de blessure en service commandé, aux officiers de complément victimes d'un accident au cours d'un des exercices d'instruction prescrits par la présente instruction.

Visites aux supérieurs hiérarchiques.

Art. 102. Dans les trois mois qui suivent sa nomination à un nouveau grade, tout officier ou assimilé se présente en uniforme à son chef de corps ou de service, au chef de corps ou de service correspondant de l'armée active et au général commandant la subdivision, si ces autorités militaires se trouvent dans le lieu de sa résidence.

Dans le cas contraire, ces visites sont facultatives.

Demandes.

Art. 103. Les demandes d'officiers de complément doivent suivre la voie hiérarchique ; ils les adressent au chef de corps ou de service pour être instruites dans la forme indiquée à l'article 61.

Celles qui concernent les écoles d'instruction sont adressées directement par les officiers de réserve ou de l'armée territoriale qui en font partie aux directeurs de ces écoles.

Correspondance de service.

Art. 104. Les officiers ou assimilés de complément se conforment, pour leur correspondance de service, aux prescriptions du décret sur le service intérieur des corps de troupes.

Ils jouissent de la franchise postale pour la transmission de cette correspondance qui doit être exclusivement militaire. La suscription de l'enveloppe qui la contient est libellée conformément au modèle ci-après.

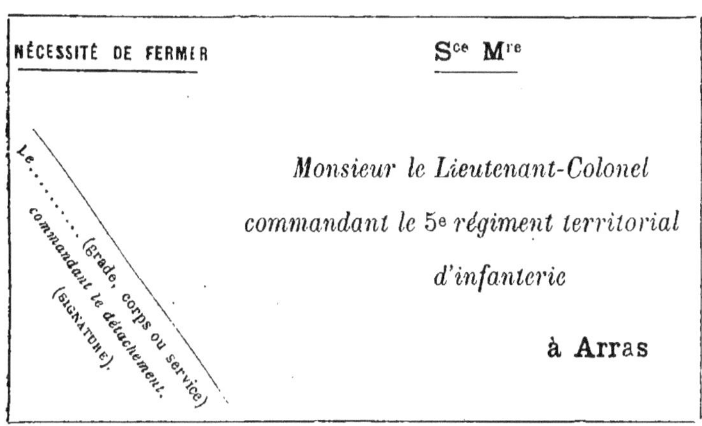

Notes.

Art. 105. Les officiers ou assimilés de complément, qui ont accompli au cours de l'année une période d'instruction ou un stage et ceux qui sont l'objet d'une proposition, sont notés sur le degré d'instruction et d'aptitude dont ils ont fait preuve, soit pendant ces période ou stage, soit dans les convocations antérieures :

1° Par le chef de corps ou de service et, en outre, par le chef de corps ou de service correspondant de l'armée active, s'il s'agit d'un officier territorial ;

2° Par le général de brigade ou directeur du service (1) ;

3° Par le général de division ;

4° Par le commandant de corps d'armée (2).

En outre, s'il y a lieu, les appréciations des directeurs des écoles d'instruction concernant les services rendus par les officiers ou assimilés au titre desdites écoles sont transcrites sur leurs feuilles de notes.

____

(1) Aux colonies par le commandant supérieur des troupes.
(2) Les officiers subalternes ne sont notés par le général commandant le corps d'armée que s'il y a des discordances dans les appréciations et s'ils sont susceptibles d'être inscrits au tableau d'avancement ou de concours.

Les feuilles de notes sont du même modèle que celles des officiers de l'armée active.

Les généraux commandant les subdivisions doivent, en toute occasion, attirer l'attention des chefs de corps ou de service sur les faits qui leur paraissent susceptibles de porter atteinte à la considération des officiers de complément en résidence dans leur subdivision. Ces faits sont signalés par le moyen de la correspondance de service.

Sous la rubrique : « Renseignements de la subdivision », mention en est faite, avant l'appréciation professionnelle, dans la case de la feuille de notes qui est destinée à recevoir celles du chef de corps ou de service.

Lorsque aucune communication de cette nature n'a eu lieu, le chef de corps ou de service se borne à inscrire, sous la même rubrique et à la même place, la mention : « Rien à signaler. »

Les feuilles de notes des officiers de complément sont transmises par le chef de corps ou de service de l'armée active, à l'époque fixée par l'instruction relative à l'établissement des tableaux d'avancement et de concours.

Les officiers autorisés à accomplir une période d'exercices ou un stage dans un corps ou service autre que celui auquel ils appartiennent, sont notés, par les chefs de corps ou de service sous les ordres desquels ils sont momentanément placés, uniquement au point de vue de cette période ou de ce stage.

Aucun modèle n'est assigné pour ce relevé de notes qui est transmis au chef de corps ou de service d'affectation pour être transcrit sur la feuille de notes modèle E, et certifié conforme par lui.

Indemnité de la première mise d'équipement.

Art. 106. Une indemnité de première mise d'équipement est accordée, au fur et à mesure des nominations, dans la limite des crédits prévus au budget :

1° Aux sous-lieutenants de réserve et assimilés provenant des élèves officiers institués par l'article 24 de la loi du 21 mars 1905 et aux assimilés de l'article 25 de la même loi ;

2° Aux sous-lieutenants de réserve provenant de l'École polytechnique ayant obtenu la remise de tout ou partie de la pension, ainsi qu'aux anciens élèves de l'École centrale des arts et manufactures, de l'École normale supérieure, de l'École nationale des mines, de l'Ecole nationale des ponts et chaussées ou de l'Ecole des mines de Saint-Etienne, signalés par les directeurs de ces écoles, comme susceptibles de recevoir une indemnité de première mise d'équipement.

3° Aux sous-lieutenants de réserve et de l'armée territoriale et assimilés qui ont eu le grade de sous-officier dans l'armée active.

Les caporaux et brigadiers nommés sous-officiers, soit le jour même de leur renvoi dans leurs foyers, soit après leur passage dans la disponibilité ou dans la réserve, ne sont pas considérés comme d'anciens sous-officiers de l'armée active et n'ont pas droit à l'indemnité de première mise d'équipement.

Les anciens sous-officiers de l'armée active nommés sous-lieutenants dans l'armée territoriale, soit au titre spécial du service de garde des voies de communication, soit dans tout autre service sédentaire, n'ont pas droit à cette indemnité.

La quotité individuelle de cette indemnité est fixée à 300 francs pour les officiers des corps de troupes à cheval et pour les médecins et vétérinaires, et à 250 francs pour les officiers des corps de troupes à pied et les officiers d'administration des différents services.

L'officier touche l'indemnité à son corps s'il est présent sous les drapeaux, dans la circonscription administrative de sa résidence, s'il se trouve dans ses foyers.

Les officiers de complément rayés des cadres par suite de révocation ou de condamnation sont tenus de rembourser l'indemnité au Trésor.

Cette disposition est applicable aux officiers en instance de démission.

Toutefois ces derniers peuvent être exonérés, sur leur demande, du remboursement de l'indemnité si le nombre de périodes accomplies par eux depuis leur nomination est suffisant pour justifier cette mesure.

Allocations.

Art. 107. Les règles d'allocation de la solde et des indemnités de monture des officiers et assimilés de complément pour les périodes de convocation du temps de paix sont déterminées par le décret portant règlement sur la solde (1).

---

(1) É. R., vol. n° 88.

Frais de déplacement.

Art. 108. Les droits aux frais de déplacement des officiers et assimilés de complément sont fixés par l'annexe n° 2 à l'instruction pour l'application du décret portant règlement sur le service des frais de déplacement (1).

Transport par voies ferrées des officiers de complément et des chevaux amenés par eux.

Art. 109. Le droit des officiers et assimilés de complément au transport à prix réduit sur les voies ferrées est réglé par l'arrêté du Ministre des travaux publics relatif aux conditions de transport des militaires (2).

Les délais pendant lesquels les officiers et assimilés de complément peuvent bénéficier du transport à prix réduit, est à l'aller et au retour de quatre jours, et de huit jours pour les officiers et assimilés résidant à l'étranger.

Les officiers de complément appelés à être montés en campagne peuvent, lorsqu'ils sont convoqués, être autorisés, par les commandants de corps d'armée, à emmener avec eux le nombre de chevaux déterminé pour les officiers du même grade de l'armée active sur le pied de paix. L'Etat prend à sa charge le transport de ces chevaux par voie de fer, à condition que l'autorisation de les emmener soit mentionnée spécialement sur l'ordre de convocation des officiers auxquels ils appartiennent (avec indication sommaire du signalement), que le parcours soit d'au moins 60 kilomètres par la voie de terre et que les chevaux soient accompagnés d'un militaire ou que le possesseur voyage dans le même train. Les officiers doivent se faire délivrer par le sous-intendant militaire une feuille de déplacement avec un bon de chemin de fer destiné à assurer le transport des chevaux aux frais de l'État (3).

Habillement et équipement.

Art. 110. Les dispositions spéciales concernant les effets

---

(1) É. M., vol. n° 100⁵, p. 145, et art. 10, p. 34.
(2) É. M., vol. n° 100³, p. 79, art. 6.
(3) Instruction du 11 décembre 1903, modifiée le 2 avril 1907 (*B. O.*, P. R., p. 376).

d'habillement et d'équipement à délivrer aux officiers et assimilés de complément sont contenues dans l'instruction pour l'application du règlement sur le service de l'habillement (1) titre V, article 66, paragraphe 7.

Armement.

Art. 111. La délivrance des épées, sabres, et revolvers aux officiers et assimilés de complément est fixée par les annexes n°s 10 et 13 du règlement sur le service de l'armement (2).

Vote.

Art. 112. Les officiers et assimilés de complément, présents à leur corps, à leur poste ou dans l'exercice de leurs fonctions, ne peuvent prendre part à aucun vote (loi du 21 mars 1905, art. 9)..

Toutefois un officier de l'armée territoriale, admis à faire un stage volontaire dans un corps de troupes de l'armée active, a le droit, pendant la durée de ce stage, de prendre part aux votes qui ont lieu dans la commune où il est inscrit comme électeur (avis du Conseil d'État du 7 février 1877) (3).

---

(1) É. M., vol. n° 3.
(2) É. R., vol. n° 19.
(3) É. R., vol. n° 28, p. 139.

Circulaire concernant l'application de l'article 65 de la loi de finances du 22 avril 1905 (communication des dossiers) aux officiers de complément passibles de révocation en vertu de l'article 6 du décret du 31 août 1878.

(Cabinet du Ministre; Direction de l'Infanterie; Bureau du Personnel des Officiers généraux; Décorations; Affaires diverses et d'ordre général.)

Paris, le 30 décembre 1912.

L'article 6 du décret du 31 août 1878, portant règlement sur l'état des officiers de réserve et des officiers de l'armée territoriale, dispose que la révocation est prononcée par décret du Président de la République :

1° Contre tout officier de complément déclaré en état de faillite;

2° Contre tout officier, possédant une charge d'officier ministériel, qui est destitué par jugement ou révoqué par mesure disciplinaire.

La révocation est ainsi, dans ces diverses hypothèses, une conséquence de droit de la mesure ou du jugement frappant l'officier; la question a été, dès lors, posée de savoir s'il y avait lieu, par application de l'article 65 de la loi de finances du 22 avril 1905, de communiquer néanmoins à l'officier en cause les pièces de son dossier dans les conditions fixées par l'article 211 du règlement du 25 mai 1910 sur le service intérieur des corps de troupe.

La question doit être résolue par l'affirmative; il est, en effet, indispensable que l'administration se prémunisse, par cette communication, contre toute erreur de fait pouvant résulter, notamment, de ce que le jugement n'aurait pas un caractère définitif. Les dispositions de l'article 65 de la loi du 22 avril 1905 sont, d'ailleurs, absolument générales et prescrivent la communication du dossier à l'intéressé avant toute mesure disciplinaire.

Dispositions spéciales.

Dispositions spéciales aux officiers affectés au service d'état-major, aux officiers d'administration des services d'état-major et du recrutement et aux interprètes militaires.

(RÉSERVE ET ARMÉE TERRITORIALE.)

1° Décret portant organisation du corps des interprètes militaires de la réserve et de l'armée territoriale (1).

Paris, le 21 mai 1910.

DÉCRET.

Le Président de la République française,

Vu la loi du 24 juillet 1873 sur l'organisation de l'armée ;

Vu la loi du 13 mars 1875 relative à la constitution des cadres et effectifs de l'armée active et de l'armée territoriale ;

Vu la loi du 18 février 1901 ;

Vu le décret du 13 juin 1901 :

Vu le décret du 28 janvier 1903 ;

Sur le rapport du Ministre de la guerre,

Décrète :

Art. 1er. Le cadre constitutif du corps des interprètes militaires est complété, en cas de mobilisation, par des interprètes militaires de la réserve et de l'armée territoriale.

Le nombre de ces interprètes est fixé par le Ministre, suivant les besoins du service.

Les officiers interprètes de la réserve et de l'armée territoriale sont soumis aux lois et règlements militaires qui régissent l'état des officiers de réserve et de l'armée territoriale.

Toutefois, les interprètes stagiaires qui ont seulement rang d'adjudants sont traités comme tels, sous réserve des dispositions spéciales prévues à leur sujet à l'article 5 ci-après.

Art. 2. Nul ne peut être admis à concourir pour le corps des interprètes militaires de la réserve et de l'armée territoriale s'il n'est Français ou naturalisé Français, s'il ne justifie d'une

---

(1) Modifié par le décret du 15 mai 1913 (*B. O.*, p. 514).

moralité irréprochable, si, ayant servi dans l'armée active, il n'appartient à une classe déjà passée dans la réserve ou dans l'armée territoriale, et s'il ne prend l'engagement de consentir à être éventuellement affecté à une formation de l'armée active, lors de son passage dans l'armée territoriale.

Art. 3. Les interprètes militaires de la réserve et de l'armée territoriale se recrutent :

1° Pour la langue arabe, exclusivement parmi les anciens interprètes de l'armée active retraités ou démissionnaires ;

2° Pour les langues autres que l'arabe, par voie de concours, à la suite d'épreuves subies dans des conditions qui sont déterminées par une instruction ministérielle.

Art. 4. Les interprètes militaires de la réserve et de l'armée territoriale ont une hiérarchie correspondant à celle des interprètes militaires de l'armée active, le grade le moins élevé étant celui d'interprète stagiaire.

Les interprètes stagiaires ayant deux ans de grade peuvent être promus au grade d'officier interprète de 3e classe, s'ils sont reconnus aptes aux fonctions d'officier interprète à la suite d'un stage.

Les officiers interprètes de 3e classe sont promus au grade d'officier interprète de 2e classe, lorsqu'ils comptent quatre années de grade d'officier interprète de 3e classe et s'ils ont accompli deux périodes d'instruction avec ce grade.

Les officiers interprètes de 2e classe peuvent être promus au grade d'officier interprète de 1re classe, lorsqu'ils comptent six années de grade d'officier interprète de 2e classe et s'ils ont accompli trois périodes d'instruction avec ce grade.

Aucune période d'instruction n'est exigée pour la promotion des officiers interprètes de 2e classe de réserve ou de l'armée territoriale qui, lors du travail annuel d'avancement, ont été proposés pour le grade supérieur dans l'armée active.

Les anciens officiers interprètes principaux de l'armée active peuvent seuls être nommés, avec leur grade, dans la réserve ou dans l'armée territoriale.

Art. 5. Les interprètes stagiaires sont nommés par décision ministérielle. Avant d'entrer en fonctions, ils sont tenus de prêter, entre les mains d'un officier général ou supérieur délégué à cet effet, le serment dont la teneur suit : « Je jure d'interpréter fidèlement les pièces ou discours que je serai chargé de traduire et d'en garder le secret. »

Les interprètes stagiaires peuvent être, par simple décision ministérielle, cassés de leur grade pour insuffisance professionnelle ou par mesure de discipline.

Dans le cas où, par leur âge, ils sont encore soumis aux obligations militaires, ils peuvent être replacés dans le grade

qu'ils occupaient dans les réserves avant leur admission dans
le corps des interprètes militaires.

Art. 6. Les dispositions relatives au recrutement des candidats, en ce qui concerne les interprètes stagiaires pour les
langues autres que l'arabe, et au fonctionnement du corps, sont
déterminées par l'instruction ministérielle visée à l'article 3 ci-
dessus.

Art. 7. Le décret du 28 janvier 1903 est et demeure abrogé.

Art. 8. Le Ministre de la guerre est chargé de l'exécution du
présent décret.

Fait à Rambouillet, le 21 mai 1910.

A FALLIÈRES.

Par le Président de la République :
Le Ministre de la guerre,
Brun.

2° *Instruction sur le recrutement des interprètes militaires de la
réserve et de l'armée territoriale pour les langues autres que
l'arabe* (1).

Paris, le 21 mai 1910.

CHAPITRE Ier.

RECRUTEMENT.

Art. 1er. Le corps des interprètes militaires de la réserve et
de l'armée territoriale, pour les langues autres que l'arabe, se
recrute comme il est dit à l'article 3 du décret du 21 mai 1910,
par voie de concours entre les candidats admis à subir les
épreuves.

Art. 2. Lorsqu'il y a lieu d'ouvrir un concours, le Ministre
de la guerre fait connaître, par un avis inséré au *Journal officiel* de la République française, les langues pour lesquelles le
concours est ouvert et la date à laquelle les candidats devront
subir les épreuves.

Art. 3. Les candidats qui désirent être admis à prendre part
au concours adressent à leur chef de corps ou de service leur
demande indiquant la langue pour laquelle ils se présentent.

Dans cette demande, accompagnée d'un extrait de l'acte de

---

(1) Modifiée par la circulaire du 15 mai 1913 (*B. O.*, p. 515).

naissance, ils font connaître la situation ou l'emploi qu'ils occupent dans la vie civile.

Le chef de corps ou de service joint à ces pièces une copie certifiée conforme de l'état signalétique et des services, un relevé des punitions, ainsi qu'un extrait du casier judiciaire.

Toute demande qui ne sera pas appuyée des pièces ci-dessus mentionnées sera considérée comme nulle et non avenue.

Les hommes classés dans les catégories de « l'affectation spéciale », des « non affectés », des « non disponibles », conformément aux dispositions de l'article 42 de la loi de recrutement (tableaux A, B et C) et de l'instruction sur l'administration des hommes de troupe de la disponibilité et des réserves dans leurs foyers, ne peuvent être admis à concourir.

Il en est de même des hommes classés dans les services auxiliaires, réformés ou exemptés.

Art. 4. Les demandes des candidats sont remises à la gendarmerie qui les fait parvenir, après enquête sur la conduite et la moralité du candidat, au chef de corps ou de service.

Si un candidat se trouve à l'étranger, il remet sa demande au consul qui l'adresse au chef de corps ou de service dont relève l'intéressé, en y joignant les renseignements qu'il aura pu se procurer sur la conduite et la moralité du candidat.

Le chef de corps ou de service complète les demandes ainsi qu'il est dit à l'article 3, y joint son avis motivé et tous les renseignements utiles et les transmet en suivant la voie hiérarchique.

Les gouverneurs militaires de Paris et de Lyon et les commandants des corps d'armée statuent.

Ils font informer les candidats de leur admission au concours ou de leur élimination.

Ils conservent les dossiers des candidats qu'ils ont autorisés à concourir et qui sont en résidence dans la région placée sous leur commandement et adressent ceux des candidats domiciliés dans les autres régions aux commandants de corps d'armée intéressés.

Les candidats fixés à l'étranger subissent les examens dans la région la plus voisine du pays qu'ils habitent. »

Art. 5. Les épreuves écrites ont lieu le même jour dans toute la France, l'Algérie et la Tunisie.

Elles comportent une version et un thème choisis dans des ouvrages militaires ou des règlements et qui doivent être traduits sans dictionnaire, ni autre document.

Il est accordé une heure au plus pour chaque épreuve.

Les candidats subissent ces épreuves dans la garnison la plus rapprochée de leur résidence, sous la surveillance d'un ou de plusieurs officiers de l'armée active, suivant le nombre des candidats.

Les épreuves écrites sont éliminatoires et les candidats qui n'ont pas obtenu la note moyenne 14 ne sont pas admis à passer l'examen oral.

Le déplacement des candidats, pour les épreuves écrites et orales, ne leur ouvre aucun droit à indemnité.

Art. 6. Le 2ᵉ Bureau de l'état-major de l'armée est chargé de choisir les sujets des versions et des thèmes pour les examens écrits. Ces sujets sont autographiés et remis aux candidats par l'officier désigné pour la surveillance des épreuves.

Les compositions des candidats sont transmises par cet officier au Ministre de la guerre (Etat-Major de l'Armée; 2ᵉ Bureau), pour être corrigées et notées, d'après leur mérite, de 0 à 20.

Les compositions corrigées et notées sont remises par le 2ᵉ Bureau à la Section du Personnel du service d'état-major.

Art. 7. Les candidats admissibles, dont les noms sont notifiés au général commandant la région dans laquelle ils ont passé l'examen écrit, se rendent au jour fixé à l'état-major du gouvernement militaire ou du corps d'armée pour y subir les épreuves orales devant une commission d'examen.

Les épreuves orales comprennent :

1° Un examen oral de langue : Faire preuve des connaissances suffisantes pour prendre des renseignements auprès des habitants; pour interroger des prisonniers, des déserteurs; pour lire des correspondances ou des documents plus ou moins mal écrits; pour interpréter les abréviations usuelles; pour dépouiller des journaux, expliquer des affiches, etc. Les candidats sont interrogés séparément, les uns après les autres, chacun pendant une demi-heure au plus;

2° Un examen oral militaire : Justifier de notions sur les matières suivantes :

Loi sur le recrutement de l'armée;
Loi relative à l'organisation générale de l'armée;
Loi relative à la constitution des cadres et des effectifs de l'armée active et de l'armée territoriale;
Loi sur l'état des officiers;
Loi relative au service d'état-major;
Instruction sur le service des états-majors;
Décret portant règlement sur le service intérieur des troupes;

Décret portant règlement sur le service des armées en campagne;

Décret portant règlement sur le service de place;

Les candidats sont également interrogés successivement chacun pendant une demi-heure au plus;

3° Une épreuve d'équitation et de bicyclette;

4° Une appréciation de l'aptitude générale du candidat.

Art. 8. Un officier supérieur du grade de colonel ou lieutenant-colonel est désigné par le Ministre de la guerre pour présider toutes les commissions d'examen.

Cet officier supérieur se rend successivement, aux jours fixés, dans les différents chefs-lieux de région. A son arrivée, il se présente à l'état-major du gouvernement militaire ou du corps d'armée et y reçoit les dossiers complets des candidats admis à concourir dans la place.

Les gouverneurs militaires de Paris et de Lyon et les commandants de corps d'armée désignent dans leur région, comme membres des commissions d'examen, des officiers, d'un grade inférieur à celui du président, parlant très couramment et correctement les langues pour lesquelles le concours est ouvert.

Le nombre des membres à désigner ainsi est de deux par langue.

Au besoin, il peut être fait appel, par l'intermédiaire du recteur de l'Académie, au concours bénévole des professeurs de langues étrangères de la localité, de manière à remplacer, pour l'examen oral de langue, l'un des deux officiers par un professeur civil.

En outre, les gouverneurs militaires de Paris et de Lyon et les commandants des corps d'armée désignent un officier de leur état-major pour remplir les fonctions de secrétaire de la Commission d'examen de la région.

Les chefs d'état-major des gouvernements militaires de Paris et de Lyon et des corps d'armée mettent à la disposition des commissions le local, les fournitures de bureau et les secrétaires d'état-major nécessaires.

Art. 9. Pour les examens oraux, le président pose lui-même, ou fait poser par les membres qui l'assistent, les questions auxquelles les candidats doivent répondre.

A l'issue de chaque examen, la commission résume son appréciation par une note graduée de 0 à 20.

La commission résume également par des notes graduées de 0 à 20, son appréciation sur l'aptitude à l'équitation et à la bicyclette et sur l'aptitude générale des candidats.

Lorsque la commission comprend un professeur civil, ce membre a voix délibérative pour l'appréciation de l'examen oral de langue.

Le secrétaire de la commission n'a pas voix délibérative.

Les notes ne sont pas communiquées aux candidats ; elles sont consignées dans un procès-verbal qui est signé par le président, les membres et le secrétaire de la commission d'examen, puis transmises au Ministre de la guerre (Etat-Major de l'Armée ; Section du Personnel du Service d'état-major).

Art. 10. A la fin de la séance, le président transmet au Ministre, avec le procès-verbal, les dossiers complets des candidats.

Art. 11. Le classement des candidats, par ordre de mérite, dans chaque langue, est fait par les soins de la section du personnel du service d'état-major, en totalisant les notes obtenues multipliées par les coefficients suivants :

Version.	8
Thème.	8
Examen oral de la langue.	10
Examen oral militaire.	4
Equitation.	2
Bicyclette.	1
Aptitude générale.	7
TOTAL.	40

La liste de classement est arrêtée au nombre minimum de points que fixe le Ministre de la guerre.

Art. 12. Un même candidat peut se présenter pour plusieurs langues à la fois ; il doit alors indiquer, dans sa demande, l'ordre de préférence qu'il choisit pour ces différentes langues.

Autant que possible, il est tenu compte, pour les nominations à faire, des préférences ainsi exprimées.

Art. 13. Sont proposés au Ministre, pour être nommés interprètes stagiaires de la réserve ou de l'armée territoriale, les candidats figurant les premiers sur la liste de classement, jusqu'à concurrence des chiffres nécessaires.

Art. 14. Les interprètes stagiaires sont, au moment de leur nomination à ce grade, et quelle que soit la catégorie de réserve à laquelle ils appartiennent, affectés à la section de secrétaires d'état-major et du recrutement de leur région d'affectation. Ils sont administrés par cette section dans les conditions générales déterminées par l'instruction sur l'administration des hommes de troupe de la disponibilité et des réserves dans leurs foyers.

CHAPITRE II.

DISPOSITIONS DIVERSES.

Art. 15. En temps de paix, la direction du personnel des interprètes militaires de la réserve et de l'armée territoriale est confiée au général chef d'état-major général de l'armée.

Les interprètes militaires de la réserve et de l'armée territoriale sont convoqués périodiquement, dans la limite des crédits accordés annuellement à cet effet.

Les interprètes stagiaires cassés de leur grade par application de l'article 5 du décret du 21 mai 1910 sont tenus d'accomplir, comme hommes de troupe, les périodes légales prévues par la loi du recrutement. Toutefois, il leur sera tenu compte des périodes effectuées dans le corps des interprètes militaires, quelle qu'en ait été la durée.

Art. 16. En temps de guerre, les interprètes militaires de la réserve et de l'armée territoriale sont mobilisés suivant les besoins et répartis dans les différents états-majors, aux armées et à l'intérieur ; ils font alors partie du personnel de ces états-majors.

Les chefs d'état-major exercent à leur égard toutes les attributions qui leur sont dévolues en ce qui concerne le personnel sous leurs ordres.

Lorsque l'état-major comporte effectivement le deuxième bureau prévu par l'instruction du 20 février 1900 sur le service des états-majors, les interprètes militaires de la réserve et de l'armée territoriale sont spécialement affectés à ce bureau ; ils sont, en conséquence, sous les ordres directs du chef de bureau.

Lorsque l'état-major ne comporte pas effectivement de deuxième bureau, les interprètes militaires de la réserve et de l'armée territoriale restent sous les ordres directs du chef d'état-major, à moins que celui-ci ne les subordonne exceptionnellement, pour une mission déterminée, à tel officier de l'état-major qu'il pourra désigner.

Les interprètes militaires de la réserve et de l'armée territoriale pour la langue arabe sont mis à la disposition de M. le général commandant le 19e corps d'armée, ou de M. le général commandant la division d'occupation de Tunisie, qui leur assignent des destinations suivant les besoins du service.

Art. 17. Les interprètes militaires de la réserve et de l'armée territoriale ont le même uniforme que les interprètes militaires de l'armée active, dont ils ont le grade, moins le croissant du col et du képi pour les interprètes militaires des langues autres que l'arabe.

*Instruction relative aux officiers et assimilés
de complément (suite).*

DISPOSITIONS SPÉCIALES AU SERVICE D'ÉTAT-MAJOR.

Conditions d'admission dans le service d'état-major.

Art. 1er (1). Les officiers de complément qui peuvent être admis
dans le service de l'état-major sont :

1° Les officiers de tous grades et de toutes armes de réserve
ou de l'armée territoriale ayant le brevet d'état-major ;

2° Les officiers de tous grades de la cavalerie territoriale;

3° Les lieutenants et les sous-lieutenants d'infanterie et d'artillerie territoriale ;

4° Les lieutenants et sous-lieutenants d'infanterie, de cavalerie et d'artillerie maintenus dans la réserve après avoir atteint
l'époque de leur passage légal dans l'armée territoriale ;

5° Les officiers de tous grades et de toutes armes de réserve
et de l'armée territoriale, restés dans les cadres après avoir
accompli le temps de service exigé par la loi de recrutement ;

6° Les officiers de tous grades du corps des chasseurs forestiers proposés à cet effet (art. 5 du décret du 18 novembre
1890) (2).

Les officiers non brevetés ne peuvent être admis dans le service d'état-major qu'après avoir pris l'engagement d'y rester
pendant cinq ans, au moins, et avoir accompli un stage
d'épreuve dans un état-major.

Les officiers qui désirent passer dans ce service adressent
une demande, à cet effet, à leur chef de corps qui la transmet
par la voie hiérarchique, accompagnée de la copie du feuillet
du personnel au général commandant le corps d'armée.

Le général commandant le corps d'armée examine la demande et, si l'officier lui paraît réunir les aptitudes voulues,
le convoque pour un stage d'épreuve dans un état-major, à une
époque autre que celle des manœuvres; il détermine la durée
de ce stage.

Lorsque la résidence de l'officier est trop éloignée de la ré-

---

(1) Complété par la circulaire du 18 avril 1913 (B. O., p. 441).
(2) É. R., vol. n° 64.

gion du corps d'armée où il est affecté, le stage peut être effectué dans un état-major du corps d'armée de la résidence. Dans ce cas, le commandant du corps d'armée d'affectation transmet, avec son avis, la demande de l'officier intéressé au commandant du corps d'armée de la résidence qui détermine l'état-major dans lequel le stage sera effectué, ainsi que la durée de ce stage.

Toutefois, lorsqu'un officier sera proposé pour remplir un emploi vacant déterminé, le stage devra être effectué, en principe, à l'état-major où la vacance est ouverte, ou, s'il s'agit d'un état-major constitué seulement, en cas de mobilisation, à l'état-major correspondant du temps de paix si la corrélation existe.

A la suite de ce stage pendant lequel on devra s'attacher tout particulièrement à étudier les garanties de toute nature que peut offrir l'officier, notamment au point de vue de l'intelligence, de l'éducation, du caractère, de l'instruction militaire et de l'aptitude équestre, il sera établi, par les soins du chef d'état-major ou du général de brigade, un rapport faisant ressortir :

1° Si le candidat présente les garanties morales et l'éducation indispensables à tout officier d'état-major ;

2° A quel état-major il convient de l'affecter (troupes de campagne, places fortes ou formations territoriales) en raison de ses aptitudes spéciales.

Ce rapport sera transmis au Ministre par les soins du gouverneur militaire ou du commandant de corps d'armée, qui donnera également son avis.

Les affectations au service d'état-major, les changements d'emploi et les radiations sont toujours prononcés par le Ministre.

Les lieutenants et sous-lieutenants de réserve de toutes armes recrutés conformément aux dispositions des articles 23 et 24 de la loi du 21 mars 1905 peuvent être admis également dans le service d'état-major, après avoir exécuté un stage d'épreuve à l'Ecole supérieure de guerre.

Les officiers de ces catégories qui désirent passer dans le service d'état-major doivent avoir accompli un ou deux stages dans leur arme d'origine, suivant qu'ils ont ou non accompli une année de service comme officier de réserve dans un corps de troupe.

Ces officiers doivent avoir la pratique du cheval et être âgés de moins de 30 ans. Ils adressent, à cet effet, une demande à leur chef de corps qui la transmet par la voie hiérarchique au général commandant le corps d'armée, accompagnée du feuillet du personnel.

Le général commandant le corps d'armée centralise les demandes de son corps d'armée, les examine et les transmet, avec son avis, au Ministre.

Les demandes doivent arriver, avant le 15 juillet, à l'état-major de l'armée (Section du Personnel du Service d'Etat-Major).

Les officiers désignés pour effectuer, au mois d'octobre suivant, un stage d'instruction et d'épreuve à l'Ecole de guerre sont, en principe, répartis entre les différentes armes, proportionnellement au nombre des sous-lieutenants de réserve recrutés annuellement dans chaque arme.

Ces officiers sont convoqués par les soins du gouverneur militaire de Paris, mais ne comptent que pour ordre à l'état-major du gouvernement militaire de Paris.

L'enseignement technique leur est donné par un cadre prélevé sur les officiers supérieurs stagiaires à l'Ecole supérieure de guerre et avec les moyens matériels dont dispose cette école. Cet enseignement dure 15 jours au minimum : il comprend des cours, des leçons d'équitation et des travaux d'application.

A la suite de ce stage, le général commandant l'Ecole supérieure de guerre établit un rapport faisant ressortir les officiers qui doivent être admis dans le service d'état-major et les emplois pour lesquels ils semblent plus particulièrement désignés.

Ces officiers sont affectés au fur et à mesure des vacances; ceux qui ne sont pas jugés aptes au service d'état-major sont maintenus dans leur arme.

Convocations pour des périodes ou stages.

Art. 2. Les officiers de complément du service d'état-major sont convoqués conformément aux dispositions des articles 37, 41, 42, 44 et 46 à 50 de la présente instruction à cet effet.

Ils sont convoqués à l'état-major auquel ils appartiennent normalement ; ceux qui sont affectés à un état-major non constitué en temps de paix sont covoqués à l'état-major actif correspondant, ou, à défaut de corrélation, à un état-major déterminé par le commandant de corps d'armée.

Des dérogations à cette règle ne pourront être accordées qu'à titre tout à fait exceptionnel.

Le commandant de corps d'armée détermine également, selon le degré d'instruction de chaque officier, s'il doit accomplir un stage au moment des manœuvres ou à une autre époque.

Les premiers stages accomplis par les officiers du service d'état-major, après leur admission dans ce service, doivent être considérés plutôt comme des stages d'instruction et être accomplis en dehors des périodes de manœuvres.

En effet, pendant ces périodes, l'instruction des officiers de complément affectés à des états-majors ne peut être, de la part de ceux qui les dirigent, l'objet des mêmes soins qu'à toute autre époque de l'année.

C'est seulement lorsque l'instruction de ces officiers se trouve déjà affermie, qu'il y a intérêt à les convoquer pour des périodes d'application au moment des manœuvres.

Il importe, en tout cas, d'imprimer à l'instruction de tous ces officiers une direction essentiellement pratique ; pendant leurs stages, ils ne devront recevoir que l'instruction théorique nécessaire au perfectionnement de leurs connaissances ; on ne les fera participer au travail de bureau que dans le cas où ce travail sera pour leur instruction professionnelle d'une utilité réelle ; on s'attachera avant tout, soit par des exercices sur la carte, soit par des applications sur le terrain, soit de toute autre manière, à développer leurs qualités et leurs aptitudes, en vue des fonctions spéciales qu'ils pourront avoir à remplir en temps de guerre.

Les commandants de corps d'armée peuvent, à toute époque de l'année, et notamment à la suite des stages, proposer pour être réintégrés dans les corps de troupes, les officiers qui ne leur paraîtraient pas avoir les aptitudes nécessaires pour le service d'état-major.

Les fonctions et les attributions de chef de service, telles qu'elles sont déterminées par la présente instruction (dispositions générales), sont exercées, en ce qui concerne les officiers de complément du service d'état-major, dans les conditions suivantes :

Pour les officiers affectés à des états-majors du temps de paix, les fonctions de chef de service sont exercées par le chef d'état-major.

En ce qui concerne les officiers affectés à des états-majors de formations de réserve ou territoriales, les fonctions de chef de service sont exercées, en temps de paix, par le chef d'état-major de la formation active correspondante, lorsque la corrélation existe.

Quant aux officiers affectés à des états-majors qui ne correspondent à aucun état-major du temps de paix, les fonctions de chef de service sont exercées par le chef d'état-major du corps d'armée sur le territoire duquel se mobilise la formation.

Les officiers momentanément sans emploi ont également pour chef de service le chef d'état-major du corps d'armée dans lequel ils résident.

Notes.

Art. 3. Les officiers du service d'état-major sont notés dans les conditions déterminées par l'article 105 de la présente instruction (dispositions générales).

Situations.

Art. 4. Les situations nominatives périodiques, prescrites par l'article 70 de l'instruction générale, sont adressées le 10 du premier mois de chaque trimestre.

Il ne sera établi qu'une seule situation par gouvernement militaire ou région pour l'ensemble des officiers de réserve ou de l'armée territoriale du service d'état-major dans chaque gouvernement militaire ou région.

Cette situation, conforme au modèle n° 20, sera divisée en deux catégories : 1° réserve ; 2° armée territoriale. Dans chaque catégorie les officiers seront portés par arme d'origine : infanterie, cavalerie, artillerie, génie (1).

Officiers d'administration des services d'état-major et du recrutement.

Art. 5. Les officiers d'administration des services d'état-major et du recrutement (réserve et armée territoriale) se recrutent exclusivement parmi les officiers d'administration des mêmes services de l'armée active retraités ou démissionnaires.

Ils sont convoqués pour des stages dont la durée et l'époque sont fixées par les commandants de corps d'armée et aux états-majors auxquels ils sont affectés.

Ils sont notés dans les mêmes conditions que les officiers de complément du service d'état-major.

Il sera adressé, le 10 du premier mois de chaque trimestre, une seule situation nominative pour les officiers d'administration de réserve et de l'armée territoriale, dans chaque gouvernement militaire ou région (modèle n° 21).

Interprètes militaires de réserve et de l'armée territoriale.

Art. 6. Les interprètes militaires de réserve et de l'armée territoriale sont recrutés dans les conditions prévues par le décret et l'instruction sur l'organisation et le fonctionnement des interprètes militaires de complément.

Ils sont convoqués pour des stages dont la durée et l'époque sont fixées par le Ministre.

Les interprètes militaires de réserve et de l'armée territoriale de l'armée d'Afrique sont exclusivement recrutés parmi les anciens interprètes de l'armée d'Afrique, démissionnaires ou retraités.

Les interprètes militaires de réserve et de l'armée territoriale

---

(1) Une situation semblable est fournie pour le service des chemins de fer et des étapes.

sont notés dans les mêmes conditions que les officiers de complément du service d'état-major.

Il sera adressé une seule situation nominative trimestrielle pour les interprètes militaires de réserve et de l'armée territoriale dans chaque gouvernement militaire ou région (modèle n° 21).

Conditions d'admission dans le service des chemins de fer
et des étapes.

Art. 7. Les officiers de complément qui peuvent être admis dans le service des chemins de fer et des étapes sont :

1° Les officiers désignés à l'article 1er (§§ 1 à 6) ;

2° Les officiers retraités qui, au moment où ils sollicitent leur admission à la retraite, sont proposés pour un emploi dans le service des chemins de fer et des étapes.

Ils se recrutent, en outre, parmi les commissaires de surveillance administrative remplissant les conditions indiquées ci-après.

Toutes les demandes d'admission dans le service des chemins de fer et des étapes sont annotées aux différents degrés de la hiérarchie et transmises au Ministre (État-Major de l'Armée, Section du Personnel du Service d'état-major).

Dans aucun cas ne doivent être proposés pour le service des chemins de fer et des étapes :

1° Les officiers qui, au 31 décembre de l'année de la proposition, ont dépassé la limite d'âge suivante : colonels, 61 ans ; lieutenants-colonels et commandants, 60 ans ; officiers subalternes, 55 ans ;

2° Les officiers qui ne s'engageraient pas à rester dans le service pendant cinq ans au moins ;

3° Les officiers que des infirmités rendent impropres à tout service actif.

Affectation des officiers aux divers emplois du service des chemins
de fer et des étapes. — Autorités dont ils relèvent.

Art. 8. Les affectations aux divers emplois permanents du service des chemins de fer et des étapes, ainsi que les radiations, sont toujours prononcées par le Ministre.

Les commandants de corps d'armée statuent sur les affectations et mutations :

1° Des officiers appartenant au service des chemins de fer et des étapes qui sont laissés à leur disposition par le Ministre pour des fonctions temporaires ;

2° Des officiers appartenant à des corps de troupes qui sont désignés pour être affectés temporairement, en cas de mobilisation, à des commissions de gare.

En ce qui concerne l'instruction et l'administration, ils relèvent du général commandant le corps d'armée sur le territoire duquel ils se mobilisent. Le chef d'état-major de ce corps d'armée remplit vis-à-vis d'eux les fonctions attribuées au chef du service par la présente instruction (dispositions générales).

Toutes les questions concernant le personnel du service des chemins de fer et des étapes sont adressées au Ministre sous le timbre « État-Major de l'Armée ».

PÉRIODES D'INSTRUCTION ET STAGES.

Dispositions communes à tous les officiers. (Chemins de fer et étapes.)

Art. 9. Les officiers du service des chemins de fer et des étapes sont astreints à des périodes d'instruction dont les conditions sont déterminées par le Ministre. Ils peuvent être convoqués pour une ou plusieurs périodes dans le cours de la même année.

Ces périodes étant en général très courtes, il suffit que les ordres de convocation leur parviennent trois ou quatre semaines avant la date de la réunion.

Des convocations peuvent être adressées aux officiers qui, n'appartenant pas au cadre du personnel du service des chemins de fer et des étapes, sont temporairement affectés à ce service. Ces convocations, qui sont toujours facultatives, ne dispensent pas ces officiers de répondre à celles qui peuvent leur être adressées par les chefs des corps auxquels ils appartiennent.

Les paragraphes 1 et 2 de l'article 51 de la présente instruction (dispositions générales) ne sont pas applicables aux officiers du service des chemins de fer et des étapes.

A la suite de chaque convocation, un rapport adressé au Ministre fait connaître les conditions dans lesquelles la convocation s'est effectuée, les observations auxquelles elle a pu donner lieu, les travaux des officiers qui ont été jugés dignes d'être soumis au Ministre. Ces travaux, après avoir été notés, sont transmis au Ministre (État-Major de l'Armée, 4ᵉ Bureau), qui les renvoie aux intéressés par l'intermédiaire du commandant du corps d'armée.

Dispositions spéciales aux officiers du service des chemins de fer.

Art. 10. Les convocations des officiers du service des chemins de fer sont dirigées par le chef d'état-major du corps d'armée du lieu de convocation, chargé de noter les officiers.

Les conférences sont faites par des officiers du service d'état-major désignés par le Ministre qui arrête en même temps le programme des conférences.

Le lieu de convocation des officiers affectés aux stations-magasins est toujours la gare desservant cette station-magasin.

Pour toutes les autres catégories d'officiers, le lieu de convocation est fixé chaque année par le Ministre. Les officiers de plusieurs régions de corps d'armée peuvent être réunis au même point; dans ce dernier cas, le chef d'état-major qui a dirigé la réunion d'instruction adresse les notes données aux officiers des autres régions aux commandants de corps d'armée dont ils relèvent.

Les officiers convoqués qui sont affectés à une gare déterminée doivent en faire la reconnaissance au cours ou à la suite de la convocation ; ils peuvent prendre connaissance des consignes techniques déposées dans les bureaux des chefs de gare. Les commandants de corps d'armée en préviennent les représentants des compagnies de chemins de fer accrédités auprès d'eux.

Les travaux à faire par les officiers convoqués consistent, pour chacun d'eux, dans un compte rendu de la reconnaissance de leur gare d'affectation ou, s'ils n'ont pas d'affectation spéciale, d'une gare désignée par le chef d'état-major directeur de la période d'instruction.

En outre, les officiers qui ont rempli les fonctions de commissaire ou d'adjoint dans une gare où ont eu lieu des embarquements ou des débarquements de troupes, ou dans une station halte-repas ayant fonctionné, doivent joindre à ce compte rendu le journal des opérations et le relevé des observations faites. Ces travaux sont adressés au chef d'état-major dans les huit jours qui suivent la clôture de la période d'instruction.

Les fonctionnaires de l'intendance et les officiers d'administration du service des subsistances affectés aux stations-magasins sont convoqués en même temps que les officiers des commissions de gare de ces stations-magasins. Ils assistent aux conférences faites à ces officiers.

Cette disposition est applicable aux personnels administratifs des haltes-repas où ont lieu des expériences.

Les officiers affectés à des commissions de gare permanentes ou temporaires reçoivent des commissaires militaires de réseau, des convocations officieuses qui ont pour but de leur donner des détails précis sur les fonctions qui leur incomberont en cas de mobilisation. Ces convocations sont absolument facultatives. Le résultat de ces convocations officieuses est communiqué semestriellement aux commandants de corps d'armée dont relèvent ces officiers.

Dispositions spéciales aux officiers du service des étapes.

Art. 11. Les officiers du service des étapes peuvent être convoqués :

1° A des exercices d'ensemble des services de l'arrière, comportant le fonctionnement d'une ou de plusieurs directions des étapes ou des services ;

2° Aux manœuvres d'automne ;

3° A des périodes d'instruction.

Le Ministre fixe la composition du personnel à convoquer, les dates et les lieux de convocation.

L'instruction des officiers convoqués à un exercice d'ensemble est dirigée par leur directeur des étapes et services.

A l'issue de la convocation, les notes données aux officiers par leur directeur des étapes et services sont transmises par le directeur général de l'exercice (1) au Ministre, qui les communique aux commandants de corps d'armée dont relèvent ces officiers.

Les officiers du service des étapes peuvent être convoqués, en dehors des exercices d'ensemble et des manœuvres d'automne, pour une période d'instruction de courte durée. Cette convocation a lieu par groupes d'officiers appartenant à la même direction des étapes et des services. Leur instruction est dirigée par un ou plusieurs officiers du service d'état-major désignés par le Ministre. Ces officiers instructeurs se mettent, pour les détails d'exécution, aux ordres du commandant du corps d'armée dont relèvent les officiers convoqués.

A la fin de la période d'instruction, ces derniers sont notés par le chef d'état-major du corps d'armée. Leurs notes sont transmises au Ministre qui les communique au directeur des étapes et des services de l'armée à laquelle ces officiers sont affectés.

Ajournements, devancements d'appel, convocations facultatives.

Art. 12. Des devancements d'appel et des ajournements peuvent être accordés aux officiers du service des chemins de fer et des étapes par les chefs d'état-major chefs de service dont ils relèvent.

Les officiers du service des chemins de fer et des étapes peuvent accomplir des périodes d'instruction facultatives avec ou sans solde ; ils adressent leurs demandes aux chefs d'état-major chefs de service.

---

(1) Par le directeur des manœuvres pour les officiers convoqués aux manœuvres d'automne.

Les chefs d'état-major chefs de service rendent compte, par un état collectif du modèle annexé à la présente instruction, des devancements d'appel et des ajournements qu'ils accordent et des demandes de convocations facultatives qui leur sont adressées.

Ecoles d'instruction.

Art. 13. Il est institué des écoles d'instruction spéciales du service des chemins de fer et des étapes dans les régions où le nombre d'officiers appartenant à ce service justifie leur création.

L'organisation de ces écoles est soumise à l'approbation du Ministre.

Le chef d'état-major du corps d'armée remplit les fonctions de directeur de l'école d'instruction.

Il arrête le programme d'instruction de l'école, le soumet à l'approbation du commandant du corps d'armée et le notifie ensuite à tous les officiers intéressés.

Ce programme comporte des conférences, exercices d'embarquement en chemin de fer, visite d'établissements, etc.

Dans les régions où il n'existe pas d'école d'instruction spéciale, les officiers du service des chemins de fer et des étapes sont rattachés à une des écoles d'instruction des différentes armes fonctionnant dans la région.

Dans le cas visé au paragraphe précédent, il peut être fait, dans les écoles d'instruction auxquelles sont rattachés ces officiers, une ou plusieurs conférences, sur un sujet intéressant plus particulièrement les officiers du service des chemins de fer et des étapes.

Le chef d'état-major notifie aux officiers dudit service les dates de ces conférences ainsi que celles des exercices d'embarquement en chemin de fer des corps de la garnison.

Le compte rendu adressé annuellement au Ministre (art. 34 de la présente instruction ; dispositions générales) comporte un chapitre spécial pour l'instruction des officiers du service des chemins de fer et des étapes.

Dépenses qu'entraînent les convocations.

Art. 14. Chaque convocation donne lieu à des états de prévision de dépenses que le commandant du corps d'armée adresse au Ministre (État-Major de l'Armée, 4e Bureau) en même temps que ses propositions pour les dates auxquelles doivent avoir lieu les exercices.

Ces états sont distincts par lieu de convocation.

Les dépenses prévues comprennent pour les officiers, fonctionnaires, ou agents de la réserve et de l'armée territoriale :

a) Les frais de déplacement (indemnité de déplacement pour l'aller et le retour, calculée conformément aux instructions ministérielles en vigueur et en tenant compte, pour certaines catégories d'officiers, de l'obligation de passer par leur gare d'affectation) ;

b) Les frais de solde pour chaque journée de convocation, déduction faite des journées de route.

Ne figurent pas sur ces aperçus de dépenses :

a) Les frais de convocation des fonctionnaires de l'intendance et des officiers d'administration du service des subsistances affectés aux stations-magasins et aux haltes-repas, ces frais devant être imputés sur les crédits affectés aux convocations des personnels du cadre auxiliaire du service de l'intendance.

b) Les frais de convocation des officiers et assimilés de l'armée active affectés aux directions des étapes et les frais de déplacement des hommes de troupe de l'armée active, ces frais devant être supportés par le service des frais de déplacement.

Les commandants de corps d'armée ne donnent les ordres d'exécution que lorsque les programmes d'instruction ont été approuvés. Les dépenses sont acquittées par les soins des directeurs du service de l'intendance de chaque région sur les crédits ouverts au budget ordinaire au titre des chapitres « solde de l'infanterie » et « déplacements spéciaux ». Dans les quinze jours qui suivent la dernière convocation, ces hauts fonctionnaires adressent au Ministre, sous le timbre « État-Major de l'Armée ; 4ᵉ Bureau », le relevé détaillé des dépenses faites.

Notes.

Art. 15. Les officiers du service des chemins de fer et des étapes sont notés dans les conditions déterminées par l'article 105 de la présente instruction (dispositions générales).

Les chefs d'état-major chefs de service complètent leurs notes à l'aide de celles données à l'officier à la suite des convocations officieuses des commissaires militaires de réseau ou par l'officier général ou supérieur, directeur de l'exercice auquel a assisté l'officier (stage, convocation).

Les notes données à l'officier doivent faire ressortir son aptitude à un service actif (aux armées) ou à un service sédentaire (à l'intérieur).

Commissaires de surveillance administrative.

Art. 16. Les commissaires de surveillance administrative provenant des anciens officiers et appartenant à la réserve ou à l'armée territoriale sont tous affectés au service des chemins de fer, s'ils remplissent les conditions précédemment indiquées.

Les commissaires de surveillance administrative provenant des anciens sous-officiers peuvent être nommés au grade de sous-lieutenant dans la réserve ou dans l'armée territoriale, avec affectation spéciale au service des chemins de fer et des étapes, s'ils en expriment le désir après avoir obtenu le certificat d'aptitude.

Le certificat d'aptitude leur est délivré par une commission composée ainsi qu'il suit :

Le chef d'état-major du corps d'armée de la résidence, *président*.

Deux commandants et un capitaine brevetés, désignés par le général commandant le corps d'armée, *membres*.

Le programme de l'examen est indiqué par l'annexe n° 2 ci-après.

Le mémoire de proposition en faveur des candidats reconnus aptes est conforme au modèle n° 2 de la présente instruction (dispositions générales).

Les commissaires de surveillance administrative qui ne se trouvent pas dans les conditions exigées pour être nommés officiers et qui ne sont pas encore soumis par leur âge aux obligations de la loi sur le recrutement, sont affectés soit à des corps de troupes, soit au service de garde des voies ferrées.

° RÉGION
DE CORPS D'ARMÉE.
—

ÉTAT-MAJOR.
—

N°

PERSONNEL DU SERVICE DES CHEMINS DE FER
ET DES ÉTAPES.

ÉTAT NOMINATIF (1) *des officiers auxquels il a été accordé des dispenses ou ajournements et des officiers ayant demandé à accomplir une période d'instruction.*

(1) Le présent état est adressé en double expédition au ministère (État-major de l'armée, 4ᵉ Bureau). La deuxième expédition est renvoyée au corps d'armée revêtue de la décision ministérielle (colonne 6).

(2) Pour les convocations facultatives, indiquer si l'officier désire être convoqué *avec* ou *sans* indemnités.

NOMS.	GRADE et ARME.	AFFECTATION.	CONVOCATION A LAQUELLE DEVAIT (ou désire) prendre part l'officier (2).	INDICATION DE LA DÉCISION prise par le chef d'état-major du corps d'armée (dispense, ajournement).	DÉCISION DU MINISTRE (convocation à adresser à l'officier).	OBSERVA-TIONS.
1	2	3	4	5	6	7

A Paris, le   19 .

Le Ministre de la guerre,

Pour le Ministre et par son ordre :

Le Général, chef d'état-major général de l'armée,

A   , le   19 .

Le Général commandant le ° corps d'armée,

P. O. Le Chef d'état-major.

ANNEXE No 2.

Programme des connaissances exigées des commissaires de surveillance administrative candidats au grade de sous-lieutenant de réserve ou de l'armée territoriale.

Le programme de l'examen comporte :

1° Les décrets du 5 février 1889 portant organisation du service militaire des chemins de fer et du 25 mars 1908 réorganisant les services de l'arrière aux armées (1) ;

2° Le règlement du 4 juin 1902 sur les transports ordinaires et le règlement du 21 février 1900 sur les transports stratégiques par chemin de fer ;

3° Les instructions ministérielles des 20 février 1902 et 29 janvier 1903 fixant les règles militaires relatives à l'exécution du transport par chemin de fer des troupes des différentes armes ; du 31 mai 1904 relative aux accessoires à employer pour le transport des troupes et du matériel par voie ferrée ; du 1er juin 1904 relative aux exercices d'embarquement et de débarquement sur les chemins de fer (*B. O.*, É. M., vol. n° 100[7]) ;

4° Les instructions ministérielles du 30 juin 1900 sur les commissions de gare ; du 18 août 1902 sur l'alimentation pendant les transports en chemin de fer et sur l'organisation et le fonctionnement des stations haltes-repas (*B. O.*, É. M., vol. n° 100[6] *bis*, p. 60 à 193) ;

5° Les instructions ministérielles du 30 mai 1904 sur le fonctionnement des infirmeries de gare et sur l'alimentation pendant les transports d'évacuation par voie ferrée (*B. O.*, É. M., vol. n° 100[6] *bis*, p. 195 à 257) ;

6° Devoirs et fonctions des sous-lieutenants dans les manœuvres, le service des places, le service en campagne ;

7° Dispositions principales de la loi de recrutement, de la loi des cadres et de la loi sur les réquisitions militaires ;

Position et avancement des officiers de réserve et de l'armée territoriale ;

Devoirs des hommes de la réserve et de l'armée territoriale dans leurs foyers et au moment de la mobilisation.

---

(1) É. M., vol. n° 100[6].

*Instruction relative aux officiers et assimilés
de complément (suite).*

DISPOSITIONS SPÉCIALES A L'INFANTERIE.

(RÉSERVE ET ARMÉE TERRITORIALE.)

Art 1er. Les chefs de corps adressent au Ministre (Direction
de l'Infanterie ; Bureau du Personnel), le 10 du premier mois
de chaque trimestre, la situation des officiers de réserve affectés
soit au corps actif, soit au corps de réserve (modèle n°s 22 à 25)
et des officiers du cadre actif affectés au corps de réserve.

Les officiers de l'armée territoriale employés dans un corps
actif ou de réserve doivent figurer sur la situation du corps
auquel ils sont affectés.

Art. 2. Le 10 du premier mois de chaque trimestre, les chefs
de corps actifs adressent au Ministre (Direction de l'Infanterie ;
Bureau du Personnel) la situation des officiers affectés au corps
territorial dont ils ont l'administration (modèles n°s 26 et 27).

Les officiers se trouvant provisoirement à la suite du corps
territorial, faute de vacance d'emploi de leur grade, figurent,
par grade, sur la quatrième page de la situation.

La situation des officiers d'infanterie territoriale affectés au
service de garde des voies de communication (modèle n° 28) est
adressée, dans les mêmes conditions, par les chefs d'état-major
des corps d'armée aux mêmes époques et sous le même timbre.
Celle des officiers affectés aux services spéciaux du territoire
(modèle n° 19) est adressée , le 1er jour de chaque semestre, par
les mêmes autorités.

La situation des officiers d'infanterie territoriale affectés à
l'encadrement des auxiliaires des places fortes (modèle n° 19)
est adressée, dans les mêmes conditions, par les chefs d'état-
major des gouverneurs des places fortes.

Service de garde des voies de communication.

Art. 3. Le recrutement des officiers du service de garde des
voies de communication est assuré :

1° Au moyen d'affectations faites, sur leur demande, parmi les officiers et assimilés de l'armée territoriale, de toutes armes ou services, dégagés de leurs obligations militaires ;

2° Au moyen de nominations faites parmi les officiers retraités ou démissionnaires de l'armée active, signalés comme inaptes au service actif ;

3° Au moyen de nominations faites au titre spécial de ce service, parmi les sous-officiers territoriaux sans autres conditions que l'aptitude audit service ; les officiers nommés dans ces conditions ne sont pas admis à servir ultérieurement avec ce grade dans un corps de troupes de réserve ou de l'armée territoriale.

Ils n'ont pas droit à la première mise d'équipement.

A défaut de ces ressources, les emplois de chefs de section sont tenus par des adjudants territoriaux de toutes armes ou services, ou par des sous-officiers territoriaux nommés, à cet effet, adjudants par les généraux commandant les subdivisions ou les gouverneurs des places fortes, suivant le cas.

Dans chacune des subdivisions du service de garde des voies de communication, le commandement est exercé par un officier supérieur ou, exceptionnellement, par un capitaine.

Chaque subdivision comprend un certain nombre de sections commandées par un officier subalterne ou adjudant, chefs de section.

Les chefs de service et les chefs de section doivent résider dans la subdivision de région et, autant que possible, dans l'une des localités situées sur le territoire de la circonscription où la troupe sous leurs ordres doit opérer.

Les généraux commandant les subdivisions de région ou les gouverneurs des places fortes, suivant le cas, sont considérés comme les chefs de service des officiers de l'armée territoriale affectés au service de garde des voies de communication ; ils tiennent le registre matricule et le dossier général (1re et 2e parties) de ces officiers, qui ne sont rattachés que pour ordre aux dépôts des corps territoriaux d'infanterie auxquels sont affectés les hommes de troupe placés sous leurs ordres.

Mutations. — Les mutations ayant pour objet de faire passer un officier affecté à une compagnie active ou de dépôt d'un corps au service de garde des voies de communication, et réciproquement, sont prononcées par le Ministre.

Service des places de Paris.

Art. 4. Le cadre des officiers d'infanterie affectés au service des places de Paris comprend des chefs de bataillon et des capitaines ; des lieutenants ou sous-lieutenants peuvent néanmoins être affectés aux dépôts de ce service.

Les officiers du service des places de Paris sont choisis parmi ceux qui, ayant accompli la durée légale du service militaire, ont demandé à recevoir cette affectation.

Ils doivent résider à Paris ou dans les régions limitrophes.

Ils ne sont astreints à aucune obligation militaire en temps de paix, le service dont il s'agit n'étant constitué qu'à la mobilisation.

Officiers de cavalerie de réserve et de l'armée territoriale à affecter éventuellement à des emplois d'adjoints aux chefs de bataillon dans l'infanterie.

Art. 5. Les lieutenants et sous-lieutenants de cavalerie de réserve et de l'armée territoriale à la suite, sans emploi ou appartenant au service éventuel des remontes (1), peuvent être désignés d'office ou sur leur demande, pour occuper des emplois d'adjoints aux chefs de bataillon dans les corps de troupe d'infanterie (armée active, réserve et armée territoriale).

Les officiers pourvus de ces emplois ne sont pas changés d'arme, mais simplement détachés. Pendant le temps de leur affectation à l'arme de l'infanterie, ils sont administrés par la direction de l'infanterie. Le registre matricule et le dossier général (1re et 2e parties) de ces officiers sont tenus par le corps d'infanterie auquel ils sont affectés.

Les demandes des officiers de cavalerie territoriale qui désireraient obtenir un de ces emplois doivent, au fur et à mesure qu'elles se produisent, être transmises, avec les avis des autorités militaires hiérarchiques, au Ministre (Direction de l'Infanterie ; Bureau du Personnel).

---

(1) Ces officiers restent affectés au service des remontes.
En temps de paix, lorsqu'ils ne sont pas appelés à faire partie d'une commission de classement des chevaux, ils sont convoqués pour accomplissement de leur période d'instruction avec le corps auquel ils sont rattachés.
A la mobilisation, ils rejoignent ce corps aussitôt après la réquisition.

*Instruction relative aux officiers et assimilés
de complément* (suite).

DISPOSITIONS SPÉCIALES A LA CAVALERIE.

(RÉSERVE ET ARMÉE TERRITORIALE.)

Examen d'aptitude.

Art. 1er. L'aptitude des candidats à l'emploi de chef de peloton dans la réserve et dans l'armée territoriale est constatée, dans les corps de cavalerie de l'armée active, par une commission composée du colonel, du lieutenant-colonel, de deux chefs d'escadron et du capitaine commandant l'escadron de l'intéressé, ou, à défaut de ce dernier, du capitaine instructeur.

Dans les détachements, les candidats sont dirigés en temps opportun, pour subir l'examen d'aptitude, sur la portion principale.

Les sous-officiers désaffectés de la cavalerie et versés dans une autre arme, qui demandent à concourir pour le grade de sous-lieutenant de cavalerie, peuvent être autorisés exceptionnellement à accomplir dans cette arme une période d'exercices supplémentaire à titre de stage volontaire, en vue d'obtenir le certificat d'aptitude à l'emploi de chef de peloton.

Ceux de ces sous-officiers qui recevront ledit certificat seront réaffectés d'office à la cavalerie et la période supplémentaire précitée leur sera comptée comme période réglementaire, sans les exempter toutefois des périodes auxquelles ils pourraient être astreints après leur nomination au grade de sous-lieutenant de réserve ou de l'armée territoriale.

Les candidats au grade de sous-lieutenant de réserve, non susceptibles d'être affectés, lors de leur nomination, à des corps de cavalerie, peuvent être promus à ce grade en vue de leur affectation à des corps d'infanterie.

Ils prennent l'engagement écrit de ne pas demander ultérieurement leur affectation au service éventuel des remontes ni à un corps de troupe de cavalerie.

Ceux de ces candidats qui acceptent cette affectation sont nommés sous-lieutenants de réserve de cavalerie, mis pour ordre à la suite d'un corps de cavalerie, et reçoivent une affectation immédiate au titre de l'infanterie.

Les propositions sont transmises au Ministre au fur et à mesure qu'elles ont été acceptées par le général commandant le corps d'armée.

Affectation et répartition des officiers de réserve.

Art. 2. En raison de la répartition inégale des corps de troupes de cavalerie sur le territoire de chaque corps d'armée et des différences qu'ils présentent entre eux au point de vue de leur effectif en officiers de réserve, ceux-ci, lors de leur nomination, sont répartis dans les régiments d'après l'état des vacances et les besoins de la mobilisation ; il est néanmoins tenu compte, dans la mesure du possible, de leur corps d'origine et de leur résidence.

La répartition, dans l'intérieur des corps, des officiers de réserve et de territoriale, y compris les vétérinaires, est arrêtée par les chefs de corps.

Périodes d'instruction.

Art. 3. Les régiments et escadrons de réserve de cavalerie n'étant que très rarement appelés à être constitués en temps de paix, les officiers de réserve appartenant à ces formations sont convoqués, pour leurs périodes d'exercices, tous les deux ans, aux époques les plus favorables pour le développement de leur instruction militaire.

Les officiers affectés aux escadrons territoriaux, ainsi que ceux placés à la suite de ces escadrons sont toujours convoqués en même temps que les unités auxquelles ils appartiennent.

Les officiers de réserve qui, ayant atteint l'époque légale de leur passage dans l'armée territoriale, auront été maintenus dans les cadres de la réserve, et les officiers de cavalerie territoriale qui auront demandé leur réintégration ou leur affectation dans la réserve, ne seront astreints, pour la durée de leurs convocations périodiques, qu'aux obligations imposées aux officiers de l'armée territoriale.

Stages volontaires ou obligatoires.

Art. 4. Les officiers de réserve de cavalerie qui, au cours d'une période d'instruction, auront fait preuve d'insuffisance, seront convoqués d'office, l'année suivante, par leur chef de corps, pour accomplir un stage obligatoire d'une durée égale à celle de la convocation normale.

Un état nominatif des officiers désignés pour accomplir, l'année suivante, un stage de cette nature, sera adressé au Ministre à l'issue de chaque convocation.

Les demandes formées par les officiers de réserve de cavalerie à l'effet d'être autorisés à accomplir un stage volontaire soldé, d'une durée quelconque, seront adressées, au fur et à mesure qu'elles se produiront, au Ministre qui statuera individuellement sur ces demandes, dont l'acceptation demeurera subordonnée aux crédits disponibles, après les désignations pour les stages obligatoires (1).

Situations nominatives.

Art 5. *Réserve.* — Les chefs de corps adressent, le premier jour de chaque trimestre, au Ministre (Bureau de la Cavalerie), savoir :

1° Régiments de cavalerie de corps : la situation des officiers de réserve affectés soit au corps actif, soit au corps de réserve, ou administrés à un titre quelconque par le corps actif correspondant (modèle n° 29) ;

2° Régiments de cavalerie indépendante : la situation des officiers de réserve affectés au corps actif ou administrés par lui à un titre quelconque (modèle n° 30).

Armée territoriale. — Ils adressent également au Ministre (Bureau de la cavalerie), le premier jour de chaque trimestre, la situation des officiers de cavalerie territoriale appartenant à l'escadron rattaché au corps actif correspondant ou placés à la suite de cet escadron à quelque titre que ce soit (modèle n° 31).

Dispositions spéciales aux officiers du service des remontes
et des réquisitions.

Art. 6. Le personnel du service éventuel des remontes et des réquisitions est administré par le bureau de la cavalerie.

Nota. — Voir la circulaire confidentielle du 5 mai 1909, relative à la constitution des cadres des officiers du service éventuel des remontes (réquisitions).

Ce personnel, à l'exception des officiers accomplissant leurs périodes d'instruction comme adjoints aux chefs de bataillon d'infanterie et des officiers et vétérinaires convoqués pour les

---

(1) Les autorisations d'accomplir ces stages ne sont accordées, en principe, qu'au titre du corps d'affectation et seulement pendant la période active de l'instruction (du 1er mai au 20 septembre).

opérations du classement des chevaux, est inspecté, chaque année, dans les conditions fixées par l'article 27 de la présente instruction (Dispositions générales).

Affectations.

Art. 7. Les officiers de réserve de cavalerie (régiments et escadrons) qui, ayant demandé à passer dans l'armée territoriale, ne peuvent être, faute de vacance, pourvus d'un emploi dans les escadrons territoriaux, sont affectés d'office au service des remontes et des réquisitions.

Les lieutenants de réserve des corps de troupes de cavalerie, comptant six ans de grade et vingt-cinq ans de service, proposés pour le grade de capitaine, sont promus à ce grade dans l'armée territoriale et affectés au service des remontes et des réquisitions (circulaire du 8 février 1904).

Toutefois, cette mesure n'est pas appliquée à ceux de ces officiers qui demandent à être maintenus dans la réserve.

Convocations.

Art. 8. Les officiers de réserve et de l'armée territoriale affectés au service éventuel des remontes et des réquisitions peuvent être convoqués pour une période d'instruction; ils sont appelés à participer aux opérations du classement des chevaux et des voitures attelées.

Situations.

Art. 9. Le premier jour de chaque trimestre, les états-majors de corps d'armée adressent au Ministre (Bureau de la Cavalerie) un état (modèle n° 32) présentant, pour toutes les armes, les officiers du service des remontes et des réquisitions affectés à leur région.

DISPOSITIONS SPÉCIALES A L'ARTILLERIE ET AU TRAIN DES ÉQUIPAGES MILITAIRES.

(RÉSERVE ET ARMÉE TERRITORIALE.)

Assimilation de grade à donner aux anciens élèves des Écoles polytechnique et forestière.

Décret portant règlement d'administration publique, sur les assimilations de grade à donner aux anciens élèves des Écoles -polytechnique et forestière.

Versailles, le 20 mars 1876.

Le Président de la République française,

Sur le rapport du Ministre de la guerre,

. . . .

Le Conseil d'Etat entendu,

Décrète :

Art. 1er. Les assimilations de grade et les emplois qui, en vertu de l'article 36 de la loi du 24 juillet 1873, peuvent être donnés dans l'armée aux élèves de l'Ecole polytechnique placés dans les services civils et aux élèves de l'Ecole forestière entrés dans le service forestier sont déterminés par les tableaux ci-après.

1° ÉLÈVES DE L'ÉCOLE POLYTECHNIQUE.

Ministère des finances.

Manufactures de l'Etat.

(Nouvelle rédaction. Décret du 3 septembre 1888, modifié par le décret du 28 juillet 1903) (1).

. . . .

Ministère de l'intérieur.

Administration des lignes télégraphiques.

. . . .

---

(1) Voir ce décret, page 120.

Ministère des travaux publics.

Corps des ponts et chaussées et des mines.

(Nouvelle rédaction. Décret du 3 septembre 1888, modifié par les décrets des 12 avril 1907 et 12 juillet 1907) (1).

GRADES DANS LES CORPS des ponts et chaussées et des mines.	POSITION A LEUR DONNER dans l'armée.	OBSERVATIONS.
Elève-ingénieur..	Sous-lieutenant de réserve ou de l'armée territoriale.	
Ingénieur ordinaire de 3e cl...	Lieutenant de réserve ou de l'armée territoriale.	
Ingénieur ordinaire de 2e cl... Ingénieur ordinaire de 1re cl..	Capitaine de réserve ou de l'armée territoriale.	
Ingénieur en chef de 2e classe....	Chef de bataillon de réserve ou de l'armée territoriale.	
Ingénieur en chef de 1re classe.	Lieutenant-colonel de réserve ou de l'armée territoriale.	

2° ÉLÈVES DE L'ÉCOLE FORESTIÈRE.

. . . . (2)

Art. 2. Dans chaque région de corps d'armée, un fonctionnaire désigné par le Ministre intéressé pour chacun des services qui reçoit les élèves de l'Ecole polytechnique est accrédité auprès du commandant du corps d'armée, et est chargé, sous les ordres de ce dernier, et conformément aux instructions qui seront prescrites par le Ministre de la guerre, de tenir le contrôle du personnel sous ses ordres visé dans le présent règlement.

Art. 3. Les Ministres de la guerre, des finances, de l'intérieur et des travaux publics sont chargés, chacun en ce qui le concerne, de l'exécution du présent décret, qui sera inséré au *Bulletin des lois.*

---

(1) Voir ces décrets, pages 121 et 122.
(2) Abrogé par le décret du 18 novembre 1890 (É. M., vo'. n° 64, p. 465).

Décret déterminant les situations qui peuvent être attribuées dans l'armée, en cas de mobilisation, aux ingénieurs des manufactures de l'Etat sortant de l'École polytechnique.

Paris, le 28 juillet 1903.

Le Président de la République française,

Vu la loi du 24 juillet 1873, relative à l'organisation générale de l'armée ;

Vu les décrets des 20 mars 1876 et 3 septembre 1888, rendus en exécution de l'article 36 de la loi précitée ;

Sur le rapport du Ministre de la guerre,

Le Conseil d'Etat entendu,

Décrète :

Art. 1er. Le tableau inséré dans l'article 1er du décret du 3 septembre 1888 et déterminant les situations qui peuvent être attribuées dans l'armée, en cas de mobilisation, aux ingénieurs des manufactures de l'Etat sortant de l'Ecole polytechnique est remplacé par le suivant :

GRADES DANS LE CORPS des ingénieurs des manufactures de l'Etat.	POSITION A LEUR DONNER dans l'armée.	OBSERVATIONS.
Elève ingénieur..	Sous-lieutenant de réserve ou de l'armée territoriale.	
Ingénieur de 5e cl.	Lieutenant de réserve ou de l'armée territoriale.	
— 4e cl.		
— 3e cl.	Capitaine de réserve ou de l'armée territoriale.	
— 2e cl.		
— 1re cl.		
Directeur de 3e cl.	Chef d'escadron de réserve ou de l'armée territoriale.	
— 2e cl.	Lieutenant-colonel de réserve ou de l'armée territoriale.	
— 1re cl.		

Art. 2. Le Ministre de la guerre et le Ministre des finances sont chargés, chacun en ce qui le concerne, de l'exécution du présent décret qui sera inséré au *Bulletin des lois* et au *Journal officiel.*

*Décret concernant les grades à attribuer aux ingénieurs auxi-
liaires, sous-ingénieurs et contrôleurs des mines, dans la
hiérarchie des officiers d'administration du service de l'artillerie de l'armée territoriale.*

Paris, le 12 avril 1907.

Le Président de la République française,

Sur le rapport du Ministre de la guerre et du Ministre des
travaux publics,

Décrète :

Art. 1ᵉʳ. Les contrôleurs des mines faisant partie de l'armée
territoriale et ayant servi dans l'armée active peuvent, sur leur
demande, être nommés officiers d'administration dans le service
de l'artillerie territoriale.

Art. 2. Les grades à attribuer dans la hiérarchie des officiers
d'administration du service de l'artillerie de l'armée territoriale,
aux contrôleurs des mines nommés officiers d'administration
dans les conditions visées à l'article précédent, sont déterminés
par le tableau ci-après :

POSITION DANS LE CORPS DES MINES.	GRADES A DONNER DANS LA HIÉRARCHIE des officiers d'administration du service de l'artillerie territoriale.	OBSERVATIONS.
Contrôleurs des mines de 3ᵉ et 4ᵉ classe (1).	Officier d'administration de 3ᵉ classe.	(1) *Voir* article 3 suivant.
Contrôleurs des mines de 2ᵉ classe.	Officier d'administration de 2ᵉ classe.	
Contrôleurs des mines de 1ʳᵉ classe et contrôleurs principaux.	Officier d'administration de 1ʳᵉ classe.	
Sous-ingénieurs de 1ʳᵉ et 2ᵉ classe et ingénieurs auxiliaires.	Officier d'administration principal.	

Art. 3. Les contrôleurs des mines de 3ᵉ et 4ᵉ classes pourront
être promus au grade d'officier d'administration de 2ᵉ classe
au choix, sur la proposition de l'autorité militaire, quand ils
auront accompli quatre ans dans le grade d'officier d'administration de 3ᵉ classe.

Art. 4. Le Ministre de la guerre et le Ministre des travaux publics sont chargés, chacun en ce qui le concerne, de l'exécution du présent décret.

———

Décret concernant les grades à attribuer, dans la hiérarchie des officiers d'administration de l'artillerie territoriale, aux contrôleurs des comptes des chemins de fer provenant des contrôleurs des mines.

Paris, le 12 juillet 1907.

Le Président de la République française,
Vu le décret du 12 avril 1907 ;
Sur le rapport du Ministre de la guerre,

Décrète :

Art. 1er. Les dispositions contenues dans le décret du 12 avril 1907 relatif aux grades à donner dans la hiérarchie des officiers d'administration du service de l'artillerie, de l'armée territoriale aux ingénieurs auxiliaires, sous-ingénieurs et contrôleurs des mines, sont applicables à ceux de ces agents qui sont passés dans le personnel des contrôleurs des comptes des chemins de fer.

La correspondance de grades entre les contrôleurs des comptes des chemins de fer et les officiers d'administration du service de l'artillerie de l'armée territoriale est déterminée par le tableau de corrélation ci-après :

POSITION DANS LE CORPS DES CONTRÔLEURS DES COMPTES des chemins de fer.	GRADES A DONNER DANS LA HIÉRARCHIE des officiers d'administration du service de l'artillerie territoriale.	OBSERVATIONS.
Contrôleurs des comptes des chemins de fer de 3e classe.	Officier d'administration de 3e classe.	
Contrôleurs des comptes des chemins de fer de 2e classe.	Officier d'administration de 2e classe.	
Contrôleurs des comptes des chemins de fer de 1re classe.	Officier d'administration de 1re classe.	
Contrôleur principal.	Officier d'administration principal.	

Art. 2. Le Ministre de la guerre est chargé de l'exécution du présent décret.

*Instruction relative aux officiers et assimilés
de complément* (suite).

RÉSERVE.

Convocation des officiers.

Art. 1er. Les officiers de réserve de l'artillerie et du train des
équipages militaires sont convoqués :

1° Par le général commandant l'artillerie s'ils comptent à
l'état-major de l'artillerie ou dans une batterie ou compagnie
détachée hors de la région où se trouve stationnée la portion
centrale de son corps ;

2° Par le chef de service s'ils comptent dans un établissement de l'artillerie ;

3° Par le lieutenant-colonel commandant les batteries al-
pines d'une région ou le chef d'escadron commandant un
groupe de batteries non soumises à l'autorité du colonel (Note
ministérielle du 9 novembre 1898) s'ils comptent à un état-
major ou à une unité mobilisée par l'un de ces groupes ;

4° Par le chef de corps dans tous les autres cas.

Les dates des stages sont fixées d'après le degré d'instruction militaire des officiers et d'après les besoins du service des
corps actifs ou des établissements militaires ; il est tenu
compte en outre, dans la mesure du possible, des convenances
des intéressés.

Toutefois les élèves ingénieurs des mines et des manufactures
de l'Etat ne doivent être convoqués que pendant les vacances
annuelles.

ARMÉE TERRITORIALE.

Convocation.

Art. 2. Un certain nombre d'officiers supérieurs d'artillerie de
l'armée territoriale exercent dans les groupes auxquels ils
comptent un commandement pendant les convocations du
temps de paix et pendant la période de mobilisation ; ils sont
soumis à toutes les règles qui concernent les officiers ayant
un commandement effectif dans les troupes, quand bien même
ils seraient affectés à un service spécial après achèvement de
la période de mobilisation.

Toutefois il peut y avoir avantage à ce qu'ils soient convoqués pour accomplir des stages de courte durée dans ce ser-

vice spécial ; il appartient au chef de ce service de se concerter à ce sujet avec le général commandant l'artillerie dont relève le groupe d'affectation.

Cours de tir.

Art. 3. Des cours de tir, d'une durée de douze jours, sont organisés chaque année pour les officiers d'artillerie de l'armée territoriale. Les officiers convoqués à un cours de tir sont considérés comme ayant accompli une période d'exercices.

Les capitaines, lieutenants ou sous-lieutenants d'artillerie de l'armée territoriale sont, autant que possible, convoqués à un cours de tir l'année même où ils ont été nommés officiers ou promus au grade supérieur dans l'armée territoriale.

Tout officier de l'armée territoriale nommé au commandement d'une batterie doit être en principe convoqué l'année même pour assister à un cours de tir.

Pour les convocations ultérieures, les chefs de corps établissent un roulement entre les différents officiers de l'armée territoriale de façon à les appeler autant que possible dans une période de quatre ans une fois au cours de tir et une fois avec leur batterie et à avoir toujours deux officiers présents avec chaque unité convoquée.

Les notes obtenues en fin de cours sont adressées, directement, par le Directeur des cours, aux chefs de corps, pour être reproduites sur l'état de notes annuel de l'officier.

RÉSERVE ET ARMÉE TERRITORIALE (DISPOSITIONS COMMUNES).

Certificat d'aptitude.

Art. 4. L'aptitude des candidats à l'emploi de chef de section est constatée, dans les corps de troupes de l'artillerie, conformément aux prescriptions de l'article 8 de la présente instruction (dispositions générales) et, dans les portions détachées ou les escadrons du train des équipages, par une commission composée ainsi qu'il suit :

Dans les portions de régiment détachées sous le commandement du lieutenant-colonel : le lieutenant-colonel, président; le chef d'escadron de l'intéressé et deux commandants de batterie, dont celui de l'intéressé.

Dans les groupes de batteries détachées non soumises à l'autorité du colonel du régiment où elles comptent : le chef d'escadron, président, et deux commandants de batterie, dont celui de l'intéressé.

Dans les escadrons du train des équipages militaires : le chef de corps, président, et deux commandants de compagnie, dont celui de l'intéressé.

Affectation.

Art. 5. Les officiers de complément des corps de troupe de l'artillerie et du train des équipages et ceux de l'état-major particulier de l'artillerie, détachés dans les régiments à pied, sont répartis entre les unités de mobilisation et les services des places fortes, sur la proposition du chef de corps actif, par les généraux sous les ordres directs desquels ils sont placés.

Un compte rendu de mutations conforme au modèle ci-annexé sera fourni le premier de chaque mois à l'administration centrale sous le timbre (Direction de l'Artillerie; Personnel).

Art. 5 *bis*. Les officiers de complément de l'artillerie et du train des équipages employés dans le service éventuel des remontes (réquisition) peuvent être affectés à un corps de troupe où ils reçoivent une affectation et doivent, en cas de mobilisation, rejoindre leur poste définitif aussitôt les opérations de la réquisition terminées.

En temps de paix, lorsqu'ils ne sont pas appelés à faire partie d'une commission de classement des chevaux, ils sont convoqués pour accomplir leurs périodes d'instruction réglementaires dans leur corps d'affectation.

Les notes qu'ils ont obtenues lors de leurs convocations dans le service des remontes sont adressées à leur chef de corps.

Ceux de ces officiers qui ne peuvent être utilisés dans les corps de troupe de l'artillerie ou du train des équipages militaires sont classés aux services spéciaux du territoire. Ils ne peuvent, comme tels, être astreints à des périodes d'instruction qu'avec leur assentiment.

En cas de mobilisation, aussitôt les opérations de la réquisition terminées, ils doivent rejoindre le poste qui leur a été assigné par le général commandant le corps d'armée.

Le registre matricule et le dossier général (1re et 2e parties) de ces officiers sont tenus par le corps ou service d'affectation.

Immatriculation.

Art. 6. Les officiers de réserve et les officiers de l'armée territoriale de l'artillerie et du train des équipages militaires (état-major particulier et corps de troupes) sont immatriculés conformément aux dispositions de l'article 63 de la présente instruction (dispositions générales). Toutefois, l'artillerie et le train des équipages militaires n'ayant pas de corps de réserve, la matricule ne comporte que deux sections :

1° Officiers de réserve ;

2° Officiers de l'armée territoriale.

En ce qui concerne les officiers de réserve et les officiers de l'armée territoriale appartenant à l'état-major particulier, on se conforme en outre aux dispositions de la note ministérielle du 30 mars 1888.

Situations à fournir.

Art. 7. Les états-majors des corps d'armée, les corps de troupes, les établissements de l'artillerie et les écoles militaires adressent trimestriellement par la voie hiérarchique, distinctement pour la réserve et pour l'armée territoriale, la situation nominative des officiers et assimilés de l'artillerie et du train des équipages militaires de chacune de ces catégories dont ils ont l'administration (modèles nᵒˢ 33, 34, 35).

Les situations, arrêtées au premier jour de chaque trimestre, doivent parvenir à l'administration centrale avant le 10 du même mois.

Les situations seront établies d'après les dimensions fixées pour les modèles nᵒˢ 33 et 34 des corps de troupe de l'artillerie et du train des équipages.

Les chefs d'état-major des corps d'armée adressent, le premier jour de chaque semestre (Direction de l'artillerie ; Bureau du personnel), deux situations nominatives (une pour la réserve et une pour l'armée territoriale) des officiers de réserve et de l'armée territoriale affectés aux services spéciaux du territoire (modèle n° 19).

Les chefs d'état-major des gouverneurs des places fortes opèrent de même pour les officiers affectés à l'encadrement des auxiliaires des places fortes.

DISPOSITIONS SPÉCIALES COMMUNES A L'ARTILLERIE ET AU GÉNIE.

Situations à fournir concernant les officiers de complément ingénieurs de l'Etat.

1° Un ingénieur en chef ou directeur des manufactures de l'Etat est accrédité auprès de chaque commandant de corps d'armée.

Ce haut fonctionnaire a pour mission d'informer le commandant de corps d'armée, au moyen d'états de mutations trimestriels, de toute mutation ou de toute promotion de grade dans le corps spécial des ingénieurs, des officiers de complément exerçant leurs fonctions dans la région pour laquelle il est accrédité;

2° Le commandant du corps d'armée adresse ces comptes rendus au Ministre de la guerre, sous le timbre de la direction intéressée, le 15 du premier mois de chaque trimestre;

3° Les états de mutations concernant les fonctionnaires et agents en résidence sur le territoire du gouvernement militaire de Paris sont adressés directement à l'administration centrale de la guerre, par MM. les Ministres des travaux publics et des finances.

DISPOSITIONS SPÉCIALES A L'ARTILLERIE ET AU TRAIN DES ÉQUIPAGES MILITAIRES (service des convois automobiles).

Art. 1er. Le cadre des officiers de complément du service automobile est constitué au moyen de nominations faites parmi :

a) Les officiers de complément de toutes armes ou services;

b) Les sous-officiers de complément du service des convois automobiles, comptant deux ans de grade et ayant satisfait au programme d'aptitude à l'emploi de chef de section dans le service des convois automobiles.

Ces derniers, une fois nommés, ne peuvent ultérieurement être réintégrés dans leur arme d'origine comme officiers de complément.

Art. 2. Les candidats au grade de sous-lieutenant de complément du service automobile doivent présenter toutes les garanties exigées au paragraphe 1er de l'article 5 de l'instruction du 2 février 1909.

Indépendamment de l'acte de naissance et de la déclaration de la situation ou de l'emploi qu'ils occupent dans la vie civile, ils doivent fournir, à l'appui de leur demande, une seconde déclaration dans laquelle ils s'engagent, s'ils étaient nommés :

1° A servir pendant une durée de cinq ans au moins dans le service automobile;

2° De reverser au Trésor, *dans les mêmes conditions que les officiers de complément démissionnaires*, le montant de l'indemnité de première mise d'équipement qu'ils auront touchée, par application de l'article 106 de l'instruction du 2 février 1909, s'ils venaient à se faire rayer des cadres en vertu d'un des cas prévus à l'article 72 de la même instruction, après n'avoir accompli qu'un nombre insuffisant de périodes.

Art. 3. L'aptitude à l'emploi de chef de section, dont le programme est inséré ci-après, est constaté à la suite d'épreuves techniques et militaires par une commission régionale d'examens réunie, s'il y a lieu, semestriellement, dans un centre d'instruction automobile et composée de l'officier supérieur commandant l'escadron du train dans la région et de deux capitaines de l'armée active : un officier technique appartenant à la commission technique des automobiles de l'artillerie désigné par les soins de l'Administration centrale de la guerre (Direction de l'Artillerie; 2e Bureau) et le capitaine chargé du service automobile dans l'établissement d'artillerie du centre d'examen désigné.

Ces deux derniers constituent une sous-commission technique (le plus ancien de grade de ces officiers est président de la sous-commission) qui est chargée spécialement de l'examen des candidats en ce qui concerne les connaissances théoriques et pratiques du programme d'examen.

Tout candidat doit avoir satisfait aux épreuves techniques pour être admis à être examiné sur les connaissances militaires générales.

Les coefficients d'examen sont les suivants :

Connaissances théoriques. . . . . 1 ⎫
—   pratiques. . . . . 2 ⎬ 4
—   générales militaires. . . . . . . 1 ⎭

Art. 4. Les dossiers des candidats ayant satisfait aux conditions ci-dessus sont adressés au Ministre, en principe aux époques fixées par l'article 11 de l'instruction du 2 février 1909.

Ces candidats figurent sur une liste d'aptitude spéciale au grade de sous-lieutenant de complément et sont nommés, au fur et à mesure des vacances qui se produisent, *dans la région où ils résident.*

Art. 5. Les emplois qui ne peuvent être comblés par ces candidats sont remplis par les officiers de complément de toutes armes désignés, chaque année, comme aptes au service des convois automobiles, à l'époque du travail d'avancement, par les commandants de corps d'armée.

Ceux de cette catégorie dont l'inaptitude au commandement

des unités automobiles a été constatée au cours d'une convocation sont remis, par le Ministre, à la disposition de leur arme.

Art. 6. *Périodes d'instruction.* — Les officiers affectés, dans l'année, au service des convois automobiles accomplissent leur première période dans un centre d'instruction automobile (provisoirement, ces officiers seront convoqués à l'atelier de fabrication de Vincennes).

Ils sont, à cet effet, convoqués par les soins du Ministre auquel les commandants de corps d'armée adressent une liste de ces officiers le 15 janvier de chaque année sous le timbre de la 3ᵉ direction. Ils y reçoivent une instruction spéciale en vue de les préparer à leurs fonctions de mobilisation et sont notés, en fin de période, par l'officier directeur du centre d'instruction.

Ceux de ces officiers dont les aptitudes ont été reconnues suffisantes sont, au cours de leurs périodes suivantes, qui sont réglées par les commandants de corps d'armée, employés à des missions rentrant dans leurs attributions à la mobilisation : commandement d'unités automobiles aux manœuvres, épreuves d'endurance, opérations des commissions régionales, etc...

Ceux qui n'auraient pu accomplir leur période réglementaire dans une de ces conditions seront l'objet d'un compte rendu adressé au Ministre le 1ᵉʳ décembre et convoqués dans un centre automobile.

Art. 7. *Administration.* — Les officiers de complément du service automobile sont administrés par le commandant de l'escadron du train, du corps d'armée où ils sont affectés.

Ceux-ci comprennent les officiers de réserve de l'armée active, et ceux de l'armée territoriale du service automobile sur les situations trimestrielles modèle n° 34 adressées à l'Administration centrale, en spécifiant l'arme ou le service auxquels appartiennent les officiers de cette catégorie détachés d'autres armes ou services dans le train des équipages militaires.

Programme d'examen relatif à l'obtention du brevet d'aptitude à l'emploi de chef de section pour les formations automobiles.

a) Connaissances théoriques :

Moteurs à explosion à un ou plusieurs cylindres;
Distribution, réglage de la distribution;
Carburateurs ordinaires automatiques;
Allumage, piles, accumulateurs, bobines, magnétos;
Refroidissement, réservoirs, graisseurs;

Embrayages, cônes, tambours, plateaux, etc.
Transmissions, boîtes de vitesse, cardan, chaînes, différentiels;
Suspension, ressorts, amortisseurs, roues, bandages;
Freins à enroulement, à friction; freinage par le moteur;
Direction, systèmes divers, irréversibilité;
Combustibles divers, huiles, graisses;
Recherches méthodiques des diverses pannes;
Carrosserie, montage des châssis, montage et réparation des bandages;
Législation concernant les automobiles, règlement de police, jurisprudence automobiliste;
Règlements militaires sur les convois automobiles.

b) Connaissances pratiques :

Réglage complet de la distribution d'un moteur à 4 cylindres, soupapes, arbres à cames, engrenages;
Resserrage des coussinets usés;
Réglage d'un carburateur, hauteur et dimensions de l'orifice du gigleur;
Appareil poseur d'air additionnel;
Réglage de l'allumage, entretien des magnétos;
Branchement des fils pour un moteur à 4 cylindres avec double allumage;
Remplacement des segments de piston, rodage des soupapes, etc...

c) Connaissances générales :

Notions essentielles sur :

Les lois militaires;
L'organisation de l'armée et sa mobilisation;
Le recrutement, l'avancement, l'administration, et l'instruction des officiers de complément;
Les obligations des officiers de complément dans leurs foyers;
Les règles de la correspondance dans l'armée;
Les fortifications et la topographie;
La lecture et l'emploi des cartes d'état-major;
L'administration d'une unité;
L'hygiène;
Les uniformes de l'armée;

DISPOSITIONS SPÉCIALES AU GÉNIE.

Décret relatif aux assimilations de grade et aux emplois qui peuvent être donnés, dans le génie, aux ingénieurs des ponts et chaussées provenant des conducteurs des ponts et chaussées.

Paris, le 9 octobre 1903.

Le Président de la République française,
Sur le rapport du Ministre de la guerre et du Ministre des travaux publics,

Décrète :

Art. 1er. Les assimilations de grade et les emplois qui peuvent être donnés, dans l'arme du génie, aux ingénieurs des ponts et chaussées provenant des conducteurs des ponts et chaussées sont les mêmes que ceux déterminés par le décret du 20 mars 1876, modifié par celui du 3 septembre 1888, pour les anciens élèves de l'Ecole polytechnique admis dans le service des ponts et chaussées.

Art. 2. Les Ministres de la guerre et des travaux publics sont chargés, chacun en ce qui le concerne, de l'exécution du présent décret.

*Décret concernant les grades à attribuer aux ingénieurs auxi-
liaires et aux conducteurs des ponts et chaussées dans la
hiérarchie des officiers d'administration du service du génie
de l'armée territoriale.*

Paris, le 9 avril 1904.

Le Président de la République française,

Sur le rapport du Ministre de la guerre et du Ministre des
travaux publics,

Décrète :

Art. 1ᵉʳ. Les conducteurs des ponts et chaussées faisant partie de l'armée territoriale et ayant servi dans l'armée active
peuvent, sur leur demande, être nommés officiers d'administration du service du génie de l'armée territoriale.

Art. 2. Les grades à attribuer dans la hiérarchie des officiers d'administration du service du génie de l'armée territoriale, aux conducteurs des ponts et chaussées nommés officiers d'administration dans les conditions visées à l'article
précédent, sont déterminés par le tableau ci-après :

POSITION DANS LE CORPS DES PONTS ET CHAUSSÉES.	GRADES à donner dans la hiérarchie des officiers d'administration du service du génie territorial	OBSERVATIONS.
Conducteurs de 3ᵉ et de 4ᵉ classe...	Offic. d'admin. de 3ᵉ cl.	(1) Voir arti-cle 3 suivant.
Conducteurs de 2ᵉ classe..........	Offic. d'admin. de 2ᵉ cl.	
Conducteurs de 1ʳᵉ classe........... } Offic. d'admin. de 1ʳᵉ cl.		
Conducteurs principaux de 3ᵉ classe }		
Conduct. principaux de 1ʳᵉ et 2ᵉ cl. } Offic. d'admin. princip.		
Ingénieurs auxiliaires .... }		

Art. 3. Les conducteurs de 3ᵉ et de 4ᵉ classe pourront être
promus au grade d'officier d'administration de 2ᵉ classe au
choix, sur la proposition de l'autorité militaire, quand ils au-

ront accompli quatre ans dans le grade d'officier d'administration de 3ᵉ classe.

Art. 4. Le Ministre de la guerre et le Ministre des travaux
publics sont chargés, chacun en ce qui le concerne, de l'exécution du présent décret.

---

*Décret concernant l'avancement dans la hiérarchie des offi-
ciers d'administration du service du génie de l'armée territoriale des ingénieurs auxiliaires, sous-ingénieurs et conducteurs des ponts et chaussées actuellement pourvus d'un
grade d'officier d'administration, bien que n'ayant pas servi
dans l'armée active.*

Paris, le 12 novembre 1905.

Le Président de la République française,
Vu le décret du 9 avril 1904 ;
Sur le rapport du Ministre de la guerre,

Décrète :

Art. 1ᵉʳ. Les dispositions contenues dans le décret du 9 avril
1904 relatives aux grades à donner, dans la hiérarchie des
officiers d'administration du service du génie de l'armée territoriale, aux ingénieurs auxiliaires, sous-ingénieurs et conducteurs des ponts et chaussées qui ont servi dans l'armée
active, sont applicables à ceux du même service qui, bien
que n'ayant pas servi dans l'armée active, sont actuellement
pourvus d'un grade d'officier d'administration dans l'armée
territoriale.

Art. 2. Le Ministre de la guerre est chargé de l'exécution
du présent décret.

Décret concernant l'avancement, dans la hiérarchie des officiers d'administration du service du génie de l'armée territoriale, des contrôleurs des comptes des chemins de fer provenant des conducteurs des ponts et chaussées.

Paris, le 1er août 1906.

Le Président de la République française,
Vu les décrets du 9 avril 1904 et du 12 novembre 1905 ;
Sur le rapport du Ministre de la guerre,

Décrète :

Art 1er. Les dispositions contenues dans les décrets du 9 avril 1904 et du 12 novembre 1905 relatives aux grades à donner dans la hiérarchie des officiers d'administration du service du génie de l'armée territoriale aux ingénieurs auxiliaires, sous-ingénieurs et conducteurs des ponts et chaussées sont applicables à ceux de ces agents qui sont passés dans le personnel des contrôleurs des comptes des chemins de fer.

La correspondance de grade entre les contrôleurs des comptes des chemins de fer et les officiers d'administration du service du génie de l'armée territoriale est déterminée par le tableau de corrélation ci-après :

POSITION DANS LE CORPS DES CONTROLEURS des comptes des chemins de fer.	GRADES A DONNER DANS LA HIÉRARCHIE des officiers d'administration du service du génie territorial.	OBSERVA- TIONS.
Contrôleurs des comptes des chemins de fer de 3e classe.	Officier d'administration de 3e classe	
Contrôleurs des comptes des chemins de fer de 2e classe.	Officier d'administration de 2e classe.	
Contrôleurs des comptes des chemins de fer de 1re classe.	Officier d'administration de 1re classe.	
Contrôleur principal..........	Officier d'administration principal.	

Art. 2. Le Ministre de la guerre est chargé de l'exécution du présent décret.

*Instruction relative aux officiers et assimilés
de complément* (suite).

I. — TROUPES DU GÉNIE.

Affectation des officiers.

Art. 1er. L'affectation, pour le temps de guerre, des officiers subalternes de réserve des troupes du génie aux unités ou aux dépôts que les corps de troupes du génie de l'armée active sont appelés à constituer à la mobilisation est arrêtée par les chefs de corps (1).

Les officiers subalternes de l'armée territoriale sont nommés par le Ministre, soit à un bataillon territorial, soit à un groupe de compagnies de dépôt rattaché à un régiment actif ; leur affectation particulière à une compagnie est arrêtée par le commandant du corps actif auquel est rattaché le bataillon territorial ou le groupe de compagnies de dépôt (1).

Par exception, l'affectation des officiers de l'armée territoriale aux compagnies de sapeurs-conducteurs et de mariniers est faite par les soins de l'administration centrale.

Les ordres de mobilisation sont établis et signés, suivant le cas, par le Ministre pour les compagnies territoriales de sapeurs-conducteurs et de mariniers et par l'autorité qui a prononcé l'affectation, pour toutes les autres unités.

Situations nominatives.

1° *Unités et dépôts actifs*

Le premier jour de chaque trimestre, chaque corps de troupe (régiment, bataillon détaché en permanence, compagnie détachée isolément) établit, pour les unités qu'il est chargé de constituer à la mobilisation (unités ou dépôts actifs), une situation nominative du modèle n° 38 sur laquelle figurent, outre les officiers et assimilés de l'armée active, les officiers de complément affectés à ces unités. Cette situation, adressée par voie hiérarchique, doit parvenir à l'administration centrale, sous le timbre de la 4e Direction, 1er Bureau, le 10 du même mois.

---

(1) Colonels commandant les régiments, chefs de bataillon commandant les bataillons détachés, directeurs du génie.

2° *Unités territoriales.*

Les régiments auxquels sont rattachés des bataillons territoriaux ou des groupes de compagnies territoriales de dépôt établissent et adressent au Ministre, à la même époque et sous le même timbre, la situation nominative modèle n° 39 des officiers territoriaux faisant partie des formations qu'ils administrent. Les commandants des bataillons détachés en permanence établissent de leur côté une situation semblable pour les bataillons territoriaux correspondant aux bataillons actifs.

Une seule et unique situation est fournie par les régiments pour tous les bataillons territoriaux qui leur sont rattachés (non compris ceux correspondant aux bataillons détachés).

Chaque bataillon y figure séparément, ainsi que les compagnies territoriales de dépôt de sapeurs mineurs de la métropole (y compris celles des bataillons territoriaux correspondant aux bataillons détachés).

Ces situations sont adressées par la voie hiérarchique du corps d'armée sur le territoire duquel tient garnison le corps chargé de les établir.

II. — ÉTAT-MAJOR PARTICULIER DU GÉNIE.

Art. 3. L'affectation nominative des officiers et des officiers d'administration de réserve et de l'armée territoriale appartenant à l'état-major particulier du génie est faite par le Ministre.

Les ordres de mobilisation concernant le personnel affecté aux états-majors du génie en campagne, au service du génie des étapes, aux dispositifs de mine, ou à des missions spéciales sont établis par les soins de l'administration centrale.

Pour tout le personnel affecté aux places fortes ou aux villes ouvertes, les ordres de mobilisation sont établis et signés par le général commandant le génie de la région ou, à défaut, par le directeur du génie de la direction dans laquelle se trouve la place intéressée.

Instruction.

Art. 4. Les prescriptions de la présente instruction (dispositions générales) sont applicables dans les conditions et sous les réserves ci-après au personnel officier de l'état-major particulier du génie.

Dispositions communes aux officiers et aux officiers d'administration.

Art. 5. Les fonctions dévolues, en ce qui concerne l'instruction, aux chefs des corps de troupes de l'armée active, à l'égard
des officiers de réserve et territoriaux qui appartiennent à des
formations rattachées à ces corps de troupes, sont remplies à
l'égard du personnel officier de l'état-major particulier du
génie, savoir :

1° Pour le personnel affecté à des états-majors du génie en
campagne et au service du génie des étapes, par le général
commandant le génie ou, à défaut, par le directeur du génie du
chef-lieu de la région dans laquelle se trouve le lieu de mobilisation assigné à ce personnel ;

2° Pour le personnel affecté aux places fortes, à la mise en
œuvre des dispositifs de mine et aux places ouvertes, par les
directeurs du génie dont dépendent ces places fortes, ces dispositifs et ces places ouvertes ;

3° Pour tout le personnel affecté à Paris, par le général
commandant le génie du gouvernement militaire de Paris.

Administration.

Art. 6. Les officiers et les officiers d'administration de réserve et territoriaux de l'état-major particulier du génie sont
administrés par les officiers généraux et supérieurs désignés
ci-dessus, lesquels sont chargés de conserver leur dossier, de
tenir leur feuillet de personnel et d'assurer leurs convocations
périodiques.

Ils adressent directement leur demande à ces officiers généraux ou supérieurs.

Situations nominatives.

Art. 7. Chacun des officiers généraux ou supérieurs visés à
l'article 5 adresse au Ministre (4ᵉ Direction ; 1ᵉʳ Bureau), le
premier jour de chaque trimestre, l'état nominatif, par service
d'affectation, des officiers et des officiers d'administration du
génie de la réserve et de l'armée territoriale qu'il est chargé
d'administrer.

DISPOSITIONS CONCERNANT LES OFFICIERS.

Recrutement.

Art. 8. Les ingénieurs des ponts et chaussées provenant des
conducteurs des ponts et chaussées, qui ont servi dans l'armée

active, peuvent être nommés sous-lieutenants de réserve ou de l'armée territoriale au titre de l'état-major particulier du génie, sans subir les examens d'aptitude exigés des sous-officiers candidats officiers.

Les assimilations de grade et les emplois qui peuvent leur être donnés dans l'arme du génie sont les mêmes que ceux déterminés par le décret du 20 mars 1876, modifié par celui du 3 septembre 1888, pour les anciens élèves de l'École polytechnique admis dans le service des ponts et chaussées (décret du 9 octobre 1903).

Peuvent seuls concourir pour le grade de sous-lieutenant de réserve ou de l'armée territoriale du génie les anciens sous-officiers de cette arme comptant au moins deux ans de grade à leur libération du service actif.

DISPOSITIONS CONCERNANT LES OFFICIERS D'ADMINISTRATION.

Recrutement.

Art. 9. Les officiers d'administration du génie de réserve et de l'armée territoriale se recrutent :

1° Parmi les officiers d'administration du génie de l'armée active retraités ;

2° Parmi les officiers d'administration du génie de l'armée active démissionnaires non dégagés de toute obligation militaire, qui demandent leur admission dans le cadre des officiers d'administration de réserve ou de l'armée territoriale ;

3° Parmi les conducteurs des ponts et chaussées faisant partie de l'armée territoriale et ayant servi dans l'armée active, lesquels sont classés exclusivement dans l'armée territoriale (1) (décret du 9 avril 1904).

Admission des conducteurs des ponts et chaussées
dans le cadre des officiers d'administration.

Art. 10. Tout conducteur des ponts et chaussées qui, se trouvant dans les conditions indiquées à l'article précédent, désire obtenir le grade d'officier d'administration du génie territorial en fait la demande dans une lettre adressée au Ministre de la guerre.

Cette demande est transmise, par la voie hiérarchique civile, au fonctionnaire des travaux publics accrédité près du commandant du corps d'armée, en vertu de l'article 2 du décret du 20 mars 1876, qui la fait parvenir au général commandant le génie de la région ou, à défaut, au directeur du génie du chef-lieu.

---

(1) Dispositions applicables à ceux qui, bien que n'ayant pas servi dans l'armée active, sont actuellement pourvus d'un grade d'officier d'administration dans l'armée territoriale (décret du 12 novembre 1904).

A la demande sont jointes les pièces ci-après :

Extrait de l'acte de naissance sur papier libre ;

Relevé des services militaires, délivré par l'autorité militaire ;

Feuille de renseignements, conforme au modèle ci-annexé fourni par l'administration des ponts et chaussées ;

Déclaration écrite aux termes de laquelle le candidat fait connaître qu'il n'est pas déjà en instance de nomination dans une autre arme ou service.

Le général commandant le génie ou, à défaut, le directeur du génie du chef-lieu demande au procureur de la République de l'arrondissement dans lequel se trouve le lieu de naissance du candidat l'extrait du casier judiciaire de l'intéressé, qu'il joint au dossier, puis il établit :

1° Le mémoire de proposition mentionné à l'article 10 de la présente instruction (modèle n° 2) en se basant sur les renseignements contenus au dossier, sans qu'il y ait lieu de faire subir l'examen d'aptitude technique visé à l'article 8 de l'instruction générale ;

2° Un mémoire de proposition pour le grade d'officier d'administration du génie de l'armée territoriale correspondant au rang occupé par l'intéressé dans la hiérarchie des conducteurs des ponts et chaussées, suivant les conditions déterminées par les décrets du 9 avril 1904 et du 12 mai 1905.

Le dossier de la proposition ainsi complété est transmis au général commandant le corps d'armée, lequel le fait parvenir au Ministre (4ᵉ Direction, 1ᵉʳ Bureau).

L'admission, dans le cadre des officiers d'administration, des conducteurs proposés conformément aux dispositions qui précèdent ne constitue pas pour eux un droit : elle reste subordonnée aux besoins en officiers d'administration territoriaux de l'état-major particulier du génie.

Avancement.

Art. 11. Les officiers d'administration du génie de réserve et de l'armée territoriale peuvent obtenir de l'avancement jusqu'au grade d'officier d'administration principal.

Sauf en ce qui concerne les officiers d'administration de 3ᵉ classe, l'avancement est donné exclusivement au tour du choix, sur les propositions régulières établies par l'autorité militaire ; il est réglé par les dispositions du décret du 10 décembre 1907.

Les conditions d'avancement des officiers d'administration du génie de l'armée territoriale provenant des conducteurs des ponts et chaussées sont déterminées par les décrets du 9 avril 1904, du 12 novembre 1905 et du 1ᵉʳ août 1906.

— 140 —

Format du papier :
Hauteur......... 0^m,360.
Largeur........ 0^m,230.

MINISTÈRE DES TRAVAUX PUBLICS

PONTS ET CHAUSSÉES.

FEUILLE DE RENSEIGNEMENT

concernant M. **M.** *, conducteur des ponts et chaussées de   ᵉ classe, en résidence à   , candidat au grade   du génie territorial.*

Constitution et santé..................	
Tenue extérieure......................	
Conduite et moralité..................	
Caractère............................	
Intelligence et aptitude...............	
Manière de servir.....................	
Instruction. { Instruction générale.......	
Comptabilité.............	
Surveillance des travaux.	
Connaissances diverses....	
Équitation.............................	

A   , le   19   .

L'Ingénieur ordinaire des ponts et chaussées,

APPRÉCIATION GÉNÉRALE
DE L'INGÉNIEUR EN CHEF DES PONTS ET CHAUSSÉES.

A   , le   19

L'Ingénieur en chef des ponts et chaussées,

*Instruction relative aux officiers et assimilés
de complément* (suite).

DISPOSITIONS SPÉCIALES A LA GENDARMERIE.

Définition.

Art. 1er. Les officiers de gendarmerie (réserve et armée territoriale) sont, en principe et avant tout, affectés au service du remplacement de leur arme. Ils sont destinés à remplacer, dans leurs résidences respectives, les officiers du cadre actif, désignés, dans chaque région de corps d'armée, pour être pourvus, à la mobilisation, d'un emploi dans le service de la gendarmerie en campagne.

Emploi des officiers. — Officiers du service du remplacement.

Art. 2. Les officiers du service du remplacement sont employés dans le grade qu'ils occupaient au moment où ils ont quitté l'arme, et, en principe, dans la région territoriale du corps d'armée de leur domicile.

Art. 3. Les capitaines peuvent être appelés à remplacer des lieutenants ou sous-lieutenants, les fonctions de commandant d'arrondissement, dans la gendarmerie, étant indifféremment confiées à des capitaines, des lieutenants ou des sous-lieutenants.

En cas d'insuffisance numérique du cadre de remplacement, les chefs de légion désignent, par application des dispositions du règlement sur le service intérieur de l'arme, l'adjudant ou le maréchal des logis chef de la résidence, selon le cas, pour remplacer l'officier du cadre actif mobilisé.

Art. 4. Tant qu'ils n'ont pas accompli, dans le service du remplacement, les cinq années pendant lesquelles ils sont légalement à la disposition du Ministre, ou à moins que les cadres de ce service ne soient au complet, les officiers de gendarmerie de réserve et de l'armée territoriale ne peuvent recevoir une affectation dans un autre service (commandements, étapes, réquisitions, garde des voies de communication, etc.).

Gendarmerie.

A l'expiration de ces cinq années seulement, et s'ils en font la demande, ils peuvent être désignés pour passer dans un de ces services, à la condition qu'il y existe des emplois vacants qu'ils soient reconnus susceptibles d'occuper utilement.

Ils peuvent alors être proposés pour l'avancement, et inscrits au tableau par le Ministre.

Inspection.

Art. 5. Les officiers de gendarmerie du service de remplacement sont inspectés, chaque année, au moment des opérations du conseil de revision, par le membre militaire qui assiste à ces opérations, si ce dernier a le grade d'officier général, et, dans le cas contraire, par le général commandant la subdivision.

Ils sont tenus de se rendre, en uniforme, au jour indiqué pour la revue, au chef-lieu du canton, ou de la subdivision, selon le cas. S'ils sont absents au moment de cette revue, ils doivent se présenter, à leur retour, devant le général commandant leur subdivision de région, qui les inspecte.

La même obligation est imposée à ceux qui voyagent à l'étranger, ou qui ont obtenu une dispense pour assister à la revue.

Art. 6. Le chef de légion en résidence au chef-lieu du corps d'armée d'affectation, qui est lui-même chef du service du remplacement de ce corps d'armée, adresse en temps utile, à l'inspecteur du cadre, les propositions pour la Légion d'honneur qu'il a pu établir en faveur des officiers de ce service. Ces propositions sont transmises au Ministre (Cabinet) par la voie hiérarchique.

Notes.

Art. 7. A la suite de l'inspection, les officiers du service du remplacement proposés pour la Légion d'honneur sont notés sur des relevés de notes modèle E de l'instruction pour l'application du décret relatif à l'établissement des tableaux d'avancement et de concours. Pour les autres officiers, il est fourni un simple état nominatif sur lequel sont mentionnés, s'il y a lieu, les renseignements de l'inspecteur du cadre.

Situations nominatives.

Art. 8. L'état nominatif de la situation et des mutations survenues parmi les officiers de gendarmerie du service du rem-

placement (réserve et armée territoriale), pendant chaque trimestre est conforme au modèle n° 36 ; il est établi par le chef
de la légion.

DISPOSITIONS SPÉCIALES AUX PERSONNELS DU CADRE AUXILIAIRE DU SERVICE DE L'INTENDANCE.

*Décret relatif à la constitution du cadre auxiliaire du service
de l'intendance et à l'avancement des personnels de ce cadre.*

Paris, le 7 mai 1908.

Le Président de la République française,

Vu la loi du 13 mars 1875, relative à la constitution des cadres
et des effectifs de l'armée active et de l'armée territoriale ;

Vu le décret du 31 août 1878, portant règlement sur l'état des
officiers de réserve et des officiers de l'armée territoriale ;

Vu la loi du 16 mars 1882 sur l'administration de l'armée ;

Vu le décret du 7 décembre 1894 sur la constitution du cadre
auxiliaire du service de l'intendance et sur l'avancement des
personnels de ce cadre ;

Vu la loi du 28 avril 1900 modifiant la loi sur l'administration
de l'armée en faveur des officiers d'administration ;

Vu la loi du 21 mars 1905 sur le recrutement de l'armée ;

Vu le décret du 10 décembre 1907, relatif à l'avancement des
officiers de réserve et des officiers de l'armée territoriale ;

Sur le rapport du Ministre de la guerre,

Décrète :

Art. 1er. Le corps de l'intendance militaire et le corps des
officiers d'administration du service de l'intendance sont com-
plétés, en cas de mobilisation, par un cadre auxiliaire qui comprend :

1° Des fonctionnaires, depuis le grade d'adjoint à l'intendance
jusqu'au grade de sous-intendant de 1re classe ;
2° Des attachés de 2e classe et de 1re classe à l'intendance,

grades correspondant à ceux de la hiérarchie militaire, savoir :

Le grade d'attaché de 2e classe à celui de sous-lieutenant ;

Le grade d'attaché de 1re classe à celui de lieutenant ;

3° Des officiers d'administration, depuis le grade d'officier d'administration de 3e classe jusqu'au grade d'officier d'administration principal.

Art. 2. Les attachés à l'intendance n'ont pas qualité de fonctionnaires et ne peuvent en avoir les attributions.

Art. 3. Les fonctionnaires, les attachés et les officiers d'administration du cadre auxiliaire se recrutent dans les conditions fixées par une instruction ministérielle qui en détermine le nombre.

Sont seuls susceptibles de parvenir au grade de sous-intendant de 3e classe ou au grade d'officier d'administration principal, dans la réserve, les adjoints à l'intendance et les officiers d'administration de 1re classe, provenant de l'armée active et comptant au moins six ans de grade, qui ont été proposés pour l'avancement alors qu'ils appartenaient à l'armée active.

Art. 4. L'avancement est donné exclusivement au choix ; il a lieu sur l'ensemble du cadre et par section en ce qui concerne les officiers d'administration.

Sauf pour les attachés de 2e classe et les officiers d'administration de 3e classe, qui sont promus dans les conditions particulières prévues aux articles 1er et 5 du décret du 10 décembre 1907, les conditions (ancienneté de grade et périodes d'instruction), exigées par le même décret, s'appliquent à l'avancement des personnels du cadre auxiliaire du service de l'intendance, sous les réserves suivantes :

Les adjoints à l'intendance et les attachés de 1re classe à l'intendance, qui proviennent des capitaines, des lieutenants et des officiers d'administration de la réserve ou de l'armée territoriale, sont admis à compter pour l'avancement le temps passé par eux dans leur situation précédente. Toutefois, ils ne peuvent être promus que s'ils ont accompli dans le cadre auxiliaire quatre ans de grade d'adjoint à l'intendance ou d'attaché de 1re classe, et une période d'instruction, au moins, avec leur dernier grade.

Exceptionnellement, les adjoints à l'intendance de l'armée territoriale, provenant des officiers retraités ou démissionnaires, peuvent être promus au grade de sous-intendant de 3ᵉ classe, lorsqu'ils comptent six ans de grade, tant comme officiers de l'armée active que comme adjoints à l'intendance du cadre auxiliaire, dont deux au moins de ce dernier grade, et s'ils ont accompli une période d'instruction.

Art. 5. Quand des nominations au tour de l'avancement et des nominations au tour du recrutement sont faites, à la même date, dans le même grade, les officiers promus prennent rang avant les officiers provenant du recrutement, ces derniers étant classés entre eux suivant leur ancienneté de grade.

Art. 6. Le décret du 10 décembre 1907 est applicable au cadre auxiliaire du service de l'intendance en tout ce qui n'est pas contraire aux dispositions qui précèdent.

Art. 7. Le décret du 7 décembre 1894, modifié les 5 septembre 1897 et 20 juin 1900, est abrogé.

Art. 8. Le Ministre de la guerre est chargé de l'exécution du présent décret.

---

*Instruction relative aux officiers et assimilés
de complément* (suite).

Art. 1ᵉʳ. L'instruction relative aux officiers et assimilés de complément s'applique, en tout ce qui n'est pas contraire aux dispositions qui font l'objet de la présente instruction, aux personnels du cadre auxiliaire du service de l'intendance.

TITRE PREMIER.

Effectifs.

Art. 2. Les effectifs de ces personnels (réserve et armée territoriale) sont fixés comme il suit :

a) *Fonctionnaires et attachés.*

Sous-intendants, ...	de 1ʳᵉ classe...........................	(illimité).
	de 2ᵉ classe...........................	(illimité).
	de 3ᵉ classe...........................	130.

Adjoints à l'intendance.. 130.

Attachés........... { de 1ʳᵉ classe } à l'intendance.. { fixé par le Ministre, } { de 2ᵉ classe } à l'intendance.. { suivant les besoins.

b) *Officiers d'administration.*

Officiers d'administra-tion. { principaux.. de 1ʳᵉ classe. de 2ᵉ classe. de 3ᵉ classe.

	BUREAUX de L'INTENDANCE.	SUBSISTANCES.	HABILLEMENT et CAMPEMENT.
principaux.. de 1ʳᵉ classe.	(illimité) 145	(illimité) 220	(illimité) 20
de 2ᵉ classe. de 3ᵉ classe.	fixé par le Ministre, suivant les besoins.		

TITRE II.

Recrutement.

CHAPITRE Iᵉʳ.

FONCTIONNAIRES ET ATTACHÉS.

Art. 3. Les attachés de 2ᵉ classe se recrutent :

1° *Par voie de concours,* parmi :

a) Les anciens sous-officiers de l'armée active comptant au moins deux ans de grade soit dans l'armée active, soit dans les réserves;

b) Les adjudants de réserve provenant des caporaux de l'armée active;

c) Les anciens engagés conditionnels libérés du service actif avec le grade de caporal;

d) Les sous-lieutenants et les officiers d'administration de 3ᵉ classe des services d'état-major et du recrutement, de l'artillerie, du génie, de l'intendance et de santé, appartenant à la réserve ou à l'armée territoriale;

2° *Par voie de nomination sans examen préalable,* parmi :

a) Les attachés de 2ᵉ classe à l'intendance des troupes coloniales, les commissaires de 3ᵉ classe de la marine et les admi-

nistrateurs de 3ᵉ classe de l'inscription maritime, démissionnaires;

b) Les fonctionnaires visés à l'article 7 ci-après et déjà pourvus, au moins depuis deux ans, du grade de sous-officier, soit
dans la réservé, soit dans l'armée territoriale.

Art. 4. Les attachés de 1ʳᵉ classe se recrutent :

1° *Par voie d'avancement*, parmi les attachés de 2ᵉ classe ;

2° *Par voie de concours*, parmi les lieutenants et les officiers
d'administration de 2ᵉ classe des services d'état-major et du recrutement, de l'artillerie, du génie, de l'intendance et de santé,
appartenant à la réserve ou à l'armée territoriale ;

3° *Par voie de nomination sans examen préalable.* parmi :

a) Les attachés de 1ʳᵉ classe à l'intendance des troupes coloniales, les commissaires de 2ᵉ classe de la marine et les administrateurs de 2ᵉ classe de l'inscription maritime, démissionnaires;

b) Les fonctionnaires visés à l'article 7 et déjà pourvus, au
moins depuis quatre ans, du grade de sous-lieutenant ou d'officier d'administration de 3ᵉ classe des services d'état-major et du
recrutement, de l'artillerie, du génie, de l'intendance ou de
santé, soit dans la réserve, soit dans l'armée territoriale.

Art. 5. Les adjoints à l'intendance se recrutent :

1° *Par voie d'avancement*, parmi les attachés de 1ʳᵉ classe ;

3° *Par voie de nomination sans examen préalable*, parmi :

a) Les adjoints à l'intendance de l'armée active (troupes métropolitaines et coloniales), démissionnaires;

b) Les commissaires de 1ʳᵉ classe de la marine et les administrateurs de 1ʳᵉ classe de l'inscription maritime, retraités ou
démissionnaires;

c) Les inspecteurs adjoints des eaux et forêts ayant accompli,
avant leur nomination, un stage non soldé de quinze jours, dans
une sous-intendance, avec l'autorisation du directeur de l'intendance de la région ;

d) Les fonctionnaires, visés à l'article 7, déjà pourvus, dans
la réserve ou dans l'armée territoriale, soit du grade de lieutenant ou d'officier d'administration de 2ᵉ classe des services
d'état-major et du recrutement, de l'artillerie, du génie, de l'intendance et de santé, au moins depuis six ans, soit du grade de
capitaine ou d'officier d'administration de 1ʳᵉ classe des mêmes
services ;

3° *Par voie de passage dans le cadre auxiliaire*, parmi les capitaines et les officiers d'administration de 1re classe des services d'état-major et du recrutement, de l'artillerie, du génie, de l'intendance et de santé, au moment où ils quittent l'armée active par retraite ou démission, et parmi les titulaires des mêmes grades, dans la réserve ou dans l'armée territoriale. Les uns et les autres doivent être agréés par le directeur de l'intendance de la région, qui les convoque et les examine à cet effet ; la proposition dont ils peuvent être l'objet et qui reste subordonnée aux notes obtenues, aux points de vue des aptitudes physique et professionnelle et de l'aptitude à l'équitation, est adressée au Ministre, appuyée desdites notes, aussitôt après l'examen.

Art. 6. Les sous-intendants militaires se recrutent :

1° *Par voie d'avancement*, parmi les adjoints à l'intendance ;

2° *Par voie de nomination sans examen préalable*, parmi :

a) Les sous-intendants militaires retraités (troupes métropolitaines et coloniales) (1), qui peuvent recevoir un emploi du grade dont ils étaient pourvus dans l'armée active, ou un emploi du grade supérieur, mais seulement dans l'armée territoriale, s'ils ont été proposés à cet effet à leur départ de l'armée active ;

b) Les sous-intendants militaires de l'armée active des mêmes troupes, démissionnaires;

c) Les officiers du commissariat de la marine et les administrateurs de l'inscription maritime, retraités ou démissionnaires, qui sont nommés :

Les commissaires principaux de la marine et les administrateurs principaux de l'inscription maritime, au grade de sous-intendant de 3e classe;

Les commissaires en chef de 2e classe de la marine et les administrateurs en chef de 1re classe de l'inscription maritime, au grade de sous-intendant de 2e classe;

Les commissaires en chef de 1re classe de la marine et les administrateurs en chef de 1re classe de l'inscription maritime, au grade de sous-intendant de 1re classe.

d) Les inspecteurs des eaux et forêts, qui sont nommés au

---

(1) Décision ministérielle du 16 octobre 1908.

gráde de sous-intendant militaire de 3ᵉ classe, après avoir accompli un stage non soldé de quinze jours, dans une sous-intendance, avec l'autorisation du directeur de l'intendance de la région ;

e) Les fonctionnaires, visés à l'article 7, déjà pourvus d'un grade d'officier supérieur dans la réserve ou dans l'armée territoriale, qui sont nommés, dans l'intendance, au grade correspondant ;

3° Par voie de passage dans le cadre auxiliaire, parmi :

a) Les chefs de bataillon et d'escadron et les officiers principaux des services d'état-major et de recrutement, de l'artillerie, du génie, de l'intendance et de santé, au moment où ils quittent l'armée active par retraite ou démission ;

b) Les titulaires des mêmes grades dans la réserve ou dans l'armée territoriale ;

c) Les capitaines et les officiers d'administration de 1ʳᵉ classe des services précités, ayant passé six ans avec leur grade dans l'armée active avant de la quitter par retraite ou démission.

Les uns et les autres sont examinés et agréés par le directeur de l'intendance de la région, ainsi qu'il est dit à l'article 5.

Art. 7. Les candidats, visés aux articles 3, 4, 5 et 6 comme pouvant être admis sans examen préalable, doivent occuper ou avoir occupé l'une des fonctions suivantes :

Membres du Conseil d'Etat ;
Membres de la Cour des Comptes ;
Sous-préfets et secrétaires généraux de préfecture ;
Conseillers de préfecture ;
Employés supérieurs des diverses administrations centrales, depuis le grade de sous-chef de bureau jusqu'à celui de chef de division ou sous-directeur.
Professeurs départementaux d'agriculture signalés comme susceptibles d'être employés utilement dans le service du ravitaillement.

Art. 8. Les fonctionnaires de l'intendance, retraités ou démissionnaires, sont pourvus d'emplois dans le cadre auxiliaire, de préférence à tous les autres candidats.

Pour ces derniers et pour chaque grade, il est établi deux tours de nomination : le premier tour revient à l'avancement, le second au recrutement.

Sont nommés au deuxième tour (recrutement), dans l'ordre indiqué ci-après, les candidats proposés, en vertu des articles 4, 5 et 6 ci-dessus, pour le grade de :

ATTACHÉ DE 1re CLASSE. (Article 4.)	ADJOINT A L'INTENDANCE. (Article 5.)	SOUS-INTENDANT DE 3e CLASSE. (Article 6)
1° Les fonctionnaires visés à l'article 7 ;	1° Les fonctionnaires visés à l'article 7 ;	1° Les fonctionnaires visés à l'article 7 ;
2° Les lieutenants de réserve ou de l'armée territoriale ;	2° Les inspecteurs adjoints des eaux et forêts ;	2° Les inspecteurs des eaux et forêts ;
3° Les attachés et fonctionnaires de l'intendance des troupes coloniales, commissaires de la marine et administrateurs de l'inscription maritime.	3° Les capitaines provenant de l'armée active ;	3° Les chefs de bataillon ou d'escadron provenant de l'armée active;
4° Les officiers d'administration de 2e classe de réserve ou de l'armée territoriale.	4° Les capitaines de réserve ou de l'armée territoriale;	4° Les chefs de bataillon ou d'escadron de la réserve ou de l'armée territoriale;
	5° Les fonctionnaires de l'intendance des troupes coloniales, commissaires de la marine et administrateurs de l'inscription maritime.	5° Les fonctionnaires de l'intendance des troupes coloniales, commissaires de la marine et administrateurs de l'inscription maritime.
	6° Les officiers d'administration de 1re classe provenant de l'armée active;	6° Les officiers d'administration principaux provenant de l'armée active;
	7° Les officiers d'administration de 1re classe de réserve ou de l'armée territoriale.	7° Les officiers d'administration principaux de la réserve ou de l'armée territoriale;
		8° Les capitaines provenant de l'armée active ;
		9° Les officiers d'administration de 1re classe provenant de l'armée active.

Art. 9. Les ingénieurs des ponts et chaussées et les ingénieurs des mines peuvent être chargés, en temps de guerre, de fonctions dans le service de l'intendance, dans les conditions déterminées par le décret du 12 juillet 1890.

Art. 10. Les fonctionnaires de l'intendance ou du cadre auxiliaire, anciens élèves de l'École forestière, doivent, en raison de l'engagement volontaire par eux contracté, compter leurs services militaires à dater du 1er octobre de l'année de leur admission à ladite école ; pour ceux qui provenaient de l'École polytechnique, les services partent du 1er octobre de l'année de leur entrée à cette dernière école.

Art. 11. Les fonctionnaires de l'intendance et les officiers en retraite, dégagés de toute obligation militaire, peuvent demander leur réintégration ou leur nomination dans le cadre auxiliaire de l'intendance (avec le grade correspondant à celui qu'ils possédaient au moment de leur libération définitive de tout service), pour être affectés, en temps de guerre, à une sous-intendance territoriale établie dans une place déterminée par eux et située à proximité de leur résidence. Ces fonctionnaires, qui ne sont l'objet d'aucun changement d'affectation et n'accomplissent pas de période d'instruction, sont seulement tenus de se mettre en rapport suivi avec le fonctionnaire chargé, en temps de paix, de la sous-intendance à laquelle ils sont affectés.

Art. 12. Les demandes d'admission dans le cadre auxiliaire sont adressées :

1° Au directeur de l'intendance de la région de la résidence :

a) Par les sous-officiers réservistes ou territoriaux provenant des anciens sous-officiers de l'armée active et comptant au moins deux ans de grade, soit dans l'armée active, soit dans les réserves... 1), ou pourvus du grade d'adjudant, et les anciens engagés conditionnels (intermédiaire : général commandant la subdivision de la résidence);

Les demandes des candidats de cette catégorie doivent être accompagnées d'un extrait de l'acte de naissance sur papier libre, et le général commandant la subdivision y joint un extrait du casier judiciaire;

b) Par les officiers de l'armée active en instance de retraite ou de démission (intermédiaire : chef de corps ou de service);

c) Par les officiers de réserve et de l'armée territoriale (intermédiaire : chef de corps ou directeur du service d'affectation) :

d) Par les fonctionnaires et les officiers dégagés de toute obligation militaire (directement).

Pour les candidats visés aux paragraphes *b*) et *c*) ci-dessus, à l'exception des officiers d'administration du service de l'intendance, les demandes sont soumises, avant tout examen, à l'acceptation du Ministre ;

2° Au Ministre de la guerre (5ᵉ Direction) :

e) Par les attachés et fonctionnaires de l'intendance des troupes coloniales, les officiers du commissariat de la marine et les

---

(1) Ou au moins une année d'ancienneté de grade au moment du dépôt de la demande.

administrateurs de l'inscription maritime, retraités ou démissionnaires. Intermédiaire : Ministre de la marine pour les commissaires de la marine et les administrateurs de l'inscription maritime, et directement pour les autres;

j) Par les officiers du corps des chasseurs forestiers (intermédiaire : Ministre de l'agriculture).

Les demandes des candidats de ces deux dernières catégories doivent être accompagnées d'un extrait de l'acte de naissance sur papier libre et d'une copie certifiée de l'état des services. Les agents des eaux et forêts produisent, en outre, un certificat délivré par le directeur de l'intendance qui a autorisé l'accomplissement du stage préalable (art. 5 et 6) et constatant les résultats de ce stage.

Art. 13. Les demandes des candidats pouvant être admis sans examen préalable sont transmises, à toute époque de l'année, au Ministre (5ᵉ Direction), par la voie hiérarchique, avec un rapport particulier (modèle n° 6 de la présente instruction, dispositions générales) ou un mémoire de proposition (modèle n° 2), suivant le cas.

Les demandes d'admission au concours pour le grade d'attaché de 1ʳᵉ classe ou de 2ᵉ classe doivent parvenir au directeur de l'intendance avant le 15 octobre. Elles sont soumises au Ministre avant le 15 novembre pour les candidats déjà pourvus du grade d'officier.

Art. 14. Le concours pour l'admission aux grades d'attaché a lieu annuellement à Paris, à Lyon et au chef-lieu de chaque région de corps d'armée ou division, en Algérie et en Tunisie; les épreuves commencent le troisième lundi du mois de février.

Les connaissances exigées des candidats sont indiquées au programme n° 1, annexé à la présente instruction.

Les candidats admis à concourir reçoivent du directeur de l'intendance des ordres de convocation qui leur servent de titres pour obtenir le tarif militaire sur les chemins de fer, mais ne leur ouvrent aucun droit à une solde ou à une indemnité quelconque. Cette disposition s'applique également aux candidats visés aux articles 5 et 6 (3°).

Art. 15 (1). Les épreuves du concours aux grades d'attaché sont subies devant une commission présidée par le directeur de

____

(1) Modifié par la circulaire du 19 novembre 1909 (*B. O.*, p. 1887).

l'intendance de la région et composée d'un colonel ou d'un lieutenant-colonel et d'un sous-intendant militaire, désignés par le gouverneur militaire, le général commandant le corps d'armée ou la division en Algérie et en Tunisie.

Les épreuves comprennent :

1° Une épreuve d'équitation, qui est éliminatoire ;

2° Une composition écrite (portant sur les diverses parties du programme), dont le sujet est adressé aux commissions d'examen par le comité technique de l'intendance ;

3° Un examen oral ;

4° Un examen facultatif sur la connaissance de la langue allemande ou de toute autre langue étrangère.

Pour l'appréciation des candidats, il est attribué des notes distinctes :

1° A l'équitation ;
2° A la composition écrite ;
3° A l'examen oral ;
4° A l'examen d'allemand ;
5° A l'examen d'autres langues ;
6° A l'aptitude générale.

L'échelle de notation est la suivante :

Nul.	0.
Très mal.	1, 2.
Mal.	3, 4, 5.
Faible.	6, 7, 8.
Passable.	9, 10, 11.
Assez bien.	12, 13, 14.
Bien.	15, 16, 17.
Très bien.	18, 19.
Parfait.	20.

Le nombre de points, applicable à chaque épreuve, résulte du produit obtenu en multipliant les notes respectivement par les coefficients indiqués ci-après :

Equitation.	8
Composition écrite.	30
Examen oral	20

Allemand. 5
Autre langue étrangère. 1
Aptitude physique et morale. 5

Toutefois, les épreuves sur les langues étrangères n'entrent pas en ligne de compte, si la note obtenue est inférieure à 9.

La composition écrite est éliminatoire pour les candidats qui n'ont pas obtenu au moins la note 12.

Chaque période d'instruction, accomplie comme sous-officier ou comme officier, donne droit, respectivement, à une majoration de 10 ou de 20 points.

Le diplôme de licencié en droit est compté pour 50 points; celui de docteur en droit est compté pour 75 points.

L'épreuve d'équitation est subie avant toutes les autres; les candidats qui n'y ont pas obtenu, au moins, la note 8, ne sont pas admis à poursuivre le concours.

Seuls sont déclarés admissibles les candidats ayant réuni, au minimum, pour l'ensemble des épreuves, 900 points, y compris ceux obtenus en équitation et en langues étrangères et ceux provenant des majorations attribuées aux diplômes en droit et aux périodes d'instruction.

Art. 16. Les commissions locales apprécient les résultats de l'examen oral et de l'épreuve d'équitation ainsi que l'aptitude physique et morale.

Elles établissent deux classements distincts :

1° Pour le grade d'attaché de 2ᵉ classe :

2° Pour le grade d'attaché de 1ʳᵉ classe.

Dans les quinze jours qui suivent le concours, leur travail est adressé au Ministre (5ᵉ Direction), avec un procès-verbal pour chacun des grades d'attaché (modèles nᵒˢ 1 et 2), auquel sont annexées, dans une chemise (modèle nᵒ 3), les pièces des candidats. Le cas échéant, le Ministre est informé, sous le timbre de la même direction, que les épreuves du concours n'ont pas eu lieu, faute de candidats.

Le soin d'apprécier les compositions écrites et les services antérieurs est réservé au comité technique de l'intendance, qui applique le coefficient, réservé à l'aptitude générale, à la moyenne des notes données à l'aptitude physique et morale et aux services antérieurs.

Le comité établit pour chaque grade et soumet au Ministre la liste des candidats par ordre de mérite d'après le total des points obtenus.

Le Ministre arrête les listes définitives d'aptitude et fait notifier les résultats du concours aux intéressés, par l'intermédiaire des présidents des commissions d'examen.

Les candidats sont nommés au fur et à mesure des besoins, et dans les conditions indiquées à l'article 8.

CHAPITRE II.

OFFICIERS D'ADMINISTRATION.

Art. 17. Les officiers d'administration se recrutent :

1° *Sans examen préalable,* parmi :

a) Les officiers d'administration du service de l'intendance, retraités, qui peuvent recevoir un emploi du grade dont ils étaient pourvus dans l'armée active, ou un emploi du grade supérieur, mais seulement dans l'armée territoriale, s'ils ont été proposés à cet effet à leur départ de l'armée active ;

b) Les officiers d'administration de l'armée active, du même service, démissionnaires, qui peuvent, sur leur demande, être nommés à leur ancien grade ;

c) Les sous-officiers retraités provenant des sections de commis et ouvriers militaires d'administration.

2° Parmi les élèves officiers d'administration de réserve nommés en vertu des dispositions de l'article 24 de la loi du 21 mars 1905 ;

3° *Après un examen d'aptitude,* parmi :

d) Les sous-lieutenants et les officiers d'administration de 3ᵉ classe du service de santé, appartenant à la réserve ou à l'armée territoriale ;

e) Les sous-officiers réservistes ou territoriaux, autres que ceux visés à l'alinéa *c)* du paragraphe 1ᵉʳ, provenant des anciens sous-officiers de l'armée active et comptant au moins deux ans de grade, soit dans l'armée active, soit dans les réserves, ainsi que les adjudants de réserve ou territoriaux ayant servi avec le grade de caporal dans l'armée active;

f) Les anciens engagés conditionnels ayant servi avec le grade de caporal dans l'armée active;

Art. 18. Les candidats, astreints à l'examen d'aptitude, sauf ceux qui proviennent des sections de commis et ouvriers militaires d'administration, doivent exercer l'une des professions suivantes :

Bureaux de l'intendance. — Notaire, avoué, banquier, agent de change, courtier, commissionnaire, agent d'assurances, comptable, caissier et autres professions marquant l'aptitude aux travaux de rédaction et de comptabilité.

Subsistances. — Négociant en grains, farines, fourrages, vins, denrées alimentaires, combustibles ; agriculteur, meunier, minotier, boulanger, éleveur ou marchand de bestiaux, mécanicien, constructeur, ajusteur, entrepreneur de transports et autres professions pouvant être utilisées dans les subsistances militaires.

Habillement et campement. — Manufacturier ou négociant en tissus, vêtements, cuirs, chaussures, équipement de chasse ou de voyage, ferblanterie, sellerie et autres professions pouvant être utilisées dans l'habillement, le campement et l'équipement militaires.

Art. 19. On procède, chaque année, dans les sections de commis et ouvriers militaires d'administration, suivant les prescriptions des articles 8 et 12 de la présente instruction (dispositions générales) pour désigner les sous-officiers aptes à l'emploi d'officier d'administration de 3ᵉ classe du cadre auxiliaire.

Art. 20. Les demandes des candidats, libérés du service actif, qui désirent obtenir le certificat d'aptitude sont adressées avant le 1ᵉʳ mars, terme de rigueur, au directeur de l'intendance de la région de leur résidence, par l'intermédiaire du général commandant la subdivision, en ce qui concerne les sous-officiers et les anciens engagés conditionnels d'un an, et par l'intermédiaire du chef de corps ou directeur du service d'affectation, pour les officiers.

Les demandes des sous-officiers, autres que ceux visés au paragraphe c) de l'article 17, et des anciens engagés conditionnels d'un an doivent être accompagnées des pièces visées au deuxième alinéa du paragraphe a) de l'article 12 et, pour ceux ne provenant pas des sections de commis et ouvriers militaires d'administration, d'un certificat de l'autorité civile, constatant qu'ils exercent l'une des professions exigées. Les candidats, pourvus du grade de sous-lieutenant ou d'officier d'administration de 3ᵉ classe du service de santé, produisent seulement le certificat visé ci-dessus, avec une offre de démission conditionnelle établie dans la forme prescrite à l'article 79 de la présente instruction (dispositions générales).

La candidature de ceux qui sont déjà pourvus d'un grade d'officier dans la réserve ou dans l'armée territoriale est soumise, avant le 1ᵉʳ avril, à l'acceptation du Ministre (5ᵉ Direction).

Art. 21. L'aptitude au grade d'officier d'administration de 3ᵉ classe, pour les candidats autres que les élèves officiers d'administration de réserve, est constatée par une commission composée d'un sous-intendant militaire et de deux officiers d'administration du cadre actif, désignés par le directeur de l'intendance, et fonctionnant à la portion centrale de la section. Exceptionnellement, une commission spéciale est constituée à Bastia pour les candidats qui résident en Corse.

Les sous-officiers, provenant des sections de commis et ouvriers militaires d'administration et non encore pourvus du certificat d'aptitude, subissent les épreuves au moment des périodes d'exercice ; les autres sous-officiers, les anciens engagés conditionnels et les officiers de réserve et de l'armée territoriale sont convoqués à l'époque des examens d'aptitude des hommes des sections de commis et ouvriers militaires d'administration, libérables dans l'année, c'est-à-dire dans le mois qui précède la libération de la classe.

Les dispositions du troisième paragraphe de l'article 14 sont applicables aux candidats au grade d'officier d'administration de 3° classe.

Art. 22. L'examen porte sur les connaissances indiquées dans le programme n° 2, annexé à la présente instruction. Il comprend :

1° Une composition écrite sur la première partie du programme ;

2° Un examen oral portant exclusivement sur la deuxième partie et sur les connaissances afférentes à la section du service de l'intendance dans laquelle le candidat désire entrer et en rapport avec sa profession.

Le certificat d'aptitude est délivré par le sous-intendant président de la commission d'examen ; il est accepté et visé comme il est dit à l'article 8 de la présente instruction (dispositions générales).

CHAPITRE III.

ADJUDANTS.

Art. 23. Le cadre auxiliaire du service de l'intendance est complété, pour le temps de guerre, par des adjudants de réserve et de l'armée territoriale, qui se recrutent, par voie d'examen, dans les sections de commis et ouvriers militaires d'administration, dans les conditions déterminées aux articles 15, 16 et 17 de la présente instruction (dispositions générales).

Sont admis à subir les examens pour l'obtention du certificat d'aptitude à l'emploi d'adjudant, les sous-officiers libérables non susceptibles de concourir pour le grade d'officier d'administration et les mieux notés au point de vue de la conduite, de la tenue, de l'aptitude au commandement, ainsi qu'au point de vue des connaissances pratiques acquises pendant la durée de leur service actif.

Les examens ont lieu, dans le courant du mois qui précède le renvoi de la classe, devant la commission prévue à l'article 21; les conditions en sont indiquées au programme n° 3 annexé à la présente instruction.

Pour l'appréciation des candidats, la commission tient le plus large compte des notes antérieures ainsi que des services rendus.

Les examens peuvent encore être subis, au moment d'une période d'exercice, par les sous-officiers qui n'ont pas été pourvus du certificat d'aptitude avant de quitter l'armée active.

Les sous-officiers, pourvus du certificat d'aptitude, sont inscrits. pour chacune des sections du service de l'intendance, par ordre de mérite, sur la liste d'aptitude à l'emploi d'adjudant du cadre auxiliaire.

Le directeur de l'intendance nomme, dans l'ordre de la liste, aux emplois devenus vacants dans les services dont il a à assurer la mobilisation. Ces nominations ne sont faites qu'à la suite des périodes d'exercice (modèle n° 4, annexé aux dispositions spéciales à l'intendance de la présente instruction).

Le directeur de l'intendance tient le contrôle des adjudants domiciliés dans la région et des sergents classés pour l'emploi. Ce contrôle, pour chaque section du service de l'intendance, est distinct pour la réserve et pour l'armée territoriale ; les sous-officiers y sont inscrits par classe de mobilisation.

Chaque région doit, en principe, pourvoir, à l'aide de ses ressources, au recrutement du nombre d'adjudants correspondant aux fixations déterminées par le Ministre.

En cas d'insuffisance dans une région, le Ministre désigne la région appelée à fournir le complément ; la commission d'adjudant est alors délivrée par le directeur de l'intendance de la région du domicile, qui reste chargé de mobiliser ce personnel et de le mettre en route pour sa destination.

TITRE III.

Instruction.

Art. 24. Les ordres de convocation pour les périodes d'instruction sont adressés par le directeur de l'intendance.

Art. 25. Les fonctionnaires, les attachés et les officiers d'administration, affectés à des formations désignées pour prendre part à des manœuvres, sont appelés à suivre ces manœuvres, à moins qu'ils n'aient déjà été convoqués l'année précédente.

A cet effet, aussitôt que les dispositions ministérielles relatives aux manœuvres ont été notifiées, le directeur de l'intendance fait connaître au Ministre (5ᵉ Direction, 1ᵉʳ Bureau), dans un état (modèle n° 5 ci-annexé), le montant détaillé des crédits nécessaires pour la convocation des fonctionnaires, des attachés et des officiers d'administration.

En attendant la notification des crédits mis à sa disposition, le directeur de l'intendance peut adresser des convocations pour des périodes d'instruction, sans toutefois que la proportion des dépenses à engager de ce chef dépasse le tiers du montant des crédits alloués, l'année précédente, pour les périodes normales d'instruction, à l'exclusion des crédits spéciaux aux manœuvres.

Dans les régions où l'on fabrique des conserves de viande, des officiers d'administration du cadre auxiliaire (subsistances) doivent être convoqués, à défaut d'officiers d'administration du cadre d'activité. Il est tenu compte de ces besoins dans la demande annuelle de crédits.

Les fonctionnaires et les officiers d'administration du cadre auxiliaire appelés à exercer, à la mobilisation, les fonctions de chef de service dans une sous-intendance ou dans un établissement du territoire font leur période d'instruction dans cette sous-intendance ou cet établissement.

La convocation des fonctionnaires est prévue, de préférence, pour l'époque où le sous-intendant du cadre actif, titulaire de la sous-intendance, doit s'absenter (Conseil de revision, manœuvres, etc.).

Tous les officiers d'administration du cadre auxiliaire, affectés aux stations haltes-repas,, sont appelés à l'époque des expériences qui se font dans lesdites stations. Ces convocations spéciales étant considérées comme services effectifs, leur durée est déduite de celle de la période normale d'instruction.

Les fonctionnaires, les attachés et les officiers d'administration non appelés à exercer, à la mobilisation, les fonctions de chef de service ou qui ne doivent pas prendre part aux manœuvres sont convoqués, autant que possible, au chef-lieu du corps d'armée ou de la division et répartis dans les sous-intendances et les établissements, pour y participer à l'exécution générale du service. Ils assistent, en outre, à des séances d'instruction théorique et pratique.

Art. 26. Les fonctionnaires affectés à des sous-intendances territoriales font partie du comité de ravitaillement du département dans lequel ils résident. Il est tenu compte de leur assiduité aux séances de ce comité pour les propositions qui peuvent être établies en leur faveur. A cet effet, le relevé de notes de ces fonctionnaires relate :

1° Le nombre de séances tenues par le comité (du 1er mai au 30 avril suivant);

2° Le nombre des séances auxquelles ils ont assisté.

Cette mention est portée, à la diligence du directeur de l'intendance de la région où réside l'intéressé, dans la première partie du relevé de notes.

Les préfets sont informés, par les soins du Ministre, du nom des fonctionnaires résidant dans leur département, qu'il y a lieu de convoquer aux séances du comité.

Les mêmes indications sont fournies aux directeurs de l'intendance pour les fonctionnaires résidant dans leur région et affectés à une autre région.

Pour ceux de ces fonctionnaires qui ne résident pas au chef-lieu du département, le préfet établit les convocations, mais les remet au sous-intendant du cadre actif, membre du comité. Celui-ci remplit les formalités prévues par l'instruction du 11 décembre 1903 (dispositions particulières) (É. M., vol. n° 100³, p. 125) pour faire obtenir une réduction de tarif sur les voies ferrées au fonctionnaire du cadre auxiliaire, auquel il fait parvenir simultanément la convocation et le bon de réduction. Cete convocation ne donne droit à aucune allocation.

Lorsque, dans un département où est organisée une conférence aux présidents des commissions de réception du ravitaillement, la sous-intendance à qui incomberait le service du ravitaillement doit être dirigée par un fonctionnaire ne provenant pas du cadre actif, ce fonctionnaire est appelé à collaborer à la préparation de la conférence et à y assister, à moins que des circonstances particulières (obligations d'un emploi civil, convocation antérieure trop récente, etc.) ne s'y opposent.

Les directeurs de l'intendance réservent, pour ces convocations spéciales dont, par raison d'économie, la durée est réduite au nombre de jours strictement indispensable, une portion des crédits mis à leur disposition pour les appels du personnel du cadre auxiliaire.

Les ingénieurs des ponts et chaussées ou des mines, pourvus de fonctions dans le service de l'intendance, sont invités à assister aux conférences faites aux présidents des commissions mixtes de réception du ravitaillement, lorsque ces conférences ont lieu dans leur résidence.

Art. 27. Pour leur permettre de se familiariser avec l'organisation et la pratique du service du ravitaillement auquel ils pourront avoir à participer en temps de guerre, les fonctionnaires de l'intendance du cadre auxiliaire peuvent assister, dans les conditions suivantes, aux conférences et aux exercices de ravitaillement, qui ont lieu, chaque année, sur divers points du territoire.

Cette faculté est limitée aux fonctionnaires résidant dans la région où les conférences et exercices ont lieu, et à ceux résidant dans le gouvernement de Paris, lorsqu'il s'agit d'exercices effectués dans les régions limitrophes.

Au reçu de la décision du Ministre prescrivant un exercice de ravitaillement, le directeur de l'intendance de la région, sur le territoire de laquelle l'exercice doit avoir lieu, demande au général commandant le corps d'armée, ainsi qu'au gouverneur de Paris s'il s'agit d'un corps d'armée limitrophe, l'état des fonctionnaires y résidant ; puis il adresse à ceux-ci une note les avisant de la date et du lieu de l'exercice et les invite à faire connaître s'ils désirent y assister. Cette note spécifie : 1° que l'acquiescement est facultatif ; 2° que le déplacement, qui sera seulement porté pour mémoire sur l'état des services, ne donne droit à aucune allocation de solde ou indemnité de route, ni à aucune réduction sur la durée des périodes d'instruction.

Dans le cas de réponse affirmative, le directeur de l'intendance adresse à l'intéressé un ordre de convocation lui donnant droit au tarif militaire sur les voies ferrées et l'invitant à se présenter, en tenue, porteur dudit ordre.

Le sous-intendant, chargé de la conférence, établit, à l'issue des opérations, des états, distincts par région d'affectation, des fonctionnaires qui ont assisté à l'exercice ou à la conférence.

Le directeur de l'intendance, signataire des convocations, transmet aux directeurs de l'intendance intéressés les états précités pour servir à la tenue des états de services.

PROGRAMMES

PROGRAMME N° 1.

Connaissances exigées des candidats au concours pour l'admission dans le cadre auxiliaire (attachés de 1re et de 2e classe).

Nota. — On insistera particulièrement sur les dispositions applicables en temps de guerre.

Loi sur l'organisation générale de l'armée.

Loi relative à la constitution des cadres et des effectifs de l'armée active et de l'armée territoriale.

Loi sur le recrutement de l'armée.

Loi sur l'état des officiers. — Décret portant règlement sur l'état des officiers de la réserve et de l'armée territoriale.

Loi sur l'administration de l'armée. — Décret portant règlement pour l'exécution de la loi sur l'administration de l'armée, en ce qui concerne le service de l'intendance. — Instructions pour l'application du décret qui précède (dispositions particulières au temps de paix et au temps de guerre).

Loi relative aux réquisitions.

Décrets portant règlement sur le service dans les places de guerre et les villes ouvertes et sur le service des armées en campagne (dispositions intéressant le service de l'intendance).

Décrets sur les adjudications et marchés passés au nom de l'Etat.

Instruction sur le service des subsistances en campagne.

Instruction sur l'alimentation dans les centres de mobilisation.

Instruction sur l'alimentation en campagne.

Instruction sur les boulangeries de campagne.

Instruction sur l'alimentation et le ravitaillement en viande des troupes en campagne.

Instruction concernant les officiers d'approvisionnement

Décret portant organisation générale des services de l'arrière aux armées et règlement sur les transports stratégiques par chemins de fer (dispositions concernant le service de ravitaillement et les transports du matériel militaire sans troupe).

Instruction sur le service des étapes et annexe IV à ladite instruction (dispositions intéressant le service de l'intendance).

Instruction relative au commandement et à l'administration des détachements d'ouvriers militaires d'administration, aux armées en campagne.

Notions de topographie.

Lecture des cartes. — Reconnaissance des localités au point de vue du service de l'intendance.

PROGRAMME N° 2.

Connaissances exigées des candidats à l'admission dans le cadre auxiliaire (officiers d'administration).

PREMIÈRE PARTIE.

CONNAISSANCES COMMUNES AUX TROIS SECTIONS DU SERVICE DE L'INTENDANCE.

Loi relative à l'organisation générale de l'armée.

Loi sur l'administration de l'armée, décret pour l'application de la loi, instruction pour l'application du décret (principes généraux de l'administration de l'armée, attributions générales des fonctionnaires de l'intendance, attributions particulières des officiers d'administration).

Décret portant règlement sur le service intérieur des troupes d'infanterie (principes généraux de la subordination, chapitres 36, 38, 43 à 56, 59 et 60).

Décret portant règlement sur le service dans les places de guerre et les villes ouvertes (chapitres 7, 17, 26, 30 et 40).

Règlements sur la comptabilité des dépenses et sur la comptabilité des matières du Département de la guerre (principes généraux).

Décret portant règlement sur l'état des officiers de réserve et des officiers de l'armée territoriale.

DEUXIEME PARTIE.

CONNAISSANCES PARTICULIÈRES A CHAQUE SECTION.

I. — Bureaux de l'Intendance.

Bureaux de l'intendance. — Instruction sur le classement des affaires et des archives dans le service de l'intendance. Registres à tenir dans une sous-intendance.

Fonds et comptabilité générale. — Décrets et règlements sur la comptabilité publique, sur la comptabilité de la guerre et sur les marchés.

Comptabilité-matières. — Règlement sur la comptabilité-matières (dispositions générales).

Solde. — Règlement sur le service de la solde (principes généraux).

Administration intérieure des corps de troupes. — Notions générales sur l'administration intérieure des troupes.

Services des frais de déplacement, des transports et des convois. — Décrets sur les frais de déplacement. Règlement sur les transports militaires et traité pour leur exécution. Règlement sur les convois.

II. — Subsistances.

a) Connaissances communes à toutes les professions.

Instruction sur le service des subsistances en temps de paix (Principes généraux).
Instruction sur le service des subsistances en campagne.
Instruction sur l'alimentation en campagne.
Instruction concernant les officiers d'approvisionnement.
Instruction sur l'alimentation pendant les transports en chemin de fer (organisation et fonctionnement des haltes-repas).

b) Connaissances particulières à chaque profession.

1° *Commerce de la boulangerie.* — Règlement sur l'organisation, le rôle et l'emploi des boulangeries de campagne et instruction sur leur fonctionnement technique.
Notice n° 6 du service des subsistances sur les farines.

Notice n° 7 du service des subsistances sur la fabrication du pain ordinaire et du pain biscuité.

Notice n° 9 du service des subsistances sur la fabrication du pain de guerre.

2° *Commerce de la boucherie.* — Instruction sur l'alimentation et le ravitaillement en viande des troupes en campagne.

Notice n° 12 du service des subsistances sur les viandes de boucherie.

Notice n° 13 du service des subsistances sur les conserves de viande (chapitres 1er, III et IV).

3° *Commerce de la grainerie et des denrées fourragères.* — Notice·n° 5 du service des subsistances sur les blés.

Notice n° 14 du service des subsistances sur les fourrages.

4° *Meunerie et minoterie.* — Notices du service des subsistances n° 3 sur les moulins et moutures ; n° 5 sur les blés ; n° 6 sur les farines.

5° *Mécaniciens.* — Notice n° 2 du service des subsistances sur les moteurs employés dans les établissements administratifs.

6° *Commerce de l'épicerie, des vins et spiritueux.* — Notice n° 10 du service des subsistances sur les vivres de campagne ou petits vivres.

Notice n° 11 du service des subsistances sur les liquides.

7° *Commerce des bois et des houilles.* — Notice n° 15 du service des subsistances (combustibles de chauffage).

8° *Comptables.* — Les comptables sont interrogés sur les matières correspondant à la branche d'industrie ou de commerce dans laquelle ils sont employés, et non sur la comptabilité industrielle ou commerciale.

III. — Habillement et campement.

a) Connaissances communes à toutes les professions.

Organisation générale des magasins administratifs. Cahiers des charges pour la fourniture des draps, des toiles, et pour les entreprises de confection ou de fournitures d'effets du service de l'habillement des troupes métropolitaines. Instruction sur la vérification et la réception des matières et effets nécessaires pour l'exécution du service de l'habillement (partie administrative seulement, la partie technique étant comprise dans les connaissances à exiger de chaque profession).

Règlement et instruction sur le service de l'habillement dans les corps de troupes' (notions générales).

Instruction sur le service de l'habillement dans les corps de troupes en temps de guerre (notions générales).

Instruction relative au fonctionnement des gares de rassemblement des stations de transition.

b) Connaissances particulières à chaque profession. .

1° *Industrie et commerce des draps*. — Notions générales sur la fabrication des draps ;

Réception et vérification des étoffes de laine. Mode de fourniture. Conditions imposées aux fabricants. Surveillance des usines. Décatissage en magasin.

Métrage, pesage, épreuves dynamométriques. Epreuve des couleurs à l'aide des procédés chimiques. Signes distinctifs d'une bonne fabrication. Défauts réparables et irréparables. Evaluation des tares. Commission de vérification.

2° *Industrie et commerce des toiles*. — Notions générales sur la fabrication des toiles.

Réception et vérification des tissus. Toiles employées dans l'administration militaire. Conditions imposées aux fabricants. Mode de livraison. Surveillance des usines. Epreuves applicables aux tissus de coton. Epreuves de lessivage.

Essais dynamométriques. Emploi du compte-fils. Signes distinctifs d'une bonne fabrication. Défauts **réparables** et irréparables. Evaluation des tares. Conservation des toiles en magasin. Toiles d'emballage. Conditions de bonne qualité

3° *Industrie des cuirs, chaussures et effets d'équipement*. — Fabrication des cuirs : matières employées. Appareils divers. Opérations principales.

Notions générales sur la confection des chaussures : procédés de fabrication en usage. Enumération des pièces qui composent les chaussures militaires. Pointures.

Vérification des pièces séparées de chaussures avant la confection.

Vérification des chaussures terminées : emploi du palma-mètre. Défauts réparables et irréparables. Mode de fourniture des chaussures. Conditions imposées aux fabricants. Surveillance des usines. Mode d'entretien des chaussures en magasin.

Confection, vérification, réception, etc. des effets en cuir de grand équipement. Notions sommaires. Choix et emploi des matières. Coupe et confection des principaux effets. Épreuve permettant de s'assurer de la bonne condition.

4° *Industrie des métaux.* — Application des métaux à la fabrication du matériel. Fabrication des ustensiles de campement : marmites, gamelles, bidons, moulins à café ; découpage, emboutissage, agrafage, étamage, soudures.

Fabrication des accessoires en cuivre de coiffure et de grand équipement : plaques, agrafes, boucles, grenades, crochets, etc. Fabrication des casques, outils de campement : pelles, pioches, haches, serpes, masses, etc.

5° *Comptables.* — Les comptables sont interrogés sur les matières correspondant à la branche d'industrie ou de commerce dans laquelle ils sont employés, et non sur la comptabilité industrielle ou commerciale.

PROGRAMME N° 3.

Connaissances exigées des candidats à l'emploi d'adjudant d'administration du cadre auxiliaire.

Les candidats sont admis à choisir la section du service de l'intendance pour laquelle ils désirent concourir.

Les épreuves comportent un examen écrit et un examen oral.

L'examen écrit comprend pour tous les candidats sans exception :

1° Une composition sur un sujet tiré de la première partie du programme ;

2° Deux problèmes d'arithmétique : un sur les quatre règles, un sur le système métrique.

L'orthographe, l'écriture et la manière de chiffrer exercent une influence sur la note à attribuer à l'épreuve écrite.

L'examen oral porte exclusivement sur la deuxième partie du programme et sur les connaissances afférentes à la section du service dans laquelle le candidat désire entrer et en rapport avec sa profession et avec l'emploi qu'il a occupé pendant son séjour sous les drapeaux.

Le certificat d'aptitude est délivré par le sous-intendant président de la commission d'examen ; il est accepté et visé comme il est dit à l'article 8 des dispositions générales de la présente instruction.

PREMIÈRE PARTIE.

CONNAISSANCES COMMUNES AUX CANDIDATS DES TROIS SECTIONS.

I. — Principes généraux de l'organisation de l'armée.

II. — Principes généraux de la subordination.

III. — Attributions générales des fonctionnaires de l'intendance et des officiers d'administration des trois sections du service de l'intendance.

IV. — Principes généraux de la comptabilité-deniers et de la comptabilité-matières.

DEUXIÈME PARTIE.

CONNAISSANCES PARTICULIÈRES A CHAQUE SECTION.

I. — Bureaux de l'intendance.

Les candidats doivent surtout faire preuve de connaissances pratiques.

1° *Bureaux de l'intendance.* — Organisation et fonctionnement. Enregistrement de la correspondance à l'arrivée et au départ. Classement des pièces d'archives. Catalogues des décisions de principe. Principaux registres : leur objet.

2° *Comptabilité générale.* — Registre de fonds : ses divisions. Demandes de fonds. Sous-délégations des crédits. Enregistrement des crédits, des ordonnancements. Comptabilité mensuelle des fonds. Etablissement d'un ordre de reversement : enregistrement du récépissé.

3° *Comptabilité-matières.*— Registres des entrées et sorties. Comptes de gestion. Principe de leur vérification.

4° *Solde.* — Vérification et arrêté des situations administratives. Principales règles d'allocation. Indemnité d'entrée en campagne. Premières mises d'équipement.

Etats de solde des officiers, de la troupe. Mandats des officiers sans troupe. Livrets de solde. Enregistrement au registre des fonds.

Enregistrement des pièces d'imputation. Destination à leur donner.

5° *Administration des corps de troupes.* — Comptabilité-deniers et matières soumises à la vérification des sous-intendants. Registre-journal des recettes et dépenses. Registre de centralisation. Registre de l'habillement. Relevés des dépenses. Principes de leur vérification.

6° *Service des frais de déplacement.* — Son objet. Registres des déplacements. Feuilles de déplacement. Autorités qui les délivrent ; sur le vu de quel titre.

Dépenses du service des frais de déplacement, indemnités diverses : règles d'allocation.

Payement des frais de déplacement dans les corps et par les sous-intendants. Mandats d'indemnité de déplacement. Barèmes.

Régularisation de la comptabilité. Relevés sommaires. Rejets.

7° *Service des transports.* — Son objet. Transports particuliers. Transports ordinaires. Vitesses prévues. Pièces à établir pour l'exécution d'un transport. Ordre de transport. Avis d'expédition et lettre de voiture. Registre H. Formalités au départ. Formalités à l'arrivée. Pertes et avaries.

II. — Subsistances.

Les candidats doivent avoir des connaissances générales sur toutes les parties du service et faire preuve, en outre, de connaissances spéciales pratiques en rapport avec leur profession et avec l'emploi qu'ils ont occupé pendant leur séjour sous les drapeaux. Des échantillons de denrées peuvent leur être présentés; ils ont à les apprécier.

a) Connaissances communes à toutes les professions.

1° Instruction du 29 septembre 1888, relative au commandement et à l'administration des détachements d'ouvriers militaires d'administration, aux armées en campagne.

2° Principaux détachements fournis par les sections de commis et ouvriers militaires d'administration, à la mobilisation.

3° Notions générales sur le fonctionnement du service des subsistances, en temps de paix et en temps de guerre, comprenant : la connaissance générale de la qualité des denrées, de leur mode d'emmagasinement et d'entretien, des manœuvres de conservation.

L'exécution du service des transports, des réceptions et des distributions de denrées.

L'administration d'un détachement au point de vue de l'ordinaire et du prêt.

4° Notions générales sur le matériel en usage dans le service des subsistances en campagne.

Montage et démontage des tentes ; installation des fours portatifs.

b) Connaissances pratiques particulières à chaque profession ou emploi spécial.

1° *Boulangers.* — Caractères et entretien des diverses farines.

Fabrication du pain ordinaire et du pain biscuité.

Conduite de la fabrication d'une fournée de pain, jusques et y compris l'établissement du rendement. Proportion de chaque élément à employer. Raisonner les diverses opérations : levains, pétrissage, pâtons, apprêt, enfournement, cuisson, défournement, ressuage.

Chauffage des fours. Divers modes. Essences de bois à préférer. Température du four au moment de l'enfournement. Moyen de reconnaître si le four est assez chaud.

Transport du pain en chemin de fer, par voitures. Durée de conservation.

Notions sur le matériel des boulangeries de campagne.

2° *Bouchers.* — Moyens de reconnaître le poids et la qualité des bêtes sur pied. Installation d'un parc à bestiaux. Conduite d'un troupeau. Rendement en viande distribuable des bœufs, vaches, veaux, moutons, porcs.

Qualité de la viande fraîche abattue.

Divers instruments employés pour l'abatage des bestiaux et la distribution de la viande.

Indiquer les diverses phases de l'abatage d'un bœuf, ainsi que la manière dont il doit être découpé, en nommant les morceaux dont il se compose.

3° *Grains et fourrages.* — Blé. Avoine. Foin. Paille.

Caractères d'une bonne denrée. Poids spécifique des grains. Mode de conservation. Altérations. Moyens de combattre les insectes qui attaquent les grains. Appareils en usage pour les distributions.

4° *Meuniers.* — Diverses parties d'un moulin à meules, à cylindres. Différences entre ces deux moutures : leur conduite. Qualité des produits obtenus : farines et sons.

Notions générales sur les divers moteurs qui actionnent les moulins.

5° *Mécaniciens.* — Notions générales sur les machines, leur conduite et les réparations courantes.

Le candidat est questionné sur les machines qu'il a été appelé à faire fonctionner.

6° *Epicerie, vins, spiritueux.* — Signes distinctifs du riz, des légumes secs, du sel, du sucre, du café vert de bonne qualité. Altérations. Conservation.

Décrire et, au besoin, diriger une opération de torréfaction de café vert.

Caractères d'un bon vin. Falsifications et altérations. Soins à donner aux vins.

Caractère d'un alcool de bonne qualité. Logement. Moyens de conservation. Transformation de l'alcool en eau-de-vie distribuable.

Matériel en usage pour assurer les distributions.

7° *Conserves et salaisons.* — Caractères distinctifs. Conservation. Mode de distribution.

8° *Commis aux écritures.* — Tenue des principaux registres en usage dans le service des subsistances militaires : compte d'avances de fonds, registre-journal, main courante, compte de gestion, registre d'inventaire. Registres auxiliaires, pièces à l'appui.

III. — Habillement et campement.

a) Connaissances communes à toutes les professions.

1° Organisation générale des magasins administratifs de l'habillement et du campement.

2° Notions générales sur le fonctionnement du service de l'habillement dans les corps de troupes, surtout au point de vue de leurs relations avec les magasins administratifs. Demandes des corps : registre de ces demandes ; carnet des redus. Carnet de préparation de la commande trimestrielle.

3° Notions générales sur l'organisation du service de l'habillement et du campement en campagne. Détachements fournis par la section d'ouvriers d'administration au service de l'habillement en campagne.

4° Administration d'un détachement au point de vue du prêt et de l'ordinaire.

5° *Personnel civil.* — Notions générales sur le recrutement et la situation de ce personnel. Traitements divers ; punitions ; cas de maladies ; retraites. Accidents du travail : caractériser un accident. Formalités à remplir dans ce cas.

Comptabilité spéciale pour le personnel : Registre matricule. Pièces à établir pour le fonctionnement du service médical. Instruction d'une demande d'emploi.

6° *Matériel en général.* — Ses divisions. Indiquer, pour chacune des catégories, le mode d'emmagasinage et d'entretien du matériel.

7° Notions générales au point de vue des formalités administratives à remplir sur les divers cahiers des charges qui régissent la fourniture des draps, des toiles et des effets confectionnés.

Draps. — Divisions au point de vue de la finesse et des nuances. Formalités administratives remplies depuis l'expédition d'une pièce de drap au magasin jusqu'à son entrée définitive dans les approvisionnements. Pièces ajournées et refusées : renvoi en fabrique.

Toile. — Divisions. Leur réception. Epreuve du lessivage. Carnet de métrage des draps et des toiles. Compte courant avec les fournisseurs. Compte courant avec l'entrepreneur des confections. Carnet d'inventaire.

Effets confectionnés. — Livraison des draps et des toiles aux entrepreneurs d'effets confectionnés. Mode de fourniture des visières ; livraison aux entrepreneurs. Matières premières fournies par les entrepreneurs.

Réception des pièces séparées de la chaussure.

Etats de pointure : les expliquer.

Réception des effets confectionnés, par les experts, par la commission.

Registre des effets en magasin.

Des commissions d'appel.

8° Notions générales sur le matériel du campement proprement dit et le couchage auxiliaire.

Tentes diverses, leur montage et démontage.

Divers ustensiles de campement.

Composition d'une collection de couchage auxiliaire. Foulonnage des couvertures. Lavage et entretien des effets de couchage auxiliaire.

Enlèvement des taches. Dégradations par les corps de troupes. Imputations, leurs constatations.

9° *Harnachement.* — Composition, entretien et renouvellement de ce matériel.

10° Matières de consommation courante et matériaux d'emballage. Modes de fourniture, destination.

11° Formalités à remplir pour assurer l'exécution des transports de matériel. Demande de transport. Lettre de voiture. Registre H.

Transports particuliers du magasin aux fabriques de drap et *vice versa.* — Pièces nécessaires.

b) Connaissances techniques particulières à chaque profession
ou emploi spécial.

(Connaissances très sommaires sur ces divers points.)

1° *Laine.* — Définition des termes suivants : laine peignée, laine cardée, laine mère, pelades, jarres, blousses, tontisses, effilochages.

Principaux accidents qui peuvent être constatés sur une pièce de drap. Définir les termes suivants : barres, ribaudures, rentrayages, épincetages, queue de rat, reprises, nuances, bouchons, plis de presse.

2° *Coton, lin.* — Notions très sommaires sur le travail du

coton. Principaux accidents qui peuvent être constatés sur une pièce de toile. .

3° *Cuirs.* — Nature des cuirs employés par l'administration. Définition des termes ci-après : cuir nourri, demi-nourri, quart nourri, hongroyé, corroyé, fleur, chair, noirci sur fleur, noirci sur chair.

Défauts des cuirs. Définition des termes suivants : coutelure, piqûre de taons, cuir creux, cuir vert, cuir cornard, cuir acide, cuir échauffé, cuir dérayé à la veine, marques de feu, varous, cuir verdelet.

4° *Bois, métaux divers.* — Essences de bois. Liège. Tôles. Fers-blancs. Bois et métaux employés pour chaque objet entrant dans les approvisionnements.

Entretien des bois, peinturage. Entretien des ferrures. Coaltarisation.

Etamage. Décapage. Soudure. Bain d'étain. Analyse d'étain.

Ferrures et boucletterie du harnachement. Entretien.

5° *Suifs, graisses, huiles.* — Nature des graisses employées : huile antoxyde, graisses Thomas et Dubbing. Ingrédients employés pour combattre les insectes : naphtaline, camphre, poudre de pyrèthre. Manière de se procurer ces ingrédients.

Procédés employés pour enlever les taches de graisse sur un effet (ammoniaque, benzine). Naphtaline. Savons. Terres employées pour les dégraissages : argile smectique et magnésite (de Salinel).

6° *Machines à vapeur et appareils spéciaux.* — Notions très sommaires sur la machine à vapeur et l'appareil de décatissage. Hygromètre. Dynamomètre (Chevefy ou Perraud). Compte-fils. Palmamètre. Antréomètre. Jauge Palmer. Appareil Bossière. Microscope. Thermomètre. Pèse-lessive.

But et usage des divers appareils spéciaux.

7° *Acides azotique et chlorhydrique.* — Leur emploi dans le service de l'habillement.

8° *Comptabilité.* (Partie spéciale aux commis aux écritures.)

Comptabilité-matières.

Règlement du 26 décembre 1902 et instruction du 30 décembre 1902 (notions générales et surtout pratiques).

Comptes de gestion. Registres-journaux.

Pièces diverses à établir pour :

La livraison de matières premières à l'entrepreneur de confection ;

La livraison aux corps de troupes des effets demandés à titre de remboursement, à titre gratuit ;

La livraison de la graisse Thomas, de la naphtaline ;

L'entrée des effets reçus en magasin ;

L'entrée des draps et toiles reçus en magasin ;

Le prêt du matériel ;

Les réformes et remises aux domaines.

Situations 190 et 190 *bis*.

Comptabilité-deniers.

Avances de fonds ; carnet d'avance de fonds ; registre de caisse ; carnet d'autorisation d'achats ; payement des matières achetées sur les avances et pièces à établir ; payement des frais d'affichage, des frais d'insertion, des frais de publication, des frais d'impression.

Pièces à établir pour ces divers cas de comptabilité :

Solde du personnel : registre-contrôle, relevé récapitulatif des salaires, versements à la caisse des retraites.

Pièces à établir trimestriellement pour effectuer ces versements :

Retenue sur la solde ; comment cette retenue figure-t-elle dans la comptabilité ?

PROCÈS-VERBAL

*constatant le résultat des épreuves du concours, subies par les candidats au grade d   ;
du cadre auxiliaire.*

L'an   , le   février :
Vu les instructions en vigueur et notamment les articles 14 à 16 de l'instruction ministérielle du 2 février 1909 ;
Vu la dépêche en date du   dudit mois de février   de M. le Président du Comité technique de l'intendance, portant envoi des plis cachetés pour le concours et faisant connaître qu'il est accordé un délai de   heures aux candidats pour la composition écrite ;
La commission locale, instituée pour procéder à l'examen des candidats au grade de
du cadre auxiliaire et composée de :
MM.   , président,
                      , membres,
s'est réunie pour faire subir les épreuves prescrites.
Les candidats, autorisés à concourir et qui ont été régulièrement convoqués, sont :
MM. (nom, prénoms, situation militaire, profession avec indication si le candidat représente ou non une maison étrangère, diplôme en droit s'il y a lieu, adresse).
Le président, après avoir ouvert la séance, a donné communication aux membres de la commission des dispositions de l'instruction précitée du 2 février 1909, relatives à la manière de procéder des commissions locales chargées d'examiner les candidats ; il a ensuite proposé l'ordre ci-après pour les opérations de la commission :
Cette proposition est adoptée.
L'état inclus indique la notation faite par la commission en ce qui concerne les épreuves qu'elle a eu à apprécier.
Les dossiers des candidats sont ci-joints.
De tout quoi, le présent procès-verbal a été dressé et signé par le président et les membres de la commission.
Fait à   , les jour, mois et an que d'autre part.

Il est établi un état distinct pour chaque grade.

MODÈLE Nº 2.

—

Instruction
du 2 février 1909.

Art. 16 des dispositions spéciales à l'intendance.

ÉTAT, par ordre alphabétique, des candidats qui ont pris part, en 19   , au concours pour le grade d'attaché de   ͤ classe à l'intendance du cadre auxiliaire.

NOM et PRÉNOMS des candidats.	PROFESSION.	SITUATION MILITAIRE.	DIPLOME EN DROIT.	NOTES OBTENUES.				PRODUIT DES NOTES par les coefficients.				POINTS ajoutés pour			SOMME DES POINTS.	OBSERVATIONS.
				Épreuve d'équitation.	Examen oral.	Examen allemand.	Aptitude physique et morale.	Epreuve d'équitation, C — 8.	Examen oral, C — 20.	Examen d'allemand, C — 5.	Aptitude physique et morale, G — 5.	Langues étrangères autres que l'allemand.	Périodes d'instruction.	Diplômes de droit, L — 50. D — 75.		

MODÈLE Nº 3.

Instruction
du 2 février 1909.

Art. 16 des dispositions
spéciales à l'intendance

DOSSIER

de M.   *(nom, prénoms, pro-*
fession, corps), domicilié à   ,
canton d   , département d   ,
candidat au grade d'attaché de ° classe
à l'intendance du cadre auxiliaire.

SOMMAIRE.

Mémoire de proposition modèle nº 1 de l'instruction du   ;

Demande de l'intéressé ;

Extrait de l'acte de naissance ; ⎫ (à produire seule-
Extrait du casier judiciaire ; ⎬ ment pour les
sous-officiers et les anciens engagés condition-
nels).

Copie certifiée conforme du diplôme de
              en droit ou du certificat qui en
tient lieu (s'il y a lieu) ;

Certificat constatant l'aptitude en équitation ;

Composition écrite du candidat.

<table>
<tr><td>

• CORPS D'ARMÉE.

(1)

____

(1) Réserve de l'armée active *ou* armée territoriale.

(2) Bureaux de l'Intendance *ou* Subsistances *ou* Habillement et Campement.

(3) Militaire *ou* général.

(4) Corps d'armée *ou* Gouvernement militaire.

(5) Grade, nom et prénoms.

(6) Active *ou* territoriale.

</td><td>

MODÈLE N° 4.
—
Instruction
du 2 février 1909.

Art. 23 des dispositions
spéciales à l'intendance.

</td></tr>
</table>

LETTRE DE NOMINATION

à l'emploi d'adjudant d'administration du cadre auxiliaire du Service de l'intendance.

(2)

____

Par application de l'article 23 de l'instruction du 2 février 1909, l'intendant (3)
, directeur de l'intendance d (4)
, nomme à l'emploi d'adjudant d'administration du cadre auxiliaire du service de l'intendance (2)   ,
le (5)   , de la   ᵉ section (6)   de commis et ouvriers militaires d'administration, domicilié à
, canton d   ,
département d

Au jour de la mobilisation, fixé par l'ordre de route inscrit à son livret, l'intéressé se rendra au lieu qui lui est prescrit, où il recevra une lettre de service lui faisant connaître son emploi.

A   , le   19 .

L'intendant (3)
Directeur de l'intendance,

— 180 —

Modèle n° 5.   • CORPS D'ARMÉE.   Instruction
du 2 février 1909.

**Cadre auxiliaire du service
de l'intendance.**

Art. 25 des dispositions
spéciales à l'intendance.

*ETAT indiquant le montant détaillé des crédits nécessaires pour la
convocation, en 19   , des fonctionnaires, des attachés et des officiers d'administration appartenant à la   • région.*

GRADES.	DÉSIGNATION numérique du personnel susceptible d'être convoqué.		SOLDE PAR JOUR.	INDEMNITÉS				TOTAL par jour.		TOTAL pour la durée de la période d'instruction		
	Réserve.	Armée territoriale.		de résidence.	de monture.	aux troupes en marche.	de frais de bureau.	Réserve.	Armée territoriale.	Réserve.	Armée territoriale.	général pour la réserve et pour l'armée territor¹⁰.

I. — *Manœuvres et surveillance de la fabrication des conserves de viande.*

Sous-intendant de 1ʳᵉ classe.												
Sous-intendant de 2ᵉ classe.												
Sous-intendant de 3ᵉ classe.												
Adjoint à l'intendance......												
Attaché de 1ʳᵉ classe.												
Attaché de 2ᵉ classe.												
Total.............												
Officier d'administration principal...												
Officier d'administration de 1ʳᵉ classe.												
Officier d'administration de 2ᵉ classe.												
Officier d'administration de 3ᵉ classe.												
Total.............												(1)

(1) Dont   fr. pour la surveillance de la fabrication des conserves.

II. — *Convocations normales.*

Sous-intendant de 1ʳᵉ classe.												
Sous-intendant de 2ᵉ classe.												
Sous-intendant de 3ᵉ classe.												
Adjoint à l'intendance......												
Attaché de 1ʳᵉ classe.												
Attaché de 2ᵉ classe.												
Total.............												
Officier d'administration principal...												
Officier d'administration de 1ʳᵉ classe.												
Officier d'administration de 2ᵉ classe.												
Officier d'administration de 3ᵉ classe.												
Total.............												

DISPOSITIONS SPÉCIALES AU SERVICE DE SANTÉ MILITAIRE.

(RÉSERVE ET ARMÉE TERRITORIALE.)

Décret sur l'avancement des médecins et pharmaciens de réserve et de l'armée territoriale, et des officiers d'administration du service de santé de réserve et de l'armée territoriale.

Paris, le 22 mai 1909.

Le Président de la République française,

Vu les décrets des 9 août 1897 sur le recrutement et l'avancement des médecins et des pharmaciens de réserve et de l'armée territoriale, et 17 avril 1901 sur l'avancement des officiers d'administration du service de santé de réserve et de l'armée territoriale;

Sur le rapport du Ministre de la guerre,

Décrète :

I. — OFFICIERS DE RÉSERVE DU SERVICE DE SANTÉ.

Art. 1er. — Les médecins et pharmaciens aides-majors de 2e classe, les officiers d'administration de 3e classe du service de santé de la réserve sont promus au grade supérieur quand ils comptent quatre années de grade d'officier, et s'ils ont accompli deux périodes d'instruction avec ce grade.

Toutefois, le temps d'ancienneté exigé pour la promotion au grade supérieur est ramené à deux années et le nombre des périodes réduit à une :

1° Pour les médecins et pharmaciens de réserve qui remplissent ou ont rempli l'une des fonctions énumérées ci-après :

Professeur titulaire ou professeur agrégé dans les facultés de médecine, les facultés mixtes de médecine et de pharmacie, les écoles supérieures de pharmacie ; professeur titulaire ou suppléant dans les écoles de plein exercice ou préparatoire de médecine et de pharmacie ; médecin, chirurgien ou pharmacien des hôpitaux dans les villes où ces emplois sont donnés au concours ; chefs de clinique ou prosecteurs nommés au concours dans les facultés de médecine, ou les facultés mixtes de médecine et de pharmacie ;

2° Pour les officiers d'administration de 3ᵉ classe de réserve du service de santé provenant des sous-officiers retraités.

Art. 2. — Les médecins et pharmaciens aides-majors de 1ʳᵉ classe, les officiers d'administration de 2ᵉ classe du service de santé, appartenant à la réserve, quelle que soit leur origine, peuvent être promus au grade supérieur lorsqu'ils comptent six années de service dans le dernier grade et qu'ils ont accompli en cette qualité :

Les médecins et pharmaciens, une période d'instruction ;
Les officiers d'administration, deux périodes d'instruction.

Art. 3. Les médecins et pharmaciens-majors de 2ᵉ classe, les officiers d'administration de 1ʳᵉ classe du service de santé appartenant à la réserve et provenant des anciens médecins, pharmaciens et officiers d'administration de l'armée active peuvent être promus respectivement médecin ou pharmacien-major de 1ʳᵉ classe et officier d'administration principal, s'ils comptent six années de services dans le grade, et s'ils ont accompli avec ce grade une période d'instruction.

II. — OFFICIERS DU SERVICE DE SANTÉ DE L'ARMÉE TERRITORIALE.

Art. 4. Les médecins et pharmaciens aides-majors de 2ᵉ classe, les officiers d'administration de 3ᵉ classe du service de santé appartenant à l'armée territoriale sont promus au grade supérieur lorsqu'ils comptent quatre années d'ancienneté dans le grade et s'ils ont accompli deux périodes d'instruction avec ce grade.

Toutefois, le temps d'ancienneté exigé pour la promotion au grade supérieur est ramené à deux années et le nombre des périodes réduit à une :

1° Pour les médecins et pharmaciens de l'armée territoriale qui remplissent ou ont rempli l'une des fonctions énumérées au troisième alinéa de l'article 1ᵉʳ du présent décret ;

2° Pour les officiers d'administration de 3ᵉ classe de l'armée territoriale provenant des sous-officiers retraités.

Art. 5. Les médecins et pharmaciens aides-majors de 1ʳᵉ classe, les officiers d'administration de 2ᵉ classe de la réserve ou de l'armée territoriale peuvent être promus au grade supérieur lorsqu'ils comptent six années de services dans le dernier grade et qu'ils ont accompli avec ce grade :

Les médecins et pharmaciens, une période d'instruction ;
Les officiers d'administration, deux périodes d'instruction.

Art. 6. Les médecins et pharmaciens-majors de 2ᵉ classe, les officiers d'administration de 1ʳᵉ classe, de la réserve ou de l'armée territoriale peuvent être promus respectivement au grade de médecin ou pharmacien-major de 1ʳᵉ classe et officier d'administration principal du service de santé de l'armée territoriale lorsqu'ils comptent six années de services dans le dernier grade, et s'ils ont accompli une période d'instruction avec ce grade.

Toutefois, les officiers d'administration de 1ʳᵉ classe de la réserve ou de l'armée territoriale provenant des officiers retraités sont dispensés, pour leur promotion, de l'accomplissement de ladite période.

Art. 7. Les médecins et pharmaciens-majors de 1ʳᵉ classe de la réserve ou de l'armée territoriale peuvent être promus médecins ou pharmaciens principaux de 2ᵉ classe dans l'armée territoriale lorsqu'ils comptent cinq années de grade et s'ils ont accompli une période d'instruction avec ce grade.

Les médecins et pharmaciens-majors de 1ʳᵉ classe de la réserve ou de l'armée territoriale provenant des médecins et pharmaciens militaires retraités sont dispensés de cette dernière obligation.

III. — DISPOSITIONS COMMUNES AUX MÉDECINS, PHARMACIENS ET OFFICIERS D'ADMINISTRATION DU SERVICE DE SANTÉ DE RÉSERVE ET DE L'ARMÉE TERRITORIALE.

Art. 8. Aucune période d'instruction n'est exigée pour la promotion des médecins, pharmaciens et officiers d'administration de réserve ou de l'armée territoriale qui, lors du travail annuel d'avancement, ont été proposés pour le grade supérieur dans l'armée active.

Art. 9. L'avancement a lieu au choix, sauf pour les grades de médecin et de pharmacien aides-majors de 1ʳᵉ classe, d'officier d'administration de 2ᵉ classe, qui sont donnés dans les conditions particulières prévues aux articles 1ᵉʳ et 4.

Art. 10. L'aptitude des candidats à l'avancement est constatée d'après leur manière de servir au cours des périodes d'instruction, sans recourir à des examens spéciaux donnant lieu à la délivrance d'un certificat.

Art. 11. L'ancienneté de grade des médecins, pharmaciens et officiers d'administration de réserve et de l'armée territoriale est déterminée par la date du décret qui les a nommés à leur grade, soit dans l'armée active, soit dans la réserve, soit dans l'armée territoriale, déduction faite des interruptions de service.

Le temps passé par ces officiers dans leurs foyers compte pour l'ancienneté de grade. Le temps passé dans la position hors cadres et le temps de la suspension sont déduits de l'ancienneté.

Art. 12. Les médecins, pharmaciens et officiers d'administration de réserve et de l'armée territoriale sont inscrits au tableau d'avancement et peuvent en être rayés dans les mêmes formes que les médecins, pharmaciens et officiers d'administration de l'armée active.

Art. 13. En temps de guerre, les médecins, pharmaciens et officiers d'administration de réserve et de l'armée territoriale peuvent obtenir de l'avancement dans les mêmes conditions que les médecins, pharmaciens et officiers d'administration de l'armée active, mais au titre de la réserve et de l'armée territoriale.

IV. — DISPOSITIONS TRANSITOIRES SPÉCIALES AUX OFFICIERS D'ADMINISTRATION DU SERVICE DE SANTÉ.

Art. 14. L'ancienneté de grade exigée des candidats à l'avancement sera calculée en remontant :

Pour les officiers d'administration de 3e classe, à la date de leur nomination à l'ancien grade d'officier d'administration adjoint de 2e classe.

Pour les officiers d'administration de 2e classe, à la date de leur nomination à l'ancien grade d'officier d'administration de 1re classe.

Pour les officiers d'administration de 1re classe, à la date de leur nomination à l'ancien grade d'officier d'administration de 2e classe.

Art. 15. Sont et demeurent abrogés le titre II du décret du 9 août 1897, le décret du 17 avril 1901, relatifs à l'avancement des médecins, pharmaciens et officiers d'administration du service de santé de réserve et de l'armée territoriale, ainsi que toutes les dispositions contraires, contenues dans les décrets ou règlements antérieurs au présent décret.

Art. 16. Le Ministre de la guerre est chargé de l'exécution du présent décret, qui sera publié au *Journal officiel* et inséré au *Bulletin des lois.*

Fait à Paris, le 22 mai 1909.

A. FALLIÈRES.

Le Ministre de la guerre,
G. PICQUART.

Instruction relative aux officiers et assimilés de complément
(suite).

TITRE PREMIER.

Officiers du service de santé.

Dispositions générales.

Art. 1er. Sous réserve des dispositions spéciales ci-après, les
prescriptions de la présente instruction (dispositions générales)
sont applicables aux officiers du cadre auxiliaire du service de
santé (médecins, pharmaciens et officiers d'administration).

Avancement.

Art. 2. L'avancement des officiers du service de santé a lieu
conformément aux règles fixées par le décret du 22 mai 1909.

TITRE II

Médecins et pharmaciens de réserve et de l'armée territoriale.

RECRUTEMENT.

Médecins et pharmaciens de réserve.

Art. 3. Le cadre des médecins et des pharmaciens de réserve
est recruté parmi :

a) Les médecins et pharmaciens militaires de l'armée de terre,
retraités ou démissionnaires;

b) Les médecins et pharmaciens de l'armée de mer, pourvus
du diplôme de docteur en médecine ou de pharmacien de 1re classe, retraités ou démissionnaires, qui, n'étant pas employés dans

le service de la marine, désireraient être compris dans le cadre
des officiers de réserve de l'armée de terre;

c) (spécial aux médecins). Les médecins auxiliaires, titulaires
du diplôme de docteur en médecine, ayant terminé leur troisième semestre de service actif et ayant satisfait aux épreuves
du concours pour le grade de médecin aide-major de 2ᵉ classe
de réserve (article 26 de la loi du 21 mars 1905);

d) Les médecins et pharmaciens civils qui ont été reçus docteurs en médecine ou pharmaciens de 1ʳᵉ classe par une faculté
française et qui sont classés dans la réserve de l'armée active.

Médecins et pharmaciens de l'armée territoriale.

Art. 4. Le cadre des médecins et pharmaciens de l'armée territoriale est recruté parmi :

a) Les médecins et pharmaciens militaires de l'armée de terre,
retraités ou démissionnaires;

b) Les médecins et pharmaciens de l'armée de mer, pourvus
du diplôme de docteur en médecine ou de pharmacien de
1ʳᵉ classe, retraités ou démissionnaires, qui, n'étant pas employés dans le service de la marine, désireraient être compris
dans le cadre des officiers de l'armée territoriale;

c) Les médecins et pharmaciens de réserve qui, ayant atteint
l'époque légale de leur passage dans l'armée territoriale, ne sont
pas maintenus dans le cadre des officiers de réserve;

d) Les médecins et pharmaciens civils qui ont été reçus docteur en médecine ou pharmacien de 1ʳᵉ classe par une faculté
française et qui appartiennent à l'armée territoriale.

Dispositions communes aux médecins et aux pharmaciens de réserve
et de l'armée territoriale.

Art. 5. Les médecins et pharmaciens civils ne peuvent être
nommés de prime abord qu'au grade de médecin ou de pharmacien aide-major de 2ᵉ classe. Leur aptitude à ce grade est
constatée par un examen spécial, qu'ils peuvent être autorisés
à subir dès qu'ils possèdent douze inscriptions de médecine ou
de pharmacie.

Art. 6. Le rapport particulier modèle n° 6 prévu par l'article 67 de la présente instruction (dispositions générales) est
établi pour tous les officiers du corps de santé qui sont admis à
quitter l'armée active soit par retraite, soit par démission.

Ce rapport est annoté par le directeur du service de santé

du corps d'armée, même si l'officier auquel il s'applique provient des corps de troupes ou de la non-activité (1).

Art. 7. Le recensement des docteurs en médecine et des pharmaciens de 1re classe civils s'opère d'une manière permanente au moyen de l'envoi régulier au Ministre de la guerre (7e Direction), par les soins des secrétaires des facultés de médecine ou écoles supérieures de pharmacie, de bulletins individuels certifiant l'obtention par les intéressés soit du diplôme de docteur en médecine, soit de celui de pharmacien de 1re classe.

Le Ministre communique aux généraux commandant les corps d'armée les noms des nouveaux docteurs en médecine ou pharmaciens de 1re classe domiciliés sur le territoire de leur commandement.

Art. 8. Les généraux font établir pour chacun de ces docteurs en médecine ou pharmaciens de 1re classe, par le bureau de recrutement intéressé, un état signalétique et des services.

Ils prescrivent une enquête sur l'honorabilité de ceux qui, par leur situation au point de vue du recrutement, sont susceptibles d'être nommés au grade de médecin ou pharmacien aide-major de 2e classe.

Ils transmettent au directeur du service de santé de leur corps d'armée les noms des nouveaux docteurs en médecine ou pharmaciens de 1re classe du corps d'armée, les états signalétiques et des services les concernant, ainsi que les résultats des enquêtes relatives à leur honorabilité.

Art. 9. Le directeur établit, en double expédition, pour chacun des docteurs en médecine ou pharmaciens de 1re classe du corps d'armée, une feuille de renseignements d'ordre militaire et d'ordre technique (modèle n° 1, annexé à la présente instruction ; dispositions spéciales au service de santé).

Une de ces expéditions est adressée au Ministre de la guerre (7e Direction), soit en même temps que le mémoire de proposition pour le grade de médecin ou pharmacien aide-major de 2e classe, soit isolément, si le mémoire en question n'a pu être établi.

L'autre expédition de cette feuille de renseignements est conservée dans les archives de la direction du service de santé du corps d'armée.

Si l'intéressé, après sa nomination au grade de médecin ou de pharmacien aide-major de 2e classe, est employé dans un corps d'armée autre que celui au titre duquel il a été proposé,

---

(1) L'avis du directeur du service de santé est exprimé dans ces deux derniers cas dans la colonne « Observations » dudit rapport.

cette seconde expédition de la feuille de renseignements sera adressée au directeur du service de santé du corps d'armée d'affectation.

Art. 10. Le directeur du service de santé du corps d'armée invite les docteurs en médecine du corps d'armée qui remplissent les conditions requises pour obtenir le grade de médecin aide-major de 2ᵉ classe à lui faire parvenir une demande en vue de leur nomination à ce grade.

Les pharmaciens de 1ʳᵉ classe se mettront spontanément en instance auprès du directeur du service de santé du corps d'armée, s'ils désirent occuper un des emplois qui deviendraient vacants dans le cadre des pharmaciens aides-majors de 2ᵉ classe.

Art. 11. Les candidats au grade de médecin ou pharmacien aide-major de 2ᵉ classe adressent au directeur du service de santé du corps d'armée, en même temps que leur demande de nomination :

1° Un extrait de leur acte de naissance ;

2° Un extrait, s'il y a lieu, de leur acte de mariage ;

3° Le certificat d'aptitude administrative (modèle E, prescrit par le règlement sur les médecins auxiliaires), s'ils en sont détenteurs. Les candidats qui n'auraient pas subi avec succès, au cours de leur scolarité, les épreuves de l'examen d'aptitude administrative, font connaître au directeur du service de santé l'époque à laquelle ils désirent se présenter audit examen.

Les extraits visés ci-dessus sont délivrés sur papier libre.

Art. 12. Ne sont pas proposés pour le grade de médecin ou pharmacien aide-major de 2ᵉ classe :

1° Les docteurs en médecine ou les pharmaciens de 1ʳᵉ classe qui ont été l'objet d'une des condamnations visées à l'article 1ᵉʳ du décret du 31 août 1878 portant règlement sur l'état des officiers de réserve et de l'armée territoriale ;

2° Ceux à qui l'enquête prescrite par l'article 5 ci-dessus a été défavorable ;

3° Ceux qui ont été exemptés du service par les conseils de revision ;

4° Ceux qui ont été classés dans les services auxiliaires sous le régime de la loi du 15 juillet 1889 ;

5° Ceux qui, après avoir été reconnus bons pour le service, ont été réformés par les commissions spéciales de réforme, à moins qu'une nouvelle commission de réforme ait reconnu leur aptitude au service militaire.

6° Ceux qui ont été classés dans le service auxiliaire, sous le régime de la loi du 21 mars 1905 et qui n'ont pas été, ultérieurement, reconnus aptes au service armé.

Art. 13. Le directeur du service de santé du corps d'armée établit, pour chacun des candidats non éliminés, un mémoire de proposition (modèle n° 2 des dispositions spéciales) qui devra être annoté par le général commandant le corps d'armée et parvenir au Ministre accompagné des pièces visées par l'article 8 qui précède, ainsi que de la demande de nomination du candidat, de l'état signalétique et des services le concernant et de la feuille de renseignements modèle n° 1.

Art. 14. Les examens pour l'obtention du certificat d'aptitude administrative par les docteurs en médecine et les pharmaciens de 1re classe qui n'en sont pas détenteurs se passent au chef-lieu de chaque corps d'armée, à des dates fixées par le directeur du service de santé du corps d'armée.

Toutefois lesdits examens ne peuvent avoir lieu qu'une fois tous les deux mois.

Art. 15. La commission d'examen comprend trois médecins militaires, dont un médecin principal de 2e classe ou major de 1re classe, président, et deux médecins-majors de 1re classe ou de 2e classe.

La même commission examine les candidats médecins ou pharmaciens, sous la réserve que si le chef-lieu du corps d'armée dispose du personnel nécessaire à cet effet, un des médecins-majors sera remplacé, pour l'examen des candidats pharmaciens, par un pharmacien militaire ayant au plus le grade de pharmacien major de 1re classe.

Les membres de la commission sont désignés par le directeur du service de santé du corps d'armée, s'ils sont attachés au service hospitalier, et par le général commandant le corps d'armée, sur la proposition du directeur du service de santé, s'ils sont affectés aux corps de troupes.

La convocation des candidats est assurée par les soins du directeur du service de santé du corps d'armée.

Art. 16. L'examen consiste, pour les candidats médecins ou pharmaciens, en interrogations orales sur les matières composant le programme de l'examen auquel sont astreints les étudiants en médecine qui sollicitent le grade de médecin auxiliaire.

Le président de la commission fait connaître aux candidats les résultats de l'examen et adresse au directeur du service de santé du corps d'armée les certificats d'aptitude administrative (modèle E) établis au nom de chaque candidat reçu, ainsi qu'un procès-verbal de la séance d'examen contenant la liste nominative des candidats qui se sont présentés avec l'indication de la note obtenue par chacun d'eux.

La note inscrite sur les certificats d'aptitude sera exprimée par l'une ou l'autre des mentions ci-après : « passable », « assez bien », « bien », « très bien ».

Les certificats d'aptitude sont joints aux mémoires de proposition pour le grade de médecin ou de pharmacien aide-major de 2ᵉ classe.

Les procès-verbaux des séances d'examen seront conservés dans les archives de la direction du service de santé du corps d'armée.

Affectation.

Art. 17. Pour l'accomplissement de leur dernier semestre de service actif, les médecins aides-majors de 2ᵉ classe de réserve provenant des médecins auxiliaires visés à l'article 25 de la loi du 21 mars 1905, sont affectés à un poste quelconque du territoire dans les mêmes conditions que les médecins de l'armée active, compte tenu des prescriptions faisant l'objet des trois derniers alinéas de l'article 21 de l'instruction du 2 février 1909 (Dispositions générales).

Une fois libérés de leur service actif, ils sont affectés, ainsi que les médecins du cadre auxiliaire ayant une autre provenance, et les pharmaciens du cadre auxiliaire, dans les régions des corps d'armée où ils résident et, faute de place, dans la région la plus rapprochée de leur résidence, conformément au tableau annexé à la présente instruction (modèle n° 4). Cette affectation est prononcée par le directeur du service de santé.

Instruction.

Art. 18. Le Ministre de la guerre détermine annuellement, dans la limite des crédits disponibles, le nombre des médecins de réserve ou de l'armée territoriale à convoquer dans chaque corps d'armée ou gouvernement militaire.

Art. 19. Les médecins affectés aux corps de troupes accomplissent autant que possible leurs périodes d'instruction dans les unités mêmes auxquelles ils appartiendraient en cas de mobilisation. En conséquence, ils sont convoqués soit à l'époque des grandes manœuvres, soit en même temps que les régiments de réserve ou les régiments territoriaux.

Les médecins et pharmaciens affectés aux formations sanitaire de campagne ou à celles du territoire sont convoqués dans des centres d'instruction où sont organisées des conférences sur le service de santé militaire, des démonstrations du matériel sanitaire de mobilisation et des exercices d'application tendant à représenter sur le terrain le fonctionnement des formations sanitaires de campagne. Les médecins désignés pour les places de guerre, les hôpitaux permanents ou temporaires du territoire, les directions régionales du service de santé, sont appelés à accomplir leurs périodes d'instruction dans des conditions leur permettant de s'initier dès le temps de paix à leurs fonctions éventuelles à la mobilisation.

Toutefois, les médecins et pharmaciens affectés à l'Algérie, à la Tunisie ou à la Corse et résidant en France seront convoqués, après entente entre les généraux commandant les corps d'armée où ils ont fixé leur résidence.

Réciproquement, les médecins et pharmaciens résidant en Algérie, en Tunisie ou en Corse et affectés à des corps ou à des formations sanitaires de France accompliront leurs périodes d'instruction dans la région (Algérie, Tunisie, Corse) où ils résident.

Art. 20. C'est au directeur du service de santé de leur corps d'armée d'affectation que les médecins et pharmaciens de réserve et de l'armée territoriale doivent adresser les demandes qu'ils pourraient formuler en vue d'obtenir soit un sursis ou devancement d'appel, soit un changement de lieu de convocation ou une autorisation de stage sans solde.

Ce directeur statue sur les demandes dont il s'agit, à moins qu'elles ne tendent à l'accomplissement d'une période normale d'instruction ou d'un stage sans solde dans un corps d'armée autre que celui auquel les intéressés sont affectés.

Dans ce cas, les demandes, instruites d'abord par le directeur du service de santé du corps d'armée d'affectation, sont soumises à l'appréciation du général commandant le corps d'armée, qui les transmet, en cas d'acceptation, au général commandant le corps d'armée sur le territoire duquel les médecins désirent être convoqués.

Ce général statue sur les demandes qui lui sont adressées, après avoir pris l'avis du directeur du service de santé du corps d'armée.

Art. 21. Chaque médecin chef dans les corps de troupes ou dans les hôpitaux a la charge d'assurer l'instruction technique des médecins de réserve ou de l'armée territoriale qui sont placés sous ses ordres.

Il les initie à leurs fonctions éventuelles à la mobilisation en les faisant participer effectivement, tant en garnison qu'aux manœuvres, à l'exécution du service.

Leur instruction est complétée par la démonstration pratique du matériel sanitaire de mobilisation et l'étude des

principales dispositions du règlement sur le service de santé
en campagne.

Administration.

Art. 22. Dans chaque corps d'armée, le directeur du service
de santé administre les médecins ou pharmaciens de réserve
ou de l'armée territoriale du corps d'armée, qui sont indépen-
dants des corps de troupes (personnel des hôpitaux, des formations sanitaires mobilisées, des places de guerre, à la disposition du général commandant le corps d'armée, etc...).

Situations nominatives.

Art. 23. Les chefs de corps comprennent les médecins de
réserve ou de l'armée territoriale des corps de troupes sur les
situations mensuelles ou trimestrielles qu'il leur appartient de
fournir (art. 70 de la présente instruction, dispositions générales).

Ils adressent en outre au Ministre (7e Direction), le 1er décembre de chaque année, un état nominatif distinct des médecins de réserve ou de l'armée territoriale placés sous leurs
ordres.

Cet état est établi conformément au modèle n° 3 annexé à la
présente instruction (dispositions spéciales au service de santé).

Le directeur du service de santé du corps d'armée fait parvenir semestriellement au Ministre (7e Direction) un état nominatif de tous les médecins, y compris ceux des corps de troupes,
et pharmaciens de réserve ou de l'armée territoriale affectés au
corps d'armée.

Cet état est arrêté au 1er juin et au 1er décembre de l'année ;
il est établi sur des formules spéciales délivrées par l'administration de la guerre.

Médecins et pharmaciens de réserve ou de l'armée territoriale fixés ou voyageant à l'étranger, aux colonies ou dans les pays de protectorat de
l'Extrême-Orient. — Médecins de réserve ou de l'armée territoriale remplissant les fonctions de médecins sanitaires maritimes à bord des navires.

Art. 24. Les médecins ou pharmaciens de réserve ou de l'armée territoriale, fixés ou voyageant à l'étranger, ne sont pas
mis en demeure d'offrir leur démission. Ils reçoivent, comme
affectation de guerre, un emploi « à la disposition des généraux commandant les régions de corps d'armée des frontières
de la France ». En cas de mobilisation, ils sont tenus de rejoindre leur poste d'extrême urgence.

Les médecins ou pharmaciens de réserve ou de l'armée territoriale résidant dans les colonies françaises ou dans les pays de protectorat de l'Extrême-Orient sont soumis aux règles générales édictées par l'article 26 de l'instruction sur l'administration des officiers de complément (dispositions générales).

Les dispositions arrêtées par le premier alinéa du présent article 21 à l'égard des médecins ou pharmaciens de réserve ou de l'armée territoriale fixés ou voyageant à l'étranger sont également applicables aux médecins de réserve ou de l'armée territoriale remplissant les fonctions de médecins sanitaires maritimes à bord des navires.

Toutefois ces médecins sanitaires maritimes ne sont pas tenus de rejoindre à la mobilisation le poste qui leur a été assigné dans l'armée de terre, s'ils ont reçu du Ministre de la marine une commission qui leur prescrit de rester, pendant la durée des opérations de guerre, à bord des navires sur lesquels ils ont été embarqués.

Notes.

Art. 25. Les médecins ou pharmaciens de réserve ou de l'armée territoriale sont notés, chaque année, sur des feuilles établies en double expédition dans les conditions fixées par l'article 105 de la présente instruction (dispositions générales).

En outre, il est établi pour les médecins qui accomplissent une période normale ou un stage d'instruction, en deux ou trois expéditions suivant les cas spécifiés ci-dessous, un feuillet technique du modèle employé pour les officiers du corps de santé de l'armée active.

Le feuillet technique est annoté par le médecin ou le pharmacien chef de service dans les corps de troupes ou les hôpitaux, sous les ordres duquel ont été placés les médecins ou pharmaciens de réserve ou de l'armée territoriale pour l'accomplissement de leur période ou de leur stage d'instruction et par le directeur du service de santé du corps d'armée.

Des deux expéditions de la feuille de notes, une est adressée au Ministre de la guerre (7e Direction), l'autre est conservée soit par le chef de corps (médecins des corps de troupes), soit par le directeur du service de santé du corps d'armée (personnel des hôpitaux, des formations sanitaires mobilisées, des places de guerre, à la disposition du général commandant le corps d'armée, etc...). Chaque expédition de la feuille de notes doit être accompagnée d'une expédition du feuillet technique. Pour les médecins des corps de troupes, il est établi une troisième expédition du feuillet technique, laquelle est conservée par le directeur du service de santé du corps d'armée.

Art. 26. Les médecins et pharmaciens de réserve et de l'armée territoriale qui accomplissent une période normale ou un stage d'instruction dans un corps ou établissement autre que celui où ils sont affectés sont notés au titre de ce corps ou de cet établissement ; la deuxième expédition de la feuille de notes est adressée, suivant l'affectation de l'intéressé, soit à son chef de corps, soit au directeur du service de santé du corps d'armée d'affectation ; la troisième expédition du feuillet technique doit toujours parvenir au directeur du service de santé du corps d'armée d'affectation.

Propositions.

Art. 27. Le Ministre de la guerre détermine annuellement, d'après les bases fixées au décret du 22 mai 1909, l'ancienneté minima que doivent posséder les médecins et pharmaciens de réserve ou de l'armée territoriale pour pouvoir être l'objet d'une proposition en vue de leur nomination au grade supérieur.

L'initiative des propositions à établir en faveur des médecins et pharmaciens de réserve ou de l'armée territoriale appartient au directeur du service de santé du corps d'armée d'affectation, exception faite pour les médecins des corps de troupes, lesquels devront être proposés par leur chef de corps.

TITRE III.

OFFICIERS D'ADMINISTRATION DE COMPLÉMENT DU SERVICE DE SANTÉ MILITAIRE.

Effectif.

Art. 28. Les effectifs par grade des officiers d'administration de complément du service de santé militaire sont déterminés par le Ministre d'après les besoins de la mobilisation.

Recrutement.

Art. 29. Le cadre des officiers d'administration de réserve du service de santé militaire se recrute parmi :

1° Les officiers d'administration du cadre actif admis à la retraite;

2° Les officiers d'administration du cadre actif démissionnaires et qui demandent un emploi dans la réserve;

3° Les élèves officiers d'administration de réserve (art. 24 de la loi du 21 mars 1905) ;

4° Les sous-officiers retraités des sections d'infirmiers militaires ;

5° Les anciens sous-officiers de l'armée active provenant ou non des sections d'infirmiers militaires et comptant au moins deux ans de grade, soit dans l'armée active, soit dans la réserve.

Les sous-officiers ne provenant pas des retraités des sections d'infirmiers doivent satisfaire à des examens d'aptitude ;

6° Les adjudants de réserve des sections d'infirmiers militaires provenant des caporaux de l'armée active.

Art. 30. Le cadre des officiers d'administration de l'armée territoriale du service de santé militaire se recrute parmi :

1° Les officiers d'administration du cadre actif admis à la retraite;

2° Les officiers d'administration du cadre actif démissionnaires et qui demandent un emploi dans l'armée territoriale;

3° Les officiers d'administration de réserve qui, après avoir atteint l'époque légale de leur passage dans l'armée territoriale, ne sont pas maintenus dans le cadre des officiers de réserve;

4° Les sous-officiers, retraités des sections d'infirmiers militaires ;

5° Les anciens sous-officiers de l'armée active appartenant à l'armée territoriale ou appelés à y passer, provenant ou non des sections d'infirmiers militaires et comptant au moins deux ans de grade soit dans l'armée active, soit dans les réserves.

6° Les adjudants territoriaux et les adjudants de réserve appelés à passer dans l'armée territoriale ayant servi avec le grade de caporal dans l'armée active.

7° Les anciens engagés conditionnels appartenant à l'armée territoriale ayant servi avec le grade de caporal dans l'armée active.

Art. 31. Peuvent être admis sur leur demande dans le cadre auxiliaire du service de santé, comme officiers d'administration de 3° classe, les sous-lieutenants de réserve ou de l'armée territoriale de toutes les armes. Ces officiers doivent être pourvus, par les soins d'un médecin-chef d'hôpital, d'un certificat constatant qu'ils possèdent l'aptitude nécessaire aux travaux de rédaction et de comptabilité. Leur demande doit être accompagnée d'une offre de démission conditionnelle (voir article 79 de la présente instruction, dispositions générales).

Le changement de service des officiers d'administration de réserve et de l'armée territoriale de 1re, 2e ou 3e classe du service de santé peut également être autorisé dans les conditions fixées par le décret du 19 juillet 1906, lorsque ces officiers ont subi avec succès l'examen institué par l'arrêté ministériel du 3 avril 1907.

Art. 32. Les candidats au grade d'officier d'administration de 3e classe de réserve ou de l'armée territoriale adressent leur demande, en se conformant aux prescriptions de l'article 9 de la présente instruction (dispositions générales).

Le directeur du service de santé informe les candidats qui sont admis à prendre part aux examens d'aptitude.

La date à laquelle auront lieu ces examens est fixée chaque année par le Ministre.

Ils sont subis devant une commission composée d'un médecin principal ou major de 1re classe, président, et de deux officiers d'administration du service de santé.

L'examen porte sur les connaissances indiquées dans le programme ci-annexé.

Il comprend :

1° Une composition française qui permettra d'apprécier l'aptitude du candidat aux travaux de rédaction ;

2° Des problèmes d'arithmétique.

Les sujets des épreuves écrites sont donnés par le Ministre ;

3° Un examen oral portant sur les matières contenues dans le programme.

Il est attribué des notes distinctes :

1° A la composition française;

2° Aux problèmes d'arithmétique ;

3° A l'examen oral ;

4° Aux services antérieurs.

L'échelle de notation va de 0 à 20.

Le nombre de points résulte du produit obtenu en multipliant les notes respectivement par les coefficients indiqués ci-après :

Composition française, 10 ;
Arithmétique, 5 ;
Examen oral, 10 ;
Services antérieurs, 5.

Les candidats qui n'ont pas obtenu au moins 330 points sont ajournés.

Art. 33. Un mémoire de proposition (modèle n° 2 de la présente instruction, dispositions générales) est établi pour chaque candidat, par le corps auquel il est affecté, et transmis, par la voie hiérarchique, au directeur du service de santé qui adresse cette proposition au général commandant le corps d'armée chargé de la transmettre au Ministre (7e Direction).

Les propositions sont résumées séparément pour la réserve et l'armée territoriale en une liste d'aptitude au grade d'officier d'administration de 3e classe.

La liste d'aptitude est établie par ordre d'ancienneté dans le grade de sous-officier. Les candidats ayant la même ancienneté y sont inscrits, par ordre de préférence, en tenant compte des notes obtenues aux examens.

Les candidats classés sont nommés officiers d'administration de 3e classe de réserve ou de l'armée territoriale au fur et à mesure des vacances qui se produisent dans les emplois à pourvoir en cas de mobilisation.

Affectations.

Art. 34. Les règles données à l'article 17 ci-dessus, pour l'affectation des médecins du cadre auxiliaire provenant ou non des médecins auxiliaires visés à l'article 25 de la loi du 21 mars 1905, sont applicables respectivement aux officiers d'administration du cadre auxiliaire provenant ou non des élèves officiers de réserve.

Les officiers d'administration de réserve sont affectés, en principe, aux formations sanitaires mobilisées, spécialement aux ambulances.

Les officiers d'administration de l'armée territoriale sont affectés aux formations sanitaires mobilisées, au service de santé des places de guerre ou aux hôpitaux du territoire.

Ces affectations sont prononcées par le directeur du service de santé, conformément aux indications du tableau n° 4 annexé à la présente instruction.

Instruction.

Art. 35. Les officiers d'administration de complément du service de santé militaire sont convoqués périodiquement dans la limite des allocations budgétaires mises chaque année à la disposition du service de santé.

Le nombre des officiers d'administration à convoquer par corps d'armée, les dates des périodes d'instruction, ainsi que le lieu de convocation, sont indiqués par le Ministre.

La convocation de ces officiers est assurée, dans chaque corps d'armée, conformément aux prescriptions relatives aux médecins de réserve et de l'armée territoriale (art. 19).

Administration.

Art. 36. Les officiers d'administration de réserve et de l'armée territoriale du service de santé militaire sont administrés par le directeur du service de santé de leur région d'affectation. Le directeur fait figurer les officiers d'administration de complément sur l'état nominatif semestriel, dont l'établissement est prescrit par l'article 23 des dispositions spéciales au service de santé ; à chaque mutation ou décès, il adresse immédiatement un bulletin d'avis au Ministre de la guerre (7e Direction).

Inspection. — Notes.

Art. 37. Les officiers d'administration de complément du service de santé sont notés dans les mêmes conditions que les officiers de réserve ou de l'armée territoriale et sur des feuilles de notes du modèle employé pour ces derniers officiers.

Art. 38. La feuille de notes est établie en double expédition :
Par le médecin chef de service, pour les officiers d'administration de complément placés sous son autorité pendant l'accomplissement d'une période ou d'un stage d'instruction ;
Par le directeur du service de santé du corps d'armée pour ceux accomplissant sous son autorité directe une période ou un stage d'instruction, ainsi que pour ceux qui, sans être convoqués, doivent cependant être notés.
Les feuilles de notes sont adressées par le directeur du service de santé au général commandant la subdivision de résidence des officiers d'administration de complément du service de santé et, s'il y a lieu, au directeur de l'école d'instruction.
Elles sont retournées, après avoir été remplies, au directeur du service de santé.
L'envoi et le retour de ces pièces ont lieu aux époques fixées pour l'envoi et le retour aux autorités intéressées des feuilles de notes concernant les officiers de complément.
Le directeur du service de santé fait parvenir une expédition de la feuille de notes au gouverneur militaire ou au commandant du corps d'armée, qui la transmet au Ministre (7e Direction).
L'autre expédition de la feuille de notes est conservée par le directeur du service de santé et annexée au dossier de l'officier d'administration de complément.

Art. 39. Les officiers d'administration autorisés à accomplir une période ou un stage dans un corps d'armée autre que celui auquel ils sont affectés sont notés au titre de ce corps d'armée ; la deuxième expédition de la feuille de notes est transmise au directeur du service de santé du corps d'armée dont ils font normalement partie.

OFFICIERS D'ADMINISTRATION DE COMPLÉMENT
DU SERVICE DE SANTÉ MILITAIRE.

PROGRAMME

*des connaissances exigées des candidats au grade d'officier
d'administration de 3ᵉ classe de réserve ou de l'armée territoriale.*

1° ÉPREUVE ÉCRITE.

Une composition française ;
Des problèmes d'arithmétique.

2° ÉPREUVE ORALE.

I. — *Organisation de l'armée.*

Lois sur l'organisation générale de l'armée.
Loi sur la composition des cadres et des effectifs de l'armée.
Lois sur l'administration de l'armée.
Décret sur l'avancement des officiers d'administration de
réserve et de l'armée territoriale du service de santé militaire.

II. — *Services généraux de l'armée.*

Décret portant règlement sur le service des armées en campagne.
Décret portant règlement sur le service dans les places de
guerre et les villes ouvertes.
Décret portant règlement sur le service intérieur des corps
de troupes (infanterie).

III. — *Recrutement.*

Lois sur le recrutement de l'armée.
Règlement et instruction sur le recrutement, la répartition,
l'instruction, l'administration et l'inspection des officiers de
réserve et des officiers de l'armée territoriale.

IV. — *État des officiers.*

Loi du 19 mai 1834 sur l'état des officiers.
Décret sur l'état des officiers de réserve et de l'armée territoriale.

V. — *Service de santé.*

Décret portant règlement sur le service de santé à l'intérieur et notices y annexées.
Décret portant règlement sur le service de santé en campagne et notices y annexées.

VI. — *Service des fonds.*

Règlement du 3 avril 1869 sur la comptabilité publique.

VII. — *Comptabilité-matières.*

Règlement et instruction sur la comptabilité des matières appartenant au ministère de la guerre.

VIII. — *Réquisitions.*

Lois et décrets sur les réquisitions militaires.

IX. — *Transports.*

Règlement sur les transports ordinaires et règlement sur les transports stratégiques.

X. — *Subsistances militaires.*

Instruction relative au fonctionnement des officiers d'approvisionnement.

CORPS D'ARMÉE.

SERVICE DE SANTÉ MILITAIRE.

CANDIDATS AU GRADE DE MÉDECIN OU DE PHARMACIEN AIDE-MAJOR DE 2ᵉ CLASSE DANS LA RÉSERVE OU L'ARMÉE TERRITORIALE.

Recto.

MODÈLE Nᵒ 1.

ARTICLE 9
des dispositions spéciales au service de santé de l'instruction ministérielle du 2 février 1909.

FEUILLE DE RENSEIGNEMENTS (1).

M. (nom et prénoms) , né le à département d , demeurant à canton d département d , signalé par l , comme ayant été reçu (2) :

Renseignements d'ordre militaire.

		OBSERVATIONS.
Classe à laquelle il appartient	de recrutement : de mobilisation :	
Tirage au sort............	Subdivision de recrutement d Canton d département d Numéro de tirage :	
Corps où il a servi (3).....	Indication du corps : Date de l'arrivée à ce corps : Date de la sortie du corps :	
Certificat de bonne conduite (4).................		
S'il a bénéficié de l'une des dispenses prévues par la loi....................	Motif de la dispense :	
S'il a été exempté du service militaire	Motif de l'exemption :	
S'il a été classé dans les services auxiliaires........	Motif du classement :	
Dates auxquelles ont eu lieu ou auront lieu les passages successifs.....	Dans la disponibilité de l'armée active : Dans la réserve de l'armée active : Dans l'armée territoriale : Dans la réserve de l'armée territoriale :	
Date à laquelle aura lieu la libération du service militaire.................		
Position actuelle de l'intéressé..................	Fait partie de (5) : Relève du bureau de recrutement d Est assigné en cas de mobilisation :	

(1) Cette feuille est établie en double expédition pour tous les docteurs en médecine et pharmaciens de 1ʳᵉ classe du corps d'armée. L'une de ces expéditions est adressée au Ministre (7ᵉ direction), soit en même temps que le mémoire de proposition pour le grade de médecin ou pharmacien aide-major de 2ᵉ classe, soit isolément si le mémoire en question n'a pu être établi. La seconde expédition est conservée dans les archives de la Direction du service de santé du corps d'armée.

(2) Docteur en médecine ou pharmacien de 1ʳᵉ classe.

(3) S'il a été engagé conditionnel, le mentionner à la colonne « Observations ».

(4) Indiquer par le mot « Accordé » ou « Refusé » si l'intéressé a obtenu ce certificat au départ du corps.

(5) Disponibilité ou réserve de l'armée active, armée territoriale ou sa réserve.

Verso.

Renseignements d'ordre technique.

QUESTIONS.	RÉPONSES.
Dans quelle ville l'intéressé exerce-t-il sa profession ? A-t-il été, après concours, externe des hôpitaux ? Dans quelle ville ? A-t-il été, après concours, interne des hôpitaux ? Dans quelle ville ? Est-il médecin, chirurgien, accoucheur ou pharmacien des hôpitaux, nommé au concours ? Est-il chargé d'un service officiel, obtenu sans concours ? (Médecin d'hôpital, de lycée, de prison.) S'occupe-t-il exclusivement d'affections spéciales ou de sciences accessoires ? (Maladies des yeux, des oreilles, etc., bactériologie, chimie, etc.). Quels sont ses titres et travaux scientifiques ? Est-il marié ? Sait-il monter à cheval ?	

RÉSULTATS DE L'ENQUÊTE SUR L'HONORABILITÉ DE L'INTÉRESSÉ.
(1)

Si le docteur en médecine ne peut être l'objet d'une proposition pour le grade de médecin aide-major de 2ᵉ classe, en indiquer ici le motif.

(1) Les résultats favorables seront signalés par un seul mot ; les résultats défavorables seront expliqués en détail.

A   , le   19 .

Le Directeur du Service de santé du corps d'armée,

• CORPS D'ARMÉE.

—

RÉSIDENCE DU CANDIDAT.

1° Commune d

2° Canton d

3° Département d

SERVICE DE SANTÉ MILITAIRE.

(1).....

MÉMOIRE de proposition pour le grade de (2)   aide-major
de 2° classe, en faveur de M.   *né le*
à   *département d*

MODÈLE N° 2.

—

ARTICLE 13
des dispositions spé-
ciales au service de santé
de l'instruction ministé-
rielle du 2 février 1909.

(1) Réserve ou armée
territoriale.
(2) Médecin ou phar-
macien.

RENSEIGNEMENTS AU POINT DE VUE DU RECRUTEMENT	INDICATIONS RELATIVES aux services ANTÉRIEURS DU CANDIDAT.	DURÉE DES SERVICES, campagnes et blessures.			FAITS DE GUERRE méritant d'être cités.	EXTRAIT DES NOTES.		
1° Classe à laquelle appar-}Recrutement tient le candidat.....}Mobilisation. 2° Subdivision de recrutement dans la- quelle il a satisfait à la loi. 3° Canton du tirage au sort et numéro du tirage.	1° Dernier grade. 2° Grade dans la Légion d'hon- neur. 3° Marié ou célibataire. 4° Physique (indiquer s'il peut faire campagne et s'il sait monter à cheval).	Ans.	Campagnes.	Blessures.	1° Conduite. Tenue. 2° Profession. 3° Titres scientifiques	Appréciation du Direc- teur du service de santé du corps d'armée. (Indiquer si l'intéressé pa- raît devoir être affecté de préférence à un corps de troupe à pied ou à cheval ou à une forma- tion sanitaire.)	Appréciation du général commandant le corps d'armée.

NOTA. — Ce mémoire de proposition devra être accompagné de :
1° La demande de nomination du candidat ;
2° L'extrait de l'acte de naissance sur papier libre ;
3° L'extrait du casier judiciaire sur papier libre ;
4° L'état signalétique et des services ;
5° Certificat d'aptitude (modèle E) ;
6° Feuille de renseignements (modèle n° 1) ;
7° L'extrait de mariage s'il y a lieu.

A   , le   19 .   A   , le   19 .

Le Directeur
du service de santé,   *Le Général commandant le*   • *corps d'armée*

(1) Active ou territoriale.

(2) ou bataillon formant corps.

ARMÉE (1)

ᵉ RÉGIMENT (2).

MODÈLE Nº 3.

ARTICLE 23
des dispositions spéciales au service de santé de l'instruction ministérielle du 2 février 1909.

FORMAT DU PAPIER :
Hauteur......... 0ᵐ,36
Largeur......... 0ᵐ,23

État nominatif des médecins de la réserve ou de l'armée territoriale affectés au corps.

NOMS. Inscrire : 1° Les médecins de réserve ; 2° Les médecins de l'armée territoriale. Dans chacune de ces catégories, l'ordre d'inscription sera déterminé par le grade et l'ancienneté dans le grade.	INITIALES des PRÉNOMS.	GRADES (Y COMPRIS LA CLASSE).	DÉCORATIONS. (LÉGION D'HONNEUR et médaille militaire.)	Indiquer pour chaque médecin s'il appartient à la réserve ou à l'armée territoriale.

MODÈLE N° 4.

Art. 17 et 34 des dispositions spéciales au service de santé de l'instruction ministérielle du 2 février 1909.

AFFECTATION DES MÉDECINS, PHARMACIENS ET OFFICIERS D'ADMINISTRATION DU SERVICE DE SANTÉ DE RÉSERVE ET DE L'ARMÉE TERRITORIALE.

CORPS ACTIFS et DE RÉSERVE.	ARMÉE TERRITORIALE et dépôts des corps actifs de réserve et de l'armée territoriale.	AMBULANCE.	HOPITAUX DE CAMPAGNE.	HOPITAUX D'ÉVACUATION.	TRAINS SANITAIRES.	HOPITAUX MILITAIRES, hospices mixtes, hôpitaux temporaires du territoire.	PLACES FORTES.
Médecins de la réserve.	Médecins de l'armée territoriale.	Médecins et officiers d'administration de la réserve. Ces médecins étant de bons praticiens et ayant, pour la plupart, des aptitudes chirurgicales.	Médecins, pharmaciens et officiers d'administration de la réserve et, à défaut, de l'armée territoriale. Ces médecins étant de bons praticiens et ayant, pour la plupart, des aptitudes chirurgicales.	Médecins, pharmaciens et officiers d'administration de l'armée territoriale. Ces médecins étant, autant que possible, de bons praticiens.	Médecins, pharmaciens et officiers d'administration de l'armée territoriale.	Médecins, pharmaciens et officiers d'administration ayant demandé à rester dans les cadres après avoir accompli les vingt-cinq années de service exigées par la loi de recrutement, ou, à défaut, appartenant à la réserve de l'armée territoriale, ou, à défaut, à l'armée territoriale. Pour les médecins de bons praticiens et, autant que possible, un chirurgien au moins par établissement.	Médecins, pharmaciens et officiers d'administration de l'armée territoriale et, à défaut, de réserve.

Circulaire relative au décompte des périodes d'instruction des officiers de complément du service de santé pour l'avancement de ces officiers.

(Direction du Service de santé et Direction de l'Infanterie;
Bureau du Personnel du Service de santé.)

Paris, le 22 mai 1913.

Les périodes d'instruction accomplies dans les conditions de l'instruction du 5 décembre 1912, par les officiers de complément du corps et du service de santé affectés à des formations sanitaires de campagne, leur seront décomptées, pour l'avancement, de la manière suivante :

1° RÉSERVE.

Une période d'instruction valable pour l'avancement sera décomptée aux officiers du service de santé de réserve qui auront assisté, dans un intervalle de douze mois, au cours d'instruction et aux exercices d'application du service de santé.

2° ARMÉE TERRITORIALE.

Une période d'instruction de dix jours accomplie au cours d'instruction sera décomptée pour l'avancement à tout officier du service de santé de l'armée territoriale, sous la réserve qu'il aura pris part, au moins une fois, depuis sa nomination au grade d'officier, à des manœuvres ou exercices pratiques du service de santé.

DISPOSITIONS SPÉCIALES AUX VÉTÉRINAIRES.
(RÉSERVE ET ARMÉE TERRITORIALE.)

Décret sur l'avancement des vétérinaires de réserve et de l'armée territoriale.

(Direction de la Cavalerie; Bureau des Remontes.)

Paris, 20 février 1909.

DÉCRET.

Le Président de la République française,

Vu les lois des 13 mars 1875 et 21 mars 1905,
Vu le décret du 10 décembre 1907 sur l'avancement des officiers de réserve et de l'armée territoriale;
Sur la proposition du Ministre de la guerre,

Décrète :

Art. 1er. Les aides-vétérinaires de réserve ou de l'armée territoriale sont promus vétérinaires en second lorsqu'ils comptent quatre années de grade d'aide-vétérinaire et qu'ils ont accompli deux périodes d'instruction avec ce grade.

Art. 2. Les vétérinaires en second de réserve ou de l'armée territoriale peuvent être promus vétérinaires en premier, lorsqu'ils comptent six ans de grade de vétérinaire en second et s'ils ont accompli trois périodes d'instruction avec ce grade.

Art. 3. Les vétérinaires en premier de réserve ou de l'armée territoriale peuvent être promus vétérinaires-majors dans l'armée territoriale, lorsqu'ils comptent six ans de grade de vétérinaire en premier et s'ils ont accompli trois périodes d'instruction avec ce grade. Le nombre des périodes est réduit à une pour les vétérinaires en premier provenant des anciens vétérinaires de l'armée active.

Art. 4. Les vétérinaires-majors de l'armée territoriale, provenant des vétérinaires-majors retraités ou démissionnaires de l'armée active, peuvent être promus vétérinaires principaux de 2e classe dans l'armée territoriale lorsqu'ils comptent quatre ans de grade, et s'ils ont accompli une période d'instruction.

Les vétérinaires-majors de l'armée territoriale provenant des vétérinaires en premier retraités ou démissionnaires de l'armée active peuvent être promus vétérinaires principaux de 2e classe dans les mêmes conditions d'ancienneté, s'ils ont accompli deux périodes d'instruction depuis leur promotion au grade de vété-rinaire-major.

Art. 5. En temps de paix, les vétérinaires des réserves, autres que ceux provenant des vétérinaires retraités ou démissionnaires de l'armée active, ne peuvent, dans la réserve, dépasser le grade de vétérinaire en premier. Dans l'armée territoriale, ils peuvent, en principe, être promus au grade de vétérinaire-major.

Les vétérinaires de réserve et ceux de l'armée territoriale qui ne proviennent pas des vétérinaires retraités ou démissionnaires de l'armée active ne pourront, ni en temps de paix, ni en cas de mobilisation, exercer les fonctions de chef de service.

Art. 6. Aucune période d'instruction n'est exigée pour la promotion des vétérinaires de réserve ou de l'armée territoriale qui, lors du travail annuel d'avancement, ont été proposés pour le grade supérieur dans l'armée active.

Art. 7. L'avancement a lieu au choix, sauf pour le grade de vétérinaire en second qui est donné dans les conditions particulières prévues à l'article 1er.

Art. 8. L'aptitude des **candidats** à l'avancement est **constatée** d'après leur manière de **servir au** cours des périodes d'instruction.

Art. 9. Les périodes de classement des chevaux comptent comme périodes d'instruction pour l'avancement des vétérinaires de réserve ou de l'armée territoriale.

Art. 10. L'ancienneté de grade des vétérinaires de réserve ou de l'armée territoriale est déterminée par la date du décret qui les a nommés à leur grade, soit dans l'armée active, soit dans la réserve, soit dans l'armée territoriale, déduction faite des interruptions de service.

Le temps passé par les vétérinaires de réserve ou de l'armée territoriale dans leurs foyers compte pour l'ancienneté de grade. Le temps passé dans la position hors cadres et le temps de la suspension sont déduits de l'ancienneté.

Art. 11. Les vétérinaires de réserve ou de l'armée territoriale sont inscrits au tableau d'avancement et peuvent en être rayés dans les mêmes formes que les vétérinaires de l'armée active.

Art. 12. En temps de guerre, les vétérinaires de réserve ou de l'armée territoriale peuvent obtenir de l'avancement dans les mêmes conditions que les vétérinaires de l'armée active, mais au titre de la réserve ou de l'armée territoriale.

Art. 13. Le décret du 17 septembre 1898, ainsi que les dispositions contraires au présent décret, sont et demeurent abrogés.

Art. 14. Le Ministre de la guerre est chargé de l'exécution du présent décret, qui sera publié au *Journal officiel* et inséré au *Bulletin des lois*.

Fait à Paris, le 20 février 1909.

A. FALLIÈRES.

Par le Président de la République :

Le Ministre de la guerre,

G. Picquart.

Instruction relative aux officiers et assimilés de complément (suite).

Convocations.

Art. 1er. Le Ministre fait connaître tous les ans, pour chaque corps d'armée, le nombre de vétérinaires de réserve et de l'armée territoriale qui peuvent être appelés à accomplir une période d'instruction ; ils sont convoqués dans les régiments de cavalerie et d'artillerie et dans les escadrons du train des équipages militaires.

Les vétérinaires de réserve, ainsi que ceux de l'armée territoriale, peuvent être aussi appelés à participer au classement des chevaux et des voitures attelées.

Passage dans l'armée territoriale.

Art. 2. Le Ministre délègue aux généraux commandant les

corps d'armée le droit de prononcer le passage dans l'armée territoriale des vétérinaires de réserve à la condition de leur conserver la même affectation.

En conséquence, les bulletins individuels (modèle n° 10) signalant le passage dans l'armée territoriale de ces vétérinaires de réserve ne seront transmis au Ministre qu'après avoir été revêtus de la décision des généraux commandant les corps d'armée.

Ces comptes rendus porteront la date de la mutation prononcée.

Situations nominatives.

Art. 3 (1). Au 1er janvier de chaque année, les généraux commandant les corps d'armée transmettent au Ministre (Bureau des Remontes) les états nominatifs modèle 37, produits par les corps de troupe placés sous leurs ordres et concernant les vétérinaires de réserve et de l'armée territoriale, vétérinaires auxiliaires y compris, qui leur sont rattachés.

A ces états sont joints trois états similaires concernant :

1° Les vétérinaires affectés aux services vétérinaires spéciaux du territoire;

2° Les vétérinaires affectés aux établissements de remonte;

3° Les vétérinaires affectés aux états-majors des brigades d'infanterie.

Enseignement pendant les périodes d'instruction.

PROGRAMME

des matières et des exercices pratiques à enseigner aux vétérinaires de réserve et de l'armée territoriale appelés à faire une période d'instruction.

Hiérarchie militaire. — Grades, signes distinctifs; attributions générales.

Principes généraux de la subordination.

Devoirs à remplir en arrivant dans un corps ou dans une place.

Démarches à faire pour régulariser sa position. — Visites réglementaires.

Marques extérieures de respect. — Formes du salut. — Des préséances.

---

(1) Nouvelle rédaction (circulaire du 25 avril 1913, *B. O.*, p. 436).

Rapport journalier du chef de corps. — Décisions. — Ordres du régiment, de la place, etc.

Des différentes tenues.

Places dans les réunions, réceptions, revues à pied ou à cheval, aux défilés, en route, aux manœuvres et en campagne.

Des punitions. — Fautes contre la discipline, dans le service. — Du droit de punir. — Nature des punitions. — Réclamations.

Permissions. — Maladies. — Exemptions de service.

Rapports du service avec les différents grades.

(Ces sujets devront être examinés très complètement aux points de vue qui intéressent les vétérinaires.)

SERVICE VÉTÉRINAIRE ET SA RÉGLEMENTATION.

Nature et objet du service. — Devoirs généraux. — Initiative et responsabilité de chacun des vétérinaires. — Subordination technique. — Des commissions dont ils peuvent faire partie et de leur rôle dans chacune d'elles.

Prise de possession régulière d'un service vétérinaire.

Infirmerie : Ecuries. — Locaux accessoires. — Mobilier. — Objets. — Inventaires.

Visite méthodique des chevaux malades. — Prescriptions relatives aux traitements, au régime, à l'hygiène, à la promenade, etc. — Administration des médicaments. — Surveillance à exercer sur le personnel et sur l'exécution des ordres.

Visite des chevaux indisponibles. (L'attention des vétérinaires sera tout particulièrement retenue sur cette visite, qui doit être passée soigneusement, avec le plus grand ordre et retenir les chevaux et les hommes le moins longtemps possible ; où l'exécution des pansements confiés aux maréchaux doit être vérifiée par le vétérinaire et ne pas prêter à la transmission des maladies inoculables.)

Tenue du registre d'infirmerie. — Des renseignements à y inscrire.

Tenue du registre des indisponibles. — Des renseignements à y inscrire.

Etablissement des rapports journalier et mensuel. — Renseignements et demandes qu'ils doivent comporter.

Carnet des économies de fourrages.

Registre de correspondance. — Importance.

Pharmacie : Matériel. — Registre. — Vérification de l'existant en médicaments. — Mode d'approvisionnement. — Poisons et mesures qui les concernent. — Onguent de pied.

Instruments de chirurgie ; de leur réforme, de leur remplacement et de leur entretien.

Règlement des dépenses d'un trimestre.

Matériel et instruments à laisser ou à emporter en cas de changement de garnison. — Consigne à passer. — Renseignements à laisser.

Chauffage de la pharmacie. — Repassage des instruments. — Blanchissage.

Bibliothèque. — Matériel d'hippiatrique.

Cantines vétérinaires : Composition. — Entretien. — De leur chargement en cas de mobilisation. — Qui en est responsable ? — Lacs avec entraves et plate-longe pour la mobilisation.

Trousses.

Maréchalerie : Rôle du vétérinaire. — Mobilier des forges. — Matériel, forges de campagne, portatives, légères. — Personnel des maréchaux. — Abonnement des maréchaux. — Cession ou transmission d'un abonnement. — Ferrure courante. — Ferrure de rechange. — Ferrure de réserve. — Ferrure à glace. — Ferrure des animaux étrangers au corps.

Marquage des chevaux. — Achat, entretien et remplacement des marques. — Lettres et dimensions suivant les catégories d'armes.

Marquage des chevaux de réquisition en cas de mobilisation.

Chevaux arrivant au corps ou le quittant.

Chevaux de remonte ; réception, vérification des signalements. — Hygiène particulière des jeunes chevaux.

Hygiène des chevaux. — Dispositions générales.

Alimentation : Denrées qui la composent et tarifs des substitutions. — Caractères distinctifs des denrées fourragères. — Mashs. — Visite des magasins à fourrages. — Cahier des charges. — Régime du vert.

Repas des chevaux. — Abreuvoir. — Aération des écuries. — Bains d'air. — Litière. — Soins à donner aux chevaux avant le travail. — Recommandations pour la marche. — Soins à la rentrée. — Pansage.

Hygiène des membres, des pieds, du dos, de la crinière et de la queue. — Bains. — Tonte, etc.

Maladies contagieuses. — Visite sanitaire ; son importance.

Prescriptions générales relatives aux maladies contagieusec.

Prescriptions particulières à chacune d'elles.

Etablissement de rapports à l'autorité supérieure.

Commission d'abatage : Abatage des chevaux et mulets. — Demandes à établir. — Autopsie : son importance. — Procès-verbaux de mort et d'autopsie.

Inoculation de contrôle.

Dépouilles des chevaux morts ou abattus.

Certificats ou pièces diverses susceptibles d'être demandés au vétérinaire.

Rôle des vétérinaires dans les réformes des chevaux, dans les expertises de fourrages, de viandes et lors de la constatation de vices rédhibitoires sur un cheval nouvellement acheté.

Des opérations graves. — Des feux.

De l'embarquement en chemin de fer et à bord des navires. — Hygiène particulière.

Préparation à une route.

Service pendant une marche. — Service au lieu d'étape. — Particularités à faire ressortir. — Mise en subsistance. — Rapport de route.

Service en campagne, en se reportant, à ce sujet, au règlement du 14 mars 1896.

Cantine personnelle.

Effets, objets, pièces diverses et modèles de rapports à emporter.

Voiture de pharmacie.

Approvisionnement des cantines du corps. — Mode d'opérer.

Dans les instructions à donner qu'indique ce programme, on devra faire ressortir surtout le côté pratique des questions, insister sur les plus essentielles et chercher à faire prendre des notes et des copies de modèles pouvant ultérieurement servir d'aide-mémoire aux intéressés.

ÉQUITATION.

Un cours spécial d'équitation sera fait aux vétérinaires de

réserve et de l'armée territoriale pendant leur période d'instruction.

A la fin de ces périodes, les vétérinaires seront notés par le chef de corps sous le rapport de leur aptitude au cheval.

DISPOSITIONS DIVERSES.

Circulaire relative à l'application des dispositions de l'article 24 de la loi du 21 mars 1905 et de l'article 1er du décret du 10 décembre 1907 sur l'avancement des officiers de complément.

(Cabinet du Ministre; Inspection permanente des Ecoles.)

Paris, le 12 janvier 1910.

L'attention du Ministre a été appelée sur des différences d'interprétation auxquelles auraient pu donner lieu, en ce qui concerne l'avancement des sous-lieutenants de réserve, les dispositions du premier alinéa de l'article 24 de la loi de recrutement, d'une part, et les prescriptions de l'article 1er du décret du 10 décembre 1907, d'autre part.

Il devra être entendu :

1° Que les conditions générales d'avancement des sous-lieutenants de réserve, quatre ans de grade et deux périodes d'instruction, sont applicables aux sous-lieutenants provenant des cours spéciaux organisés en exécution des dispositions de l'article 24 de la loi précitée ;

2° Que les trois périodes supplémentaires auxquelles la loi astreint les officiers de cette catégorie ne doivent pas être obligatoirement accomplies dans le grade de sous-lieutenant, mais réparties sur les onze années que l'intéressé doit légalement passer dans la réserve.

Circulaire relative à la convocation et à la nomination des élèves des grandes écoles énumérées à l'article 23 de la loi du 21 mars 1905, appelés à accomplir, comme sous-lieutenants de réserve, leur deuxième année de service (1).

(Cabinet du Ministre; Inspection permanente des Ecoles.)

Paris, le 9 mai 1910.

Aux termes de l'article 23 de la loi du 21 mars 1905, les élèves des grandes écoles civiles énumérées au deuxième alinéa de cet article qui, « à la sortie de ces écoles, ont satisfait aux épreuves d'aptitude au grade de sous-lieutenant de réserve, et qui avaient fait un an de service avant leur entrée, accomplissent immédiatement leur dernière année de service dans un corps de troupe en qualité de sous-lieutenant de réserve. Cette disposition s'applique aux élèves de l'Ecole polytechnique qui ne sont pas classés dans les armées de terre et de mer ».

Il sera fait application de cette disposition de la loi conformément aux prescriptions suivantes :

Ceux des jeunes gens ci-dessus visés qui désirent ne pas attendre, pour commencer leur deuxième année de service, l'époque de l'appel du contingent, pourront, sur leur demande, être nommés sous-lieutenants de réserve et convoqués dans les corps de troupe aux dates fixées ci-après :

ÉCOLES.	DATES FACULTATIVES de convocation.	DEMANDES ADRESSÉES à
Ecole polytechnique	10 août.	Direction du Génie.
Ecole nationale des ponts et chaussées	20 février.	
Ecole nationale des mines............	10 juin.	Direction de l'Artillerie.
Ecole centrale.....................	10 août.	
Ecole normale supérieure	20 août.	Direction de l'Infanterie.
Ecole forestière	20 août.	
Ecole des mines de Saint-Etienne.....	25 juillet.	

Les demandes des élèves qui désirent user de cette faculté seront adressées au Ministre de la guerre (Directions d'arme)

---

(1) Modifié par les circulaires des 20 septembre 1910 (*B. O.*, p. 1855), **18** décembre 1912 (*B. O.*, p. 2082) et 7 avril 1913 (*B. O.*, p. 353).

un mois avant les dates ci-dessus; elles seront visées et transmises, soit par le général commandant l'Ecole polytechnique, soit par les directeurs des écoles civiles.

Les demandes établies par les élèves qui ne satisferaient pas aux épreuves d'aptitude au grade de sous-lieutenant de réserve seront annulées.

Il ne sera donné aucune suite aux demandes qui tendraient à obtenir des convocations à des dates différentes de celles qui figurent au tableau ci-dessus; les auteurs de ces demandes seraient convoqués au moment de l'appel du contingent comme s'ils n'avaient adressé aucune demande.

Il demeure entendu que la mesure dont il s'agit est applicable uniquement à la catégorie d'élèves visés par le 6e alinéa précité de l'article 23 de la loi de recrutement; les autres élèves sont convoqués à la date de l'appel du contingent.

Après l'accomplissement de leur deuxième année de service, décompté jour pour jour, ces jeunes gens seront envoyés en congé en attendant l'expiration du temps fixé par l'engagement spécial qu'ils ont contracté en vertu du 3e alinéa de l'article 23 précité.

Les jeunes gens visés par la présente circulaire qui sortent la même année de la même école auront leur nomination au grade de sous-lieutenant de réserve prononcée à la même date, quelle que soit l'époque de leur arrivée au corps.

Cette date sera, pour chaque école, celle figurant au tableau ci-dessus.

Après les nominations au grade de sous-lieutenant de réserve, ceux qui ne devraient rejoindre leur corps qu'en octobre seront mis en congé sans solde entre la date de leur nomination et celle de leur arrivée au régiment.

L'année de service à laquelle sont astreints les jeunes gens dont il s'agit continuera, bien entendu, à être décomptée du jour de leur arrivée au corps.

La présente circulaire entrera en vigueur dès sa publication au *Bulletin officiel* du ministère de la guerre.

Instruction pour l'application des décrets relatifs à la position dite « en réserve spéciale ».

(Direction de l'Infanterie; Bureau du Personnel.)

Paris, le 1ʳ octobre 1911.

1° DEMANDES.

Les officiers désireux d'obtenir leur admission à la réserve spéciale en font la demande à leur chef de corps ou de service, le 15 mai et le 15 novembre courant de chaque année (1).

Le chef de corps ou de service établit en double expédition un récépissé daté et signé de cette demande. Une de ces expéditions est remise à l'intéressé; l'autre est adressée au Ministre (Direction d'arme), le 25 mai ou le 25 novembre, selon le cas. Cette pièce sert de base au droit de priorité dont bénéficient les officiers ayant déjà formulé des demandes (art. 2 du décret).

Les demandes d'admission en réserve spéciale sont transmises au Ministre (Direction d'arme) le 25 mai et le 25 novembre; elles doivent être accompagnées : du rapport particulier modèle n° 6, de la déclaration d'option et de résidence, de l'état des services, décompté et arrêté dans les conditions fixées par les articles 2 et 8 du décret du 12 septembre 1911 et contresigné par l'officier, et, le cas échéant, d'une copie certifiée conforme des récépissés des demandes antérieures qui sont entre ses mains.

Les directions d'armes soumettent au Ministre, le 5 juin et le 5 décembre, les demandes des officiers classés, ainsi que le spécifie l'article 2 du décret, et leurs propositions au sujet du nombre d'admissions à prononcer.

2° ADMISSION A LA RÉSERVE SPÉCIALE.

Les admissions à la réserve spéciale sont prononcées par le Ministre dans les conditions fixées à l'article 2 du décret.

Les officiers admis sont rayés des contrôles les 25 juin ou 25 décembre et pourvus d'un emploi de leur grade dans la réserve ou dans l'armée territoriale par décision ministérielle in-

---

(1) Les demandes des officiers en service aux colonies sont formulées de manière à parvenir aux chefs de corps et de service aux dates des 15 mars et 15 septembre (15 février et 15 août pour la colonie de l'Oubanghi-Chari-Tchad).

sérée au *Journal officiel*, conformément aux dispositions de l'article 3 du décret portant règlement d'administration publique, en date du 12 septembre 1911.

Les officiers en non-activité ne peuvent être admis à la position de réserve spéciale.

3° TABLEAUX D'AVANCEMENT OU DE CONCOURS POUR LA LÉGION D'HONNEUR.

L'admission à la réserve spéciale n'entraîne pas la radiation du tableau d'avancement au choix ou du tableau de concours pour la Légion d'honneur.

L'officier admis à la réserve spéciale, qui est inscrit sur l'un de ces tableaux, y est maintenu jusqu'à l'épuisement de ces tableaux. L'avancement en grade est donné au titre de la réserve, l'avancement dans la Légion d'honneur, au titre de l'armée active.

Les propositions ultérieures sont faites dans les mêmes conditions que pour les officiers de réserve, mais suivant les règles particulières aux officiers en réserve spéciale, et font l'objet d'un tableau d'avancement ou d'un tableau de concours spécial à ces officiers.

4° AFFECTATIONS.

Les officiers en réserve spéciale sont affectés, en principe, à des formations de réserve, de territoriale ou de dépôt.

Dans leurs différentes positions, ils sont administrés comme les officiers des réserves.

5° DEMANDES, AVIS ET RÉCLAMATIONS.

Les demandes, avis ou réclamations formés par les officiers en réserve spéciale doivent être adressés au général commandant la subdivision de leur résidence.

Cet officier général transmet, avec son avis personnel s'il y a lieu, la demande, l'avis ou la réclamation aux chefs hiérarchiques dont dépend l'officier, eu égard à son affectation de mobilisation. Ces derniers donnent à l'affaire la suite qu'elle comporte.

6° PORT DE L'UNIFORME.

Les officiers en réserve spéciale sont autorisés à porter l'uniforme dans les mêmes conditions que les officiers de réserve.

Leurs tenues sont celles fixées par l'instruction du 3 novembre 1910 pour les officiers de la réserve et de l'armée territoriale.

7° DROITS CIVILS ET CIVIQUES.

En ce qui concerne les droits civils et civiques, le mariage, le droit d'écrire, les actes de commerce, les contributions, les changements de résidence, etc., les officiers en réserve spéciale sont soumis au même régime que les officiers des réserves (instruction du 2 février 1909, vol. n° 72, p. 23).

8° TRANSPORT SUR LES VOIES FERRÉES. — CARTES D'IDENTITÉ.

Les officiers en réserve spéciale perdent leurs droits au tarif réduit sur les voies ferrées. Ils remettent leur carte d'identité à leur chef de corps ou de service au moment où ils sont admis à la réserve spéciale.

9° FRAIS DE DÉPLACEMENT.

Ils ont droit aux frais de déplacement, lorsqu'ils sont déplacés en vertu d'un ordre émanant d'une autorité militaire. Ils sont traités, en ce qui concerne les frais de déplacement, comme les officiers de réserve.

10° DOSSIER GÉNÉRAL DE L'OFFICIER.

Le dossier général de l'officier en réserve spéciale, comprenant les pièces d'archives et le dossier du personnel, est conservé par le chef de corps ou de service d'affectation.

11° SOLDE MENSUELLE. — SOLDE PENDANT LES CONVOCATIONS BIENNALES.

La solde des officiers en réserve spéciale, en dehors des périodes d'instruction, est celle prévue par l'article 3 de la loi du 11 avril 1911.

Pendant les périodes d'instruction, ils ont droit, en sus de la solde de réserve, à la différence entre cette solde et la solde d'activité la moins élevée du grade dont ils sont titulaires dans les réserves. Cette différence est due dans les mêmes conditions que la solde pour les officiers de réserve convoqués.

Conformément à l'article 3 de la loi, la solde spéciale est majorée de 30 francs par an pour chaque période effectivement accomplie, à partir du lendemain du jour auquel la période a pris fin.

La solde est payée mensuellement et à terme échu, sur mandat individuel, et régularisée sur une revue de liquidation du modèle des officiers sans troupe établie au titre du chapitre 22.

Les officiers intéressés sont pourvus d'un livret de solde.

Le sous-intendant qui tient le contrôle des officiers en non-activité tient également un contrôle des officiers en réserve spéciale.

12° PÉRIODES D'INSTRUCTION.

Les officiers en réserve spéciale sont astreints à une période d'instruction de cinq semaines tous les deux ans, jusqu'au moment où ils ont atteint l'âge de 53 ans.

Ils sont convoqués par les soins des chefs de corps ou de service d'affectation, aux époques de l'année le plus favorables pour leur instruction militaire (manœuvres d'automne, séjour dans les camps d'instruction, les champs de tir, etc.) et dans le même mode que les officiers des réserves.

Les demandes d'ajournement des périodes à l'année suivante pour cas de force majeure, constituant un empêchement absolu, sont soumises à la décision du général commandant le corps d'armée qui statue par délégation du Ministre.

Une période d'instruction de cinq semaines est due pour chaque période biennale passée en réserve spéciale. Toute période d'instruction ajournée ne peut compter en conséquence que pour la période de deux ans de réserve spéciale au cours de laquelle elle aurait dû être normalement accomplie.

13° DISPOSITIONS TRANSITOIRES.

Les dispositions de la présente instruction entreront en vigueur immédiatement.

Les demandes relatives aux cent places d'admission à la réserve spéciale afférentes à l'année 1911 seront remises le 15 novembre prochain à leurs chefs de corps ou de service par les officiers qui désirent en profiter. Elles seront transmises aux directions d'armes le 25 novembre et soumises au Ministre le 5 décembre.

Les demandes des officiers en service aux colonies pourront, au besoin, selon les instructions données par les commandants supérieurs des troupes, être formulées et transmises par la voie télégraphique. Dans ce cas, les états de service des intéressés seront établis par les directeurs d'armes auxquels ils ressortissent.

La première convocation des officiers en réserve spéciale aura lieu en 1913.

Les chefs de corps et de service sont invités à porter le plus tôt possible à la connaissance des officiers les dispositions de la loi du 11 avril 1911, portant création de la position dite en réserve spéciale, des décrets du 12 septembre 1911 pour l'application de cette loi, et celles de la présente instruction. Il est d'autant plus indispensable que tous les officiers soient informés de ces dispositions — ignorées encore de beaucoup d'entre eux — que le droit de priorité dans l'admission dans la réserve spéciale dépendra, dans une certaine mesure, de la date de la première demande formulée par les intéressés, et qu'à ce titre, les demandes présentées dès cette année donneront aux officiers qui les établiront un avantage appréciable pour l'admission dans la réserve spéciale au cours des années ultérieures.

MODÈLES

MODÈLE N° 1.
—
Art. 8 de l'instruction
ministérielle du 2 fé-
vrier 1909.

(1)

CERTIFICAT D'APTITUDE

A L'EMPLOI DE CHEF DE (2)

La commission du (1)   certifie qu'au point de vue de l'instruction militaire, théorique et pratique et de l'aptitude au commandement, M. (3)
est capable de remplir les fonctions de chef de (2)

MOYENNE DES NOTES OBTENUES.

(Exprimées dans la notation de 0 à 20.)

Instruction militaire pratique.
Instruction militaire théorique.
Aptitude au commandement.

A   , le   19   .

Les Membres de la Commission,

VU ET APPROUVÉ :

Le (4)

---

(1) Corps *ou* service.
(2) Section *ou* de peloton dans la réserve ou dans l'armée territoriale.
(3) Nom, prénoms, grade et affectation.
(4) Général de brigade *ou* directeur du service.

CORPS D'ARMÉE.

(1) Désigner le corps.
(2) Réserve *ou* armée territoriale.
(3) Grade, nom et prénoms.
(4) Engagé volontaire pour   ans, le   appelé (ou dispensé, art.   ).
Indiquer la date de l'envoi dans la disponibilité, la réserve, etc.

(1)

Recto (1re page).
MODÈLE N° 2.
—
Art. 10 de l'instruction ministérielle du 2 février 1909.

MÉMOIRE de proposition pour le grade de sous-lieutenant de (2)
en faveur du (3)
résidant à

SIGNALEMENT.	SERVICES SUCCESSIFS. CAMPAGNES, BLESSURES ET DÉCORATIONS		
	Grades et emplois	Corps.	Dates.
Numéro du registre matricule.	Entré au service comme (4)		
Nom	Classe de recrutement		
Prénoms	Classe de mobilisation		
Surnom	Subdivision de recrutement d		
Dernier domicile			
département d			
Profession d			
Fils d			
et de			
domiciliés à			
département d			
Né le			
à			
canton d			
département d	Libéré du service actif le		
Taille de 1 mètre centimètres			
Visage			
Front			
Yeux	Campagnes...		
Nez			
Bouche			
Menton			
Cheveux	Blessures, actions d'éclat,		
Sourcils	citations, etc.		
Marques particulières			
Marié le			
à D^e			
domiciliée à	Décorations et médailles.		
département d			
Nombre d'enfants			

Verso (2ᵉ page).

RELEVÉ des punitions.

DATES des PUNITIONS.	GRADE	GENRE DE PUNITIONS ET NOMBRE DE JOURS.				PAR QUI les PUNITIONS ont été infligées.	MOTIFS des PUNITIONS.
		Consigne	Salle de police	Prison.	Cellule.		
Totaux.......							
Total général							

Notes particulières.

Constitution, santé...............

Tenue extérieure...............

Conduite et moralité.............

Caractère ....

Intelligence et aptitude...........

Manière de servir...............

Instruction
{
Langues étrangères........

Comptabilité...............

militaire.... { théorique ...

{ pratique ....

Equitation...............
}

AVIS DU CHEF DE CORPS.

A , le 19 .

Le Chef de corps,

Verso (4ᵉ page).

<table>
<tr><td>Avis
du
général de brigade.</td><td>}</td><td></td></tr>
<tr><td>Avis
du
général de division
(s'il y a lieu).</td><td>}</td><td></td></tr>
<tr><td>Proposition
du général
commandant le
corps d'armée.</td><td>}</td><td></td></tr>
</table>

A   , le   19   .

Le Général de brigade,   *Le Général de division,*

Le Général commandant le   ᵉ corps d'armée,

e CORPS D'ARMÉE

Recto (1re page).

MODÈLE N° 3.

—

Art. 11 de l'instruction
ministérielle du 2 fé-
vrier 1909.

LISTE D'APTITUDE

AU GRADE

DE SOUS-LIEUTENANT DE (1)

———

(2)

———

Nota. — Il est établi un état distinct pour chaque arme ou service.

(1) « Réserve », *ou* « l'armée territoriale ».
(2) Arme.

Verso (2ᵉ page).

NOMS ET PRÉNOMS. — CLASSE { DE RECRUTEMENT DE MOBILISATION. — Position sociale ou profession.	Durée des services	Campagnes.	Blessures.	RÉSIDENCE. — 1° Commune. 2° Canton. 3° Département.	NOTES ET OPINION DU GÉNÉRAL COMMANDANT le corps d'armée. 1° Conduite. 2° Principes. 3° Tenue.	Appréciation de la valeur générale du candidat.	OBSERVATIONS.

Recto (3ᵉ page).

NOMS ET PRÉNOMS. — CLASSE {DE RECRUTEMENT / DE MOBILISATION.} — Position sociale ou profession.	Durée des services.	Campagnes.	Blessures.	RÉSIDENCE. — 1° Commune. 2° Canton. 3° Département.	NOTES ET OPINION DU GÉNÉRAL COMMANDANT le corps d'armée. 1° Conduite. 2° Principes. 3° Tenue.	Appréciation de la valeur générale du candidat.	OBSERVATIONS.

A   , le   19

Le Général commandant le corps d'armée,

• CORPS D'ARMÉE.

Recto (1re page).

MODÈLE N° 4.

Art. 16 de l'instruction ministérielle du 2 février 1909.

(1)

(1) Désigner le corps.
(2) Réserve *ou* armée territoriale.
(3) Grade, nom et prénoms.

MÉMOIRE DE PROPOSITION pour le grade d'adjudant de (2) *en faveur du* (3) *résidant à*

SIGNALEMENT.	SERVICES SUCCESSIFS CAMPAGNES, BLESSURES ET DÉCORATIONS.		
	Grades et emplois.	Corps.	Dates.
Numéro du registre matricule Nom Prénoms Surnom Dernier domicile département d Profession d Fils d et d domiciliés à département d Né le à canton d département d Taille de 1 mètre centimètres	Entré au service comme	Libéré du service actif le	
Visage Front Yeux Nez Bouche	Campagnes...		
Menton Cheveux Sourcils Marques particulières Marié le	Blessures, actions d'éclat, citations, etc.		
à De domiciliée à département d Nombre d'enfants	Décorations et médailles.		

Verso (2ᵉ page).

RELEVÉ *des punitions.*

DATES des PUNITIONS.	GRADE	GENRE DE PUNITIONS ET NOMBRE DE JOURS.				PAR QUI les PUNITIONS ont été infligées.	MOTIFS des PUNITIONS.
		Consigne.	Salle de police.	Prison.	Cellule.		
Totaux.......							
Total général....							

Recto (3ᵉ page).

Notes particulières.

Constitution, santé ....

Tenue extérieure..............

Conduite et moralité............

Caractère ....

Intelligence et aptitude..........

Manière de servir ....

Instruction {

Langues étrangères........

Comptabilité..............

militaire ... { théorique....

pratique ....

Équitation................

AVIS DU CHEF DE CORPS:

A   , le   19

Le Chef de corps,

Verso (4ᵉ page).

Décision
du
général de brigade.

A   , le   19   .

Le Général de brigade,

CORPS D'ARMÉE.

ANNÉE

* régiment.
* bataillon.
* escadron.
* batterie.

MODÈLE N° 5.

Art. 34 de l'instruction ministérielle du 2 février 1909.

ÉCOLE (1)

D'INSTRUCTION DE (2)

(1) Subdivisionnaire ou régionale.
(2) Indiquer la localité.
(3) Nom, prénoms, grade ou emploi.
(4) Domicile ou résidence de l'officier.
(5) Lieu de convocation.
(6) Visa des représentants auprès du commandant de corps d'armée des compagnies sur lesquelles le parcours est autorisé.
(7) Indication du ou des réseaux empruntés par l'itinéraire de l'officier.
(8) Point de départ ou d'entrée et de sortie sur chaque réseau.

FEUILLE concernant M (3)   au qui prend part aux séances de l'école d'instruction de (2)   et est autorisé à voyager en chemin de fer de (4)   à (5) et retour, aux dates indiquées ci-dessous.

DATES des SÉANCES d'instruction. (a)	TIMBRES A DATES DES GARES DE DÉPART POUR CHAQUE TRAJET.		VISA DU CHEF DE CORPS (b) de l'armée active ou de l'officier supérieur délégué et cachet du corps actif auquel est rattachée l'école.	OBSERVATIONS.
	A l'aller.	Au retour.		
				Les détenteurs qui feront usage de cette feuille de transport en dehors des dates et des itinéraires indiqués ci-contre seront passibles d'une peine disciplinaire.
				Ils seront en outre astreints à payer intégralement le prix des places occupées par eux, tant pour les parcours irréguliers effectués que pour les voyages faits antérieurement à prix réduit.
				(a) Le voyage d'aller doit avoir lieu la veille ou le jour de la réunion, et celui du retour le jour ou le lendemain.
				(b) La feuille de réduction ne donne aucun droit à l'obtention du tarif militaire pour le retour dans le cas où elle ne serait pas revêtue du visa du chef de corps de l'unité de l'armée active à laquelle est rattachée l'école d'instruction, ou de l'officier supérieur spécialement délégué.
				(c) La signature du titulaire peut être requise lors des contrôles au départ, en route et à l'arrivée.

Vu pour être utilisé, aux dates indiquées ci-dessus, sur le réseau

d (7)   de (8)   à (8)   Délivré à l'intéressé
d (7)   de (8)   à (8)   à la date du   19
d (7)   de (8)   à (8)   *Le Chef de corps,*
L (6)   *Signature du titulaire (c),*

MODÈLE Nº 6.

Art. 67 de l'instruction ministérielle du 2 février 1909.

(1) Ou dont la démission a été acceptée ou qui a été admis en réserve spéciale.
(2) Ou du 7 avril 1905.

Désigner le corps ou le service.

RAPPORT particulier sur M. (1), *qui sollicite son admission à la retraite dans les conditions de la loi (2) du 22 juin 1878, et qui demande à se retirer à* , *canton d* , *département d*

1° Nom et prénoms. 2° Date de la naissance. 3° Grade dans la Légion d'honneur. 4° Marié ou célibataire. 5° Date de la radiation des contrôles. 6° Date de l'admission à la retraite, ou de l'acceptation de la démission ou de l'admission en réserve spéciale.	1° Grade et date de la nomination. 2° Constitution, santé. 3° Aptitude à l'équitation.	Nombre d'années de service.	Campagnes.	Blessures.	1° Conduite. 2° Principes. 3° Tenue. 4° Manière de servir.	APPRÉCIATION DU CHEF DE CORPS OU DE SERVICE relativement à l'emploi pour lequel l'officier aurait une aptitude particulière, et au grade à lui conférer soit comme officier de réserve, soit comme officier ou assimilé de l'armée territoriale.	NOTES du général de brigade.	du général de division.	du général commandant le corps d'armée.	OBSERVATIONS.
1° 2° 3° 4° 5° 6°	1° 2° 3°				1° 2° 3° 4°					

A , le 19 .

• CORPS D'ARMÉE.

(1)

(1) Réserve ou armée territoriale.
(2) Corps ou service.
(3) Date du décret de nomination au grade de sous-lieutenant, augmentée de 2 ou 4 ans, selon le cas.

(2)

MODÈLE N° 6 *bis*.

Art. 7 *bis* de l'instruction ministérielle du 2 février 1909.

FORMAT { Hauteur : 0,31. Largeur : 0,21. }

A. — ÉTAT des Sous-Lieutenants d (2) provenant des Sous-Officiers retraités, comptant 2 ans de grade au (3) et ayant accompli, en cette qualité, une période d'instruction.

NOMS ET PRÉNOMS.	RANG D'ANCIENNETÉ.	NOMBRE DE PÉRIODES ACCOMPLIES comme sous-lieutenant. Stage obligatoire non compris.	OBSERVATIONS.

MODÈLE N° 6 *ter*.

Art. 7 *bis* de l'instruction ministérielle du 2 février 1909.

FORMAT { Hauteur : 0,31. Largeur : 0,21. }

B. — ÉTAT des Sous-Lieutenants d (2) ne provenant pas des Sous-Officiers retraités, comptant 4 ans de grade au (3) et ayant accompli, en cette qualité, deux périodes d'instruction.

NOMS ET PRÉNOMS.	RANG D'ANCIENNETÉ.	NOMBRE DE PÉRIODES ACCOMPLIES comme sous-lieutenant. Stage obligatoire non compris.	OBSERVATIONS.

CORPS D'ARMÉE.

—

SUBDIVISION

d

‾‾‾‾‾‾‾‾‾‾‾‾‾‾‾‾‾

Recto (1ʳᵉ page.)

MODÈLE Nº 7.

—

Art. 65 de l'instruction ministérielle du 2 février 1909.

‾‾‾‾‾‾‾‾‾‾‾‾‾‾‾‾‾

Format pot : 21×20.

BUREAU DE RECRUTEMENT D

CONTROLE

des officiers de réserve, de l'armée territoriale et assimilés ayant concouru au tirage au sort dans la subdivision, et encore astreints aux obligations militaires.

NOTA. — Les officiers de réserve et de l'armée territoriale sont portés sur ce contrôle dès que leur nomination parvient au bureau de recrutement; ils sont rayés quand ils cessent d'être astreints aux obligations militaires ou qu'ils perdent, pour un motif quelconque, la qualité d'officier de réserve ou de l'armée territoriale. Les adresses sont inscrites au crayon.

CLASSE de recrutement.	CLASSE de mobilisation.	N° au registre matricule.	NOMS ET PRÉNOMS.	GRADES.	CORPS D'AFFECTATION.
1	2	3	4	5	6

ADRESSE.	MUTATIONS.	OBSERVATIONS.
7	8	9

Recto (1re page).
MODÈLE N° 8.
—
Art. 66 de l'instruc-
tion ministérielle du
2 février 1909.

(1) Gouvernement mi-
litaire d   ou
' région

CONTROLE GÉNÉRAL DES OFFICIERS DE COMPLÉMENT.

1re PARTIE.

*Officiers retraités en vertu des lois des 22 juin 1878 et 7 avril 1905,
en résidence sur le territoire d (1)*

Inscrire les officiers dès la réception du rapport particulier n° 6.
Les retraités par anticipation sont inscrits à l'encre rouge.
Indiquer, au fur et à mesure de leur notification, l'emploi conféré et
la mutation.
Barrer le nom des officiers rayés dudit contrôle.

Nota. — Il est établi une table alphabétique, à la fin du contrôle général.

Verso (2ᵉ page).

NOMS et PRÉNOMS.	GRA- DES.	DATES : 1° De la nais- sance ; 2° De la ra- diation des ca- dres ; 3° De l'ad- mission à la retraite.	LOCALITÉS dans lesquelles les OFFICIERS se sont retirés.	EMPLOI OU GRADE conféré. — Date de la nomi- nation.	MUTATIONS.

(1) Gouvernement mi-
litaire d   ou
   région.

2e PARTIE.

*Officiers de complément appartenant à des corps ou services
stationnés sur le territoire d (1)*

Inscrire les officiers dès la notification (insertion au *Journal officiel*)
de l'affectation.

Indiquer, au fur et à mesure qu'ils se produisent, les changements
d'adresse ou de résidence, ainsi que les mutations.

Vérifier à l'aide des situations trimestrielles.

Verso (2ᵉ page).

NOMS ET PRÉNOMS.	GRA-DES ET RANG d'an-cienneté	CORPS OU SERVICE auquel L'OFFICIER EST AFFECTÉ.	BUREAU DE RECRUTEMENT sur le registre matricule duquel l'officier est inscrit (1).

(1) Indiquer dans cette colonne l'origine des officiers inscrits sur les contrôles de recrutem
(2) Réserve *ou* armée territoriale.

Recto (3ᵉ page).

CLASSE de recrutement.	de mobilisation	NUMÉRO au REGISTRE matricule du recrute-ment.	DATE de LA PREMIÈRE entrée au service.	DATE du PASSAGE (2).	RÉSIDENCES SUCCESSIVES.	OBSERVATIONS. et MUTATIONS.

(officier retraité, officier démissionnaire après vingt-cinq années de service).

3e PARTIE.

Officiers de complément n'appartenant pas aux corps ou services stationnés sur le territoire d (1)   mais y résidant.

Inscrire les officiers au fur et à mesure que leur résidence est signalée.

Verso (2ᵉ page).

NOMS ET PRÉNOMS.	GRADES.	CORPS ou SERVICES.	ADRESSES.	OBSERVATIONS et MUTATIONS.

(1) Gouvernement mili-
taire d   ou
° corps d'armée.

4ᵉ PARTIE.

Officiers de complément, de toutes résidences, désignés comme devant se rendre dans le (1)   , pour y recevoir une affectation ne devant leur être notifiée qu'à la mobilisation.

Verso (2ᵉ page).

NOMS ET PRÉNOMS.	GRADES.	CORPS ou SERVICE.	RÉSIDENCE.	LIEU où l'officier doit se rendre et autorité militaire à laquelle il doit se présenter.	OBSERVATIONS.

• CORPS D'ARMÉE.

MODÈLE N° 9.

(1) Indiquer le corps ou le service.

(1)

Art. 31 et 72 de l'instruction ministérielle du 2 février 1909.

FORMAT DU PAPIER :
Hauteur .... 0^m,230
Largeur .... 0^m,360

BULLETIN INDIVIDUEL *d'un officier* (A)

NOM et PRÉNOMS.	RÉSIDENCE.	GRADE.	DATE de l'expiration du service dans la position actuelle.	RÉGION TERRITORIALE dans laquelle il préfère servir.	APPRÉCIATION DU CHEF de corps ou de service sur la valeur générale de l'officier.	AVIS : 1° Du général de brigade : 2° Du général de division :

(A) De réserve ou assimilé qui va atteindre l'époque de son passage légal dans l'armée territoriale et demande à y être affecté.
ou
de l'armée territoriale qui va avoir accompli le temps de service exigé par la loi du recrutement et demande sa radiation des cadres
ou
(de réserve ou de l'armée territoriale) qui va atteindre la limite d'âge fixée par l'article 56 de la loi du 13 mars 1875.

A   , le   19 .

Proposition du Général commandant le corps d'armée.

• CORPS D'ARMÉE.
—
• DIVISION.
—
• BRIGADE.

(1)

(1) Indiquer le corps ou le service.

MODÈLE Nº 10.

Art. 31 et 72 de l'instruction ministérielle du 2 février 1909.

FORMAT DU PAPIER :
Hauteur........ 0ᵐ,230
Largeur........ 0ᵐ,360

BULLETIN INDIVIDUEL d'un officier (A)

et demande à être maintenu dans sa position actuelle.

NOM et PRÉNOMS.	RÉSIDENCE.	GRADE.	DATE de L'EXPIRATION du service dans la position actuelle.	RÉGION TERRITORIALE dans laquelle il préfère servir.	APPRÉCIATION du CHEF DE CORPS ou de service sur la valeur générale de l'officier.

(A) De réserve ou assimilé qui va atteindre l'époque de son passage légal dans l'armée territoriale

ou

de réserve ou de l'armée territoriale qui va avoir accompli le temps de service exigé par la loi du recrutement.

A   , le   19 .

Décision du Général de brigade.

MODÈLE Nº 11.

Art. 31 de l'instruction ministérielle du 2 février 1909.

FORMAT DU PAPIER :
Hauteur........ 0^m,310
Largeur .... 0^m,200

DÉCLARATION

de M. (1)

(2) *de réserve qui va atteindre l'époque de son passage légal dans l'armée territoriale.*

Je soussigné (1)   (2)
de réserve au (3)   , déclare demander à (4)

A   , le   19 .

Signature :

(1) Nom et prénoms.
(2) Grade.
(3) Indiquer le corps ou le service.
(4) Rester dans le cadre des officiers de réserve *ou* passer dans l'armée territoriale.

NOTA. — Le maintien dans les cadres des officiers de réserve reste, malgré la déclaration faite en ce sens, subordonné à la décision du général de brigade.

Partie à coller au verso du bulletin individuel nº 9 ou 10.

MODÈLE N° 12.

—

Art. 80 de l'instruction
ministérielle du 2 fé-
vrier 1900.

FORMAT DU PAPIER :
Hauteur........ 0ᵐ,310
Largeur........ 0ᵐ,200

DÉCLARATION

de M. (1)   (2)

(3)   va avoir accompli le temps de service exigé
par la loi de recrutement, ou va atteindre la limite d'âge fixée par
l'article 56 de la loi du 13 mars 1875.

Je soussigné (1)   (2)
à (3)   déclare demander (4)

, le   19

Signature :

(1) Nom et prénoms.
(2) Grade.
(3) Corps ou service.
(4) A rester dans les cadres *ou* à être rayé des cadres.

NOTA. — Le maintien dans les cadres reste, malgré
la déclaration faite en ce sens, subordonné à la décision
du général de brigade.

Partie à coller au verso
du bulletin individuel
n° 9 ou 10.

CORPS D'ARMÉE

Modèle N° 13.

—

Art. 24, 70 et 72 de l'instruction ministérielle du 2 février 1909.

FORMAT DU PAPIER :
Hauteur........ 0^m,230
Largeur........ 0^m,360

Nota. — Toutes les fois qu'il y aura lieu d'adresser ce bulletin pour donner avis d'une ou de plusieurs vacances, on ne devra pas y comprendre les vacances signalées antérieurement. Chaque bulletin ne doit comprendre que des officiers appartenant au même corps ou service.

(1)

BULLETIN des emplois d'officiers devenus vacants au corps et des mutations d'officiers effectuées dans les corps ou le service.

GRADES ET EMPLOIS des officiers.	NOMS DES OFFICIERS faisant vacance ou mutation	MOTIFS DES VACANCES et objet des mutations.	DATES DES VACANCES et des mutations.	OBSER-VATIONS.

A   , le   19   .

Le (2)

Vu :

Le (3)

Vu :

Le Général commandant le corps d'armée,

(1) Indication du corps ou du service.
(2) Chef de corps ou de service.
(3) Le général de brigade, le directeur du service, le général commandant la subdivision (suivant le cas).

CORPS D'ARMÉE

ou

GROUPE d

BULLETIN indicatif d'un (1)

qui (2)

MODÈLE Nº 14.

Art. 26 de l'instruction ministérielle du 2 février 1909.

NOM ET PRÉNOMS.	GRADE ET POSITION.	RÉSIDENCE		OBSERVATIONS.
		ANCIENNE.	ACTUELLE.	

(1) Officier de réserve ou de l'armée territoriale ayant fixé sa résidence à   doit être mis à la disposition d
    ou
(2) ayant quitté la Corse ou l'Algérie, ou la Tunisie, ou la colonie d   , doit être affecté à un corps de la métropole.
(3) Le Général commandant le   ᵉ corps d'armée ou le commandant supérieur d   , selon le cas.

A   , le   19 .

Le (3)

CORPS D'ARMÉE.

MODÈLE N° 15.

ARTICLE 100
de l'instruction ministé-
rielle du 2 février 1909.

FORMAT DU PAPIER :
Largeur........ 0",190
Hauteur........ 0",250

(1)

CERTIFICAT DE MARIAGE.

Nous, soussignés, membres du Conseil d'administration du
indiquer le corps) certifions, d'après l'extrait des
egistres de l'état civil qui est déposé aux archives du corps, que
M. (*nom, prénoms et grade de l'officier*)
s'est marié le à la mairie d
département d à D^lle (*prénoms et nom de l'épouse*).

A , le 19 .

Le Président du Conseil d'administration,

(1) Corps ou service.

N°
• CORPS D'ARMÉE.

SUBDIVISION d

BRIGADE DE GENDARMERIE d

CHANGEMENT DE RÉSIDENCE

D'UN OFFICIER OU ASSIMILÉ DE RÉSERVE
OU DE L'ARMÉE TERRITORIALE.

Date de la déclaration :

M. (1)

a déclaré (2)   qu'il

transportait (3)

de   à (4)

Classe à laquelle { Recrutement :
il appartient.
(5)   { Mobilisation :

Subdivision
dans laquelle il
a satisfait à la
loi (6).

S'il a servi, date de sa première entrée

au service :

au

(1) Nom et prénoms. — Grade. — Régiment ou service. — Réserve ou armée territoriale.
(2) Verbalement ou par écrit.
(3) Sa résidence.
(4) Pour les villes, indiquer la rue et le numéro; pour voyager, indiquer la contrée.
(5) Ces renseignements ne sont obligatoires que pour les officiers encore astreints, par leur âge, aux

---

N°
• CORPS D'ARMÉE.

SUBDIVISION D

MODÈLE N° 16.

ARTICLES 68 ET 92
de l'Instruction minis-
térielle du 2 février 1909.

BRIGADE DE GENDARMERIE D

Récépissé d'une déclaration de changement de résidence, ou de déplacement pour voyager, faite par un officier ou assimilé de réserve ou de l'armée territoriale.

Le Commandant de la brigade de gendarmerie d   soussigné, certifie que

M. (1)   classe de { recrutement :
                                            { mobilisation :

ayant satisfait à la loi dans la subdivision d
n° de tirage   , entré pour la première fois au service le   1   , au
                              , l'a informé (2)   qu'il transporte (3)
de (4)   à (4)

A   , le   1 .

N°
• CORPS D'ARMÉE.

SUBDIVISION D

BRIGADE DE GENDARMERIE D

Récépissé d'une déclaration de changement de résidence, ou de déplacement pour voyager, faite par un officier ou assimilé de réserve ou de l'armée territoriale.

Le Commandant de la brigade de gendarmerie d   soussigné, certifie que

M. (1)   classe de { recrutement :
                                            { mobilisation :

ayant satisfait à la loi dans la subdivision d
                              , entré pour la première fois au service le   1   , au
                              , l'a informé (2)   qu'il transporte (3)
de (4)   à (4)

A   , le   1 .

VU et TRANSMIS à l'état-major du corps d'armée.   VU et TRANSMIS au bureau de recrutement de la matricule.

MODÈLE N° 17.

●CORPS D'ARMÉE

(1) Chef de corps ou de service.
(2) Nom, grade et affectation.
(3) Une période ou un stage.

MODÈLE N° 17.

ARTICLE 44
de l'Instruction ministérielle du 2 février 1909.

FORMAT DU PAPIER :
Hauteur........ 0ᵐ,2ᵉ0
Largeur........ 0ᵐ,190

ORDRE

—

Transmis à l'intéressé.
Le (date de l'envoi).
Le (grade ou fonction).
(*Signature*.)

En exécution des ordres de Monsieur le Ministre de la guerre, il est prescrit à M. (2)
d'être rendu à   le
pour accomplir (3)   d'instruction
de   jours.

Cet officier aura droit aux indemnités et à la solde dans les conditions déterminées par les instructions en vigueur.

M.   devra se présenter le
à

Le présent ordre servira de feuille de route pour l'officier et pour le cheval qu'il est autorisé à emmener avec lui.

A   , le   19

Le (1)

SIGNALEMENT SOMMAIRE
du cheval.
—

Jument.
9 ans.
Bai clair ; pelote en tête, balzane postérieure gauche.

M. (2)
à

(1) Date de la réception.
(2) Date de la convocation
(3) Lieu de la convocation
(4) Une période ou un stage.
(5) Grade et fonction de l'officier.
(6) Signature.

Modèle nº 18.

Article 44
de l'Instruction ministé-
rielle du 2 février 1909.

Format du papier :
Hauteur........ 0ᵐ,250
Largeur........ 0ᵐ,190

RÉCÉPISSÉ.

Reçu le (1)   un ordre de convocation prescrivant au soussigné
d'être rendu le (2)   à (3)   pour accomplir (4)
d'instruction de   jours.

Le (1)   19
Le (5)

(6)

Nota. — Si l'ordre de convocation a été remis par la gendarmerie, le reçu doit être donné au gendarme qui l'a apporté.

Si l'ordre de convocation est arrivé par la poste, le reçu sera envoyé par la poste sous bande, en franchise, à l'officier ou au fonctionnaire militaire qui aura contresigné l'envoi et signé la transmission en marge de l'ordre. La bande devra être contresignée par l'officier convoqué ; le contreseing sera formulé de la manière suivante pour les officiers des corps de troupes :

Le (*indiquer le grade*) du (*indiquer le corps*) territorial, commandant le détachement.

Pour les officiers des différents services, le contreseing portera le grade ou la fonction de l'officier avec la mention : *de réserve* ou *de l'armée territoriale*.

SITUATIONS SEMESTRIELLES.

^e CORPS D'ARMÉE.

SITUATION
au 1er   19 .

(1) De réserve de (*indiquer l'arme*)
ou
de (*indiquer l'arme*) de (1)
l'armée territoriale.

MODÈLE N° 19.

ARTICLE 79
de l'instruction ministérielle du 2 février 1909.

OFFICIERS

AFFECTÉS AUX SERVICES SPÉCIAUX DU TERRITOIRE.

Etat nominatif de MM. les Officiers, indiquant leur situation au 1er 19 et les mutations survenues parmi eux pendant le semestre précédent.

NOMS ET PRÉNOMS.	GRADES.	EMPLOIS DE MOBILISATION.	DÉCORATIONS.	RÉSIDENCES.	MUTATIONS.

L'Officier supérieur chargé de la section territoriale dans le Corps d'armée,

A Monsieur le Ministre de la guerre. (Une situation distincte par arme adressée au Bureau de l'arme.)

SITUATIONS TRIMESTRIELLES

MODÈLES

CORPS D'ARMÉE

SITUATION
au 1er

(1) *ou* Service des chemins de fer et des étapes.

OFFICIERS DE RÉSERVE
ET DE L'ARMÉE TERRITORIALE.

SERVICE D'ÉTAT-MAJOR (1)

MODÈLE N° 20.

Instruction ministérielle
du 2 février 1909.

(Service d'état-major.)

ÉTAT nominatif indiquant la situation de MM. les Officiers et les mutations survenues parmi eux pendant le trimestre écoulé.

NOMS.	GRADES.	DÉCORATIONS.	RÉSIDENCE.	MUTATIONS.
		RÉSERVE.		
		Infanterie.		
		Cavalerie.		
		Artillerie.		
		Génie.		
		ARMÉE TERRITORIALE.		
		Infanterie.		
		Cavalerie.		
		Artillerie.		
		Génie.		

Le Chef d'état-major,

A Monsieur le Ministre de la guerre. (État-Major de l'armée. — Section du personnel du Service d'état-major.)

• CORPS D'ARMÉE

SITUATION

au 1er

(1) *ou* Interprètes militaires.

OFFICIERS D'ADMINISTRATION DES SERVICES D'ÉTAT-MAJOR ET DU RECRUTEMENT.

(RÉSERVE ET ARMÉE TERRITORIALE.)

MODÈLE N° 21.

Instruction ministérielle du 2 février 1909.

(Service d'état-major.)

ÉTAT nominatif indiquant la situation de MM. les Officiers d'administration (1) et les mutations survenues parmi eux pendant le trimestre écoulé.

NOMS.	GRADES.	DÉCO-RATIONS.	RÉSIDENCE.	MUTATIONS.
RÉSERVE.				
ARMÉE TERRITORIALE.				

Le Chef d'état-major,

A Monsieur le Ministre de la guerre. (Etat-Major de l'armée. — Section du personnel du Service d'état-major.)

RÉGIMENTS SUBDIVISIONNAIRES

Recto (1re page).

MODÈLE N° 22.

Art. 1er de l'Instruction
ministérielle
du 2 février 1909.

Dispositions spéciales.
(Infanterie.)

FORMAT DU PAPIER :

Hauteur...... 0m,40
Largeur...... 0m,30

· CORPS D'ARMÉE.
—
· DIVISION D'INFANTERIE.
—
· BRIGADE D'INFANTERIE.
—

Situation
au 1er   19 .

e RÉGIMENT D'INFANTERIE

(RÉGIMENT ACTIF, DÉPÔT COMMUN,
RÉGIMENT DE RÉSERVE.)

ÉTAT nominatif de MM. les Officiers du cadre actif (1), *de réserve et de l'armée territoriale affectés au corps ci-dessus, indiquant leur situation au 1er   19 , et les mutations survenues parmi eux pendant le trimestre précédent.*

RÉGIMENT ACTIF.

NOMS et PRÉNOMS.	GRADES.	EMPLOIS de MOBILISATION.	DÉCORATIONS.	RÉSIDENCE (2).	MUTATIONS.
		Adjoint au chef du 1er bat.			
		— du 2e bat.			
		— du 3e bat.			
		Porte-drapeau.........			

(1) Inscrire à l'encre rouge les indications concernant les officiers de l'armée active.
(2) Indiquer la commune et le département : pour Paris et les grandes villes, la rue et le numéro.
(3) Le capitaine d'habillement commande une compagnie du dépôt commun.

A Monsieur le Ministre de la guerre. (Direction de l'Infanterie. — Bureau du Personnel.)

Verso (2ᵉ page).

DÉPOT COMMUN.

NOMS et PRÉNOMS.	GRADES.	EMPLOIS de MOBILISATION.	DÉCORATIONS	RÉSIDENCE.	MUTATIONS.
		Commandant le dépôt commun............			
		Major			
		Médecin de ° cl. du dépôt commun.....			
		Commandant la 25ᵉ comp.			
		25ᵉ compagnie.........			
		Id...............			
		Commandant la 26ᵉ comp.			
		26ᵉ compagnie.........			
		Id...............			
		Commandant la 27ᵉ comp.			
		27ᵉ compagnie.........			
		Id...............			
		Commandant la 28ᵉ comp.			
		28ᵒ compagnie.........			
		Id...............			
		Commandant la 29ᵉ comp.			
		29ᵉ compagnie.........			
		Id...............			
		Commandant la 30ᵉ comp.			
		30ᵉ compagnie.........			
		Id...............			

e **RÉGIMENT DE RÉSERVE.**

NOMS et PRÉNOMS.	GRADES.	EMPLOIS de MOBILISATION.	DÉCORATIONS.	RÉSIDENCE.	MUTATIONS.
		Commandant le régiment de réserve............			
		Chef du 4e bataillon.....			
		Chef du 5e bataillon.....			
		Chef du 6e bataillon.....			
		Adjoint au chef de corps.			
		Adjoint au chef du 4e bat.			
		— du 5e bat.			
		— du 6e bat.			
		Chargé des détails.......			
		Officier d'approvisionn.			
		Porte-drapeau.........			
		Médecin de e cl. du e bat.			
		— de e cl. du e bat.			
		— de e cl. du e bat.			
		Commandant la e comp.			
		e compagnie..........			
		Id...............			
		Commandant la e comp.			
		e compagnie..........			
		Id...............			
		Commandant la e comp.			
		e compagnie..........			
		Id...............			
		Commandant la e comp.			
		e compagnie..........			
		Id...............			

Verso (4ᵉ page).

• RÉGIMENT DE RÉSERVE. (*Suite.*)

NOMS et PRÉNOMS.	GRADES.	EMPLOIS de MOBILISATION.	DÉCORATIONS.	RÉSIDENCE.	MUTATIONS.
		Commandant la 17ᵉ comp.			
		17ᵉ compagnie..........			
		Id................			
		Commandant la 18ᵉ comp.			
		18ᵉ compagnie..........			
		Id................			
		Commandant la 19ᵉ comp.			
		19ᵉ compagnie..........			
		Id................			
		Commandant la 20ᵉ comp.			
		20ᵉ compagnie..........			
		Id................			
		Commandant la 21ᵉ comp.			
		21ᶜ compagnie..........			
		Id................			
		Commandant la 22ᵉ comp.			
		22ᵉ compagnie..........			
		Id................			
		Commandant la 23ᵉ comp.			
		23ᵉ compagnie..........			
		Id................			
		Commandant la 24ᵉ comp.			
		24ᵉ compagnie..........			
		Id................			

A   , le   19   .

Le Chef de corps,

RÉGIMENTS RÉGIONAUX

Recto.

MODÈLE N° 23.

Art. 1ᵉʳ de l'Instruction ministérielle du 2 février 1909.

Dispositions spéciales. (Infanterie.)

FORMAT DU PAPIER :

Hauteur.......... 0ᵐ,40
Largeur.......... 0ᵐ,30

• CORPS D'ARMÉE.

DIVISION D'INFANTERIE.

• BRIGADE D'INFANTERIE.

Situation

u 1ᵉʳ   19 :

ᵉ RÉGIMENT D'INFANTERIE.

(RÉGIMENT ACTIF ET DÉPOT.)

ÉTAT nominatif de MM. les Officiers du cadre actif (1), de réserve et de l'armée territoriale affectés au corps ci-dessus, indiquant leur situation au 1ᵉʳ   19 , et les mutations survenues parmi eux pendant le trimestre précédent.

RÉGIMENT ACTIF.

NOMS et PRÉNOMS.	GRADES.	EMPLOIS de MOBILISATION.	DÉCORATIONS.	RÉSIDENCE. (2)	MUTATIONS.
		Adjoint au chef du 1ᵉʳ bat.			
		— du 2ᵉ bat.			
		— du 3ᵉ bat.			
		— du 4ᵉ bat.			
		Porte-drapeau.............			

(1) Inscrire à l'encre rouge les indications concernant les officiers du cadre actif.
(2) Indiquer la commune et le département; pour Paris et les grandes villes, la rue et le numéro.
(3) Le capitaine d'habillement commande une compagnie de dépôt.

A Monsieur le Ministre de la guerre. (Direction de l'Infanterie. — Bureau du Personnel.)

Verso.

DÉPOT.

NOMS et PRÉNOMS.	GRADES.	EMPLOIS de MOBILISATION.	DÉCORATIONS.	RÉSIDENCE.	MUTATIONS.
		Commandant le dépôt......			
		Médecin de · classe du dépôt...............			
		Commandant la 17ᵉ comp. 17ᵉ compagnie............. Id................			
		Commandant la 18ᵉ comp. 18ᵉ compagnie......,..... Id.................			
		Commandant la 19ᵉ comp. 19ᵉ compagnie............ Id.................			
		Commandant la 20ᵉ comp. 20ᵉ compagnie...,........ Id...................			

A   , le   19

Le Chef de corps,

BATAILLONS DE CHASSEURS

CORPS D'ARMÉE.

—

DIVISION D'INFANTERIE.

—

BRIGADE D'INFANTERIE.

—

Situation

au 1ᵉʳ   19 .

ᵉ **BATAILLON DE CHASSEURS.**

(BATAILLON ACTIF ET DÉPOT,

BATAILLON DE RÉSERVE.)

Recto.

MODÈLE N° 24.

—

Art. 1ᵉʳ de l'Instruction
ministérielle
du 2 février 1909.

—

Dispositions spéciales.
(Infanterie.)

Format du papier :
Hauteur.......... 0ᵐ,40
Largeur.......... 0ᵐ,30

ÉTAT nominatif de MM. les Officiers du cadre actif (1), *de réserve et de l'armée territoriale affectés au corps ci-dessus, indiquant leur situation au* 1er   19 , *et les mutations survenues parmi eux pendant le trimestre précédent.*

NOMS et PRÉNOMS.	GRADES.	EMPLOIS de MOBILISATION.	DÉCORATIONS.	RÉSIDENCE (2).	MUTATIONS.
BATAILLON ACTIF.					
DÉPOT.					
		Commandant le dépôt..			
		Comm. la 11ᵉ comp. (3)..			
		11ᵉ compagnie..........			
		Id.			
		Command. la 12ᵉ comp..			
		12ᵉ compagnie..........			
		Id.			

(1) Inscrire à l'encre rouge les indications concernant les officiers du cadre actif.
(2) Indiquer la commune et le département; pour Paris et les grandes villes, la rue et le numéro
(3) Le lieutenant d'habillement commande une compagnie de dépôt.

A Monsieur le Ministre de la guerre. (Direction de l'Infanterie. — Bureau du Personnel.)

Verso.

ᵉ BATAILLON DE RÉSERVE DE CHASSEURS.

NOMS et PRÉNOMS.	GRADES.	EMPLOIS de MOBILISATION.	DÉCORATIONS.	RÉSIDENCE.	MUTATIONS.
		Command. le bataillon..			
		Adjoint au chef de corps.			
		Officier d'approvisionne- ment.............			
		Chargé des détails......			
		Chargé des équipages...			
		Command. la 7ᵉ comp...			
		7ᵉ compagnie..........			
		Id.			
		Command. la 8ᵉ comp...			
		8ᵉ compagnie..........			
		Id.			
		Command. la 9ᵉ comp...			
		9ᵉ compagnie..........			
		Id.			
		Command. la 10ᵉ comp..			
		10ᵉ compagnie..........			
		Id.			

A   , le   19

Le Chef de corps,

RÉGIMENTS DE ZOUAVES DE FRANCE

Recto (1™ page).

GOUVERNEMENT
MILITAIRE

e **RÉGIMENT DE ZOUAVES.**

MODÈLE N° 25.

Art. 1ᵉʳ de l'Instruction
ministérielle
du 2 février 1909.

Situation

(GROUPE

DE

.)

1ᵉʳ   19 .

Dispositions spéciales.
(Infanterie.)

FORMAT DU PAPIER :
Hauteur...... 0ᵐ,40
Largeur. 0ᵐ,30

ÉTAT *nominatif de* **MM**. *les Officiers du cadre actif* (1) *et de réserve affectés au corps ci-dessus, indiquant leur situation au* 1ᵉʳ   19 , *et les mutations survenues pendant le trimestre précédent.*

NOMS et PRÉNOMS.	GRADES ET CORPS.	AFFECTATION de MOBILISATION.	DÉCORA-TIONS.	RÉSI-DENCE(2).	MUTA-TIONS.
		Commandant le régim'..			
		Chef du 1ᵉʳ bataillon...			
		Chef du 2ᵉ bataillon....			
		Adjoint au chef de corps.			
		— du 1ᵉʳ bataillon.			
		— du 2ᵉ bataillon.			
		Chargé des détails......			
		Officier d'approvisionne-ment................			
		Porte-drapeau.........			
		Médecin du 1ᵉʳ bataillon.			
		— du 2ᵉ bataillon.			

(1) Inscrire à l'encre rouge les indications concernant les officiers du cadre actif.
(3) Indiquer la commune et le département; pour Paris et les grandes villes, la rue et le numéro.

A Monsieur le Ministre de la guerre. (Direction de l'Infanterie. — Bureau du Personnel.)

Verso (2ᵉ page).

NOMS et PRÉNOMS.	GRADES ET CORPS.		AFFECTATION de MOBILISATION.	DÉCORATIONS.	RÉSIDENCE.	MUTATIONS.
	au	ᵉ rég.	Command. la 1ʳᵉ comp..			
	au	ᵉ rég.	1ʳᵉ compagnie........			
	au	ᵉ rég.	Id.............			
	au	ᵉ rég.	Command. la 2ᵉ comp..			
	au	ᵉ rég.	2ᵉ compagnie........			
	au	ᵉ rég.	Id.............			
	au	ᵉ rég.	Command. la 3ᵉ comp..			
	au	ᵉ rég.	3ᵉ compagnie........			
	au	ᵉ rég.	Id.............			
	au	ᵉ rég.	Command. la 4ᵉ comp..			
	au	ᵉ rég.	4ᵉ compagnie........			
	au	ᵉ rég.	Id.............			
	au	ᵉ rég.	Command. la 5ᵉ comp..			
	au	ᵉ rég.	5ᵉ compagnie........			
	au	ᵉ rég.	Id.............			
	au	ᵉ rég.	Command. la 6ᵉ comp..			
	au	ᵉ rég.	6ᵉ compagnie........			
	au	ᵉ rég.	Id.............			
	au	ᵉ rég.	Command. la 7ᵉ comp..			
	au	ᵉ rég.	7ᵉ compagnie........			
	au	ᵉ rég.	Id.............			
	au	ᵉ rég.	Command. la 8ᵉ comp..			
	au	ᵉ rég.	8ᵉ compagnie........			
	au	ᵉ rég.	Id.............			

Recto (3ᵉ page).

NOMS et PRÉNOMS.	GRADES ET CORPS.	AFFECTATION de MOBILISATION.	DÉCORA-TIONS.	RÉSI-DENCE.	MUTA-TIONS.

DEMI-DÉPOT.

NOMS et PRÉNOMS.	GRADES ET CORPS.	AFFECTATION de MOBILISATION.	DÉCORA-TIONS.	RÉSI-DENCE.	MUTA-TIONS.
	Major de rés. au ' rég.	Commandant le dépôt..			
	Capit. de rés. au ' rég.	Trésorier..............			
	Id..................	Officier d'habillement..			
	au ' rég.	Command. la ' comp.			
	au ' rég.	' compagnie........			
	au ' rég.	Id.............			
	au ' rég.	Command. la ' comp.			
	au ' rég.	' compagnie........			
	au ' rég.	Id.............			

A   , le   19 .

Le Lieutenant-Colonel commandant le groupe de

RÉGIMENTS TERRITORIAUX

CORPS D'ARMÉE.

—

SUBDIVISION DE RÉGION
d

—

Situation

au 1ᵉʳ   19

e RÉGIMENT TERRITORIAL

D'INFANTERIE.

EMPLACE-
MENTS.

{
État-major ...... à
1ᵉʳ bataillon ..... à
2ᵉ bataillon ...... à
3ᵉ bataillon ...... à
Dépôt .... à
}

Recto (1ʳᵉ page).

MODÈLE Nº 26.

Art. 2 de l'Instruction
ministérielle
du 2 février 1909.

—

Dispositions spéciales.
(Infanterie.)

FORMAT DU PAPIER :

Hauteur...... 0ᵐ,40
Largeur...... 0ᵐ,30

ÉTAT nominatif de MM. les Officiers, indiquant leur situation au 1ᵉʳ
19   et les mutations survenues parmi eux pendant le
trimestre précédent.

ÉTAT-MAJOR.

NOMS et PRÉNOMS.	GRADES ET EMPLOIS.	DÉCORA-TIONS.	RÉSIDENCE.	MUTATIONS.
	Lieut.-colonel commandant..			
	Chef du 1ᵉʳ bataillon.........			
	Chef du 2ᵉ bataillon.........			
	Chef du 3ᵉ bataillon.........			
	Lieut. adj. au chef de corps.			
	Lieutenant adjoint au chef du 1ᵉʳ bataillon.............			
	Lieutenant adjoint du 2ᵉ bat.			
	Lieutenant adjoint du 3ᵉ bat.			
	Lieutenant adj. au trésorier.			
	Lieutenant adjoint à l'officier d'habillement............			
	Lieutenant porte-drapeau...			
	Lieutenant officier d'approvisᵗ			
	Lieutenant chargé des détails.			
	Médecin de ᵉ cl. du 1ᵉʳ batᵗ			
	Médecin de ᵉ cl. du 2ᵉ bat.			
	Médecin de ᵉ cl. du 3ᵉ bat.			
	Médecin de ᵉ cl. du dépôt.			

(1) Indiquer la commune et le département; pour Paris et les grandes villes, la rue et le numéro.

A Monsieur le Ministre de la guerre. (Direction de l'Infanterie. — Bureau du Personnel.)

Verso (2ª page).

| NUMÉROS | | CAPITAINES. | | | | LIEU | |
des bataillons.	des compagnies (1).	NOMS et PRÉNOMS.	DÉCORATIONS.	RÉSIDENCE.	MUTATIONS.	NOMS et PRÉNOMS.	DÉCORATIONS.

(1) Lorsque le régiment territorial forme des bataillons supplémentaires, les compagnies de
attribués aux compagnies de dépôt. Pour le régiment normal, les compagnies du dépôt sont numé-

Recto (3ᵉ page).

ENANTS.		SOUS-LIEUTENANTS.			
RÉSIDENCE.	MUTATIONS.	NOMS et PRÉNOMS.	DÉCORATIONS.	RÉSIDENCE.	MUTATIONS.

ces bataillons continuent la série des numéros à partir de 13, les derniers numéros étant toujours rotées 13, 14 et 15.

Verso (4ᵉ page).

NOMS et PRÉNOMS.	GRADES.	DÉCORA-TIONS.	RÉSIDENCE.	MUTATIONS.
	OFFICIERS PROVISOIREMENT A LA SUITE.			

A   , le   19 .

Le Chef de corps,

BATAILLONS TERRITORIAUX
DE CHASSEURS.

CORPS D'ARMÉE.

—

BDIVISION DE RÉGION

d

—

Situation

1ᵉʳ   19

ᵉ BATAILLON TERRITORIAL

DE CHASSEURS.

—

Recto.

MODÈLE Nº 27.

—

Art. 2 de l'instruction ministérielle du 2 février 1909.

═══

Dispositions spéciales.
(Infanterie.)

Format du papier :
Hauteur...... 0ᵐ,40
Largeur...... 0ᵐ,30

ÉTAT nominatif de MM. les Officiers, indiquant leur situation du 1ᵉʳ
        19   et les mutations survenues parmi eux pendant le
trimestre précédent.

ÉTAT-MAJOR.

NOMS et PRÉNOMS.	GRADES ET EMPLOIS.	DÉCORATIONS.	RÉSIDENCE.	MUTATIONS.
	Chef de bataillon commandant.			
	Lieutenant adj. au chef de corps.			
	Lieutenant officier d'approvis.			
	Lieutenant chargé des détails.			
	Médecin de ᵉ classe du			
	Médecin de ᵉ classe du			

DÉPOT.
(ᵉ compagnie.)

(1) Indiquer la commune et le département ; pour Paris et les grandes villes, la rue et le numéro.

A Monsieur le Ministre de la guerre. (Direction de l'Infanterie. — Bureau du personnel.)

Verso.

NUMÉROS des compagnies.	NOMS ET PRÉNOMS.	GRADES ET EMPLOIS	DÉCORA-TIONS.	RÉSIDENCE.	MUTATIONS.

A   , le .... 19 .

Le Chef de corps,

Modèle n° 28.

SERVICE DE GARDE
DES VOIES DE COMMUNICATION

CORPS D'ARMÉE.

Situation

au 1ᵉʳ   19 .

OFFICIERS D'INFANTERIE

TERRITORIALE

AFFECTÉS AU SERVICE DE GARDE DES VOIES DE COMMUNICATION.

Recto

MODÈLE Nº 28.

Art. 2 de l'Instruction ministérielle du 2 février 1909.

Dispositions spéciales. (Infanterie.)

FORMAT DU PAPIER :

Hauteur...... 0ᵐ,40
Largeur...... 0ᵐ,30

ÉTAT nominatif de MM. les Officiers indiquant leur situation au 1ᵉʳ 19 et les mutations survenues parmi eux pendant le trimestre précédent.

SUBDIVISIONS.	NOMS et PRÉNOMS.	GRADES ET CORPS auquel ils sont rattachés pour ordre.	EMPLOIS (1) de MOBILISATION.	DÉCORATIONS.	RÉSIDENCES (2)	MUTATIONS.

(1) Chef de service, adjoint *ou* chef de section.
(2) Indiquer la commune et le département ; pour Paris et les grandes villes, la rue et le numéro.

A Monsieur le Ministre de la guerre. (Direction de l'Infanterie. — Bureau du Personnel.)

Verso.

SUBDIVI-SIONS.	NOMS et PRÉNOMS.	GRADES ET CORPS auquel ils sont rat-tachés pour ordre.	EMPLOIS de MOBILISATION.	DÉCORATIONS.	RÉSIDENCES.	MUTATIONS.

A   , le   19   .

L'Officier supérieur chargé de la section territoriale
dans le corps d'armée.

• CORPS D'ARMÉE

—

• BRIGADE DE CAVALERIE.

• RÉGIMENT DE .

• RÉGIMENT DE

(RÉGIMENT DE RÉSERVE.)

Recto (1ᵉ page).
MODÈLE Nº 29.

—

Instruction ministérielle
du 2 février 1909.
*Dispositions spéciales à
la cavalerie.*

EMPLACEMENTS
{ État-major.....
6ᵉ escadron....
7ᵉ escadron....
8ᵉ escadron....
9ᵉ escadron.... }

CADRE DE JUSTIFICATION.
Hauteur......... 0ᵐ,31
Largeur......... 0ᵐ,21

NOTA. — Sur cet état les officiers de l'armée active seront inscrits à l'encre noire, et les officiers de réserve à l'encre rouge.

ÉTAT nominatif de MM. les Officiers, indiquant leur situation au 1ᵉʳ   19   , et les mutations survenues parmi eux pendant le trimestre précédent.

ÉTAT-MAJOR.					
NOMS et prénoms.	GRADES ou emplois.	DÉCORATIONS.	DOMICILE PERSONNEL. Indiquer la commune et le département. Pour Paris et les grandes villes indiquer la rue et le numéro (1).	MUTATIONS. Indiquer dans cette colonne le commencement et la fin des périodes d'instruction et des stages accomplis par les officiers de réserve(1)	PRÉSENTS ou absents.
	Lieutenant - colonel.........				
	Chef d'escadrons........				
	Lieutenant.....				
	Lieutenant ou sous-lieutenant officier payeur.......				
	Lieutenant ou sous-lieutenant faisant fonctions d'officier d'approvisionnement.				
	Médecin aide-major........				
	Médecin aide-major de réserve........				
	Vétérinaire en second.......				
	Aide-vétérinaire de réserve....				

(1) Ces nota concernent les 4 pages du présent état.

A Monsieur le Ministre de la guerre. (2ᵉ Direction. 1ᵉʳ Bureau.)

NUMÉROS des escadrons.	CAPITAINES.				PRÉSENTS ou absents.	LIEU	
	NOMS et prénoms.	DÉCORATIONS.	DOMICILE personnel.	MUTATIONS.		NOMS et prénoms.	DÉCORATIONS.
6ᵉ							
7ᵉ							
8ᵉ							
9ᵉ							

Recto (3ᵉ page).

TENANTS.			SOUS-LIEUTENANTS.				
DOMICILE personnel.	MUTATIONS.	PRÉSENTS ou absents.	NOMS et prénoms.	DÉCORATIONS.	DOMICILE personnel.	MUTATIONS.	PRÉSENTS ou absents.

Verso (4ᵉ page).

Officiers de réserve affectés aux 1ᵉʳ, 2ᵉ, 3ᵉ, 4ᵉ, 5ᵉ, 10ᵉ, 11ᵉ escadrons ou administrés à un titre quelconque par le régiment actif correspondant

NUMÉROS des escadrons.	NOMS ET PRÉNOMS.	GRADES ou emplois.	DÉCORATIONS.	DOMICILE PERSONNEL.	MUTATIONS.	PRÉSENTS ou absents.

A   , le   19

Le Chef de corps,

• CORPS D'ARMÉE.

—

• DIVISION DE CAVALERIE

—

° BRIGADE DE

—

ᵉ régiment de

• RÉGIMENT DE

(OFFICIERS DE RÉSERVE.)

EMPLACEMENT $\left\{\begin{array}{l}\text{5ᵉ escadron.....} \\ \text{6ᵉ escadron.....} \\ \text{10ᵉ escadron.....}\end{array}\right.$

Recto.

MODÈLE Nº 30.

—

Instruction ministérielle
du 2 février 1909.
*Dispositions spéciales à
la cavalerie.*

CADRE DE JUSTIFICATION.
Hauteur......... 0ᵐ,35
Largeur.......... 0ᵐ,25

ÉTAT nominatif de MM. les Officiers de réserve, indiquant leur situation au 1ᵉʳ   19   , et les mutations survenues parmi eux pendant le trimestre précédent.

NUMÉROS des escadrons.	NOMS et PRÉNOMS.	DÉCORATIONS.	DOMICILE PERSONNEL — (Indiquer la commune et le département. Pour Paris et les grandes villes, indiquer la rue et le numéro.)	MUTATIONS. — (Indiquer dans cette colonne le commencement et la fin des périodes d'instruction et des stages accomplis par les officiers.)	PRÉSENTS ou ABSENTS.
			CAPITAINES.		
			LIEUTENANTS.		
			SOUS-LIEUTENANTS.		

À Monsieur le Ministre de la guerre. (2ᵉ Direction. — 1ᵉʳ Bureau.)

Verso.

Officiers de réserve placés à la suite ou administrés à un titre quelconque par le corps actif.

NUMÉROS des ESCADRONS.	NOMS et PRÉNOMS.	GRADES ou emplois.	DÉCORATIONS.	DOMICILE PERSONNEL.	MUTATIONS.	PRÉSENTS ou ABSENTS.

A   , le   19   .

Le Chef de corps,

•CORPS D'ARMÉE

—

• BRIGADE DE CAVALERIE

—

• RÉGIMENT DE

ESCADRON TERRITORIAL DE

(Dragons ou de cavalerie légère)

DE LA • RÉGION.

Recto.

MODÈLE Nº 31.

—

Instruction ministérielle
du 2 février 1909.

*Dispositions spéciales
à la cavalerie.*

CADRE DE JUSTIFICATION :
Hauteur......... 0ᵐ,35
Largeur 0ᵐ,25

EMPLACEMENT......{

*État nominatif de MM. les Officiers, indiquant leur situation au 1ᵉʳ   19   , et les **mutations** survenues parmi eux pendant le trimestre précédent.*

NOMS ET PRÉNOMS.	DÉCORATIONS.	DOMICILE PERSONNEL — (Indiquer la commune et le département. Pour Paris et les grandes villes, indiquer la rue et le numéro.)	MUTATIONS. — (Indiquer dans cette colonne, le commencement et la fin des périodes d'instruction et des stages accomplis par les officiers.)	PRÉSENTS ou ABSENTS.
CAPITAINE-COMMANDANT.				
OFFICIER-PAYEUR.				
LIEUTENANTS.				
SOUS-LIEUTENANTS.				

A Monsieur le Ministre de la guerre. (2ᵉ Direction ; 1ᵉʳ Bureau.)

Verso.

OFFICIERS DE CAVALERIE TERRITORIALE

à la suite ou administrés à un titre quelconque par le corps actif correspondant

NOMS ET PRÉNOMS.	GRADES ou EMPLOIS.	DÉCORATIONS.	DOMICILE PERSONNEL.	MUTATIONS.	PRÉSENTS ou ABSENTS.

A   , le   19   .

Le Chef de corps,

e CORPS D'ARMÉE

—

2e DIRECTION.

—

CAVALERIE.

—

1er BUREAU.

—

CAVALERIE.

Situation
au 1er   19 .

SERVICE DES REMONTES
ET DES RÉQUISITIONS.

Recto.
MODÈLE N° 32.

—

Instruction ministé-
rielle du 2 février
1909.

—

Dispositions spéciales
(Cavalerie).

1° *ÉTAT nominatif des officiers de l'armée territoriale affectés spécialement au service éventuel des remontes et des réquisitions.*

NOMS et PRÉNOMS.	GRADES.	DÉCO-RATIONS.	RÉSIDENCE.	MUTATIONS et OBSERVATIONS.
NOMBRE DE COMMISSIONS DE RÉQUISITION A CONSTITUER DANS LA ^e RÉGION.				
Présidents titulaires.				
Présidents suppléants.				
Officiers adjoints.				

Cet état devra parvenir au Ministre dans les premiers jours de chaque trimestre.

A   , le   19 .

A Monsieur le Ministre de la guerre. (2e Direction. — Bureau de la Cavalerie.)

Verso.

2° *ÉTAT numérique des officiers des corps de troupes (armée active, réserve et armée territoriale) désignés pour faire partie des commissions de réquisition.*

		PRÉSIDENTS		OFFI-CIERS ADJOINTS.	OBSERVATIONS.
		TITU-LAIRES.	SUP-PLÉANTS.		
Armée active.	Cavalerie............				
	Artillerie...........				
	Train des équipages militaires.........				
	Gendarmerie........				
Réserve.	Infanterie...........				
	Cavalerie...........				
	Artillerie...........				
	Train des équipages militaires.........				
Armée ter-ritoriale.	Infanterie..........				
	Cavalerie...........				
	Artillerie...........				
	Train des équipages militaires.........				
Adjudants de toutes armes....					

A   , le   19   .

Le Chef d'état-major,

CORPS D'ARMÉE   RÉPUBLIQUE FRANÇAISE.   *Recto (1re page.)*
—   MODÈLE Nº 33.

DIRECTION
DE L'ARTILLERIE   **GROUPE TERRITORIAL**   Instruction ministérielle
ET DU   du 2 février 1909.
TRAIN DES ÉQUIPAGES   DU   * RÉGIMENT D'ARTILLERIE   Cette situation doit par-
MILITAIRES.   (ou   * RÉGIMENT   venir au Ministre avant
D'ARTILLERIE A PIED).   le 10e jour de chaque
trimestre.

BUREAU DU PERSONNEL.

DIMENSIONS DU PAPIER :
Situation (1) *nominative des offi-*   Hauteur........   0m,40.
ciers affectés au groupe à la date   Largeur.........   0m,25.
du 1er   19   .

ÉTAT-MAJOR.

NOMS ET PRÉNOMS.	GRADES ET EMPLOIS.	DÉCORATIONS.	RÉSIDENCES (2).	MUTATIONS.
X	Chef d'escadron commandant le groupe.			
X	Chef d'escadron adjoint (s'il y a lieu).			
X	Lieutenant (ou sous-lieutenant) adjoint au commandant du groupe.			
X	Id.			

DÉPOT.

X	Lieutenant (ou sous-lieutenant) adjoint au trésorier.			
X	Lieutenant (ou sous-lieutenant) adjoint à l'officier d'habillement.			

(1) Cette situation ne comporte que des officiers d'artillerie. Chaque officier ne doit figurer qu'à l'unité où il se trouve affecté au 1er jour du trimestre.
(2) Pour les villes, indiquer la rue et le numéro.

Verso (2ᵉ page).

NU-MÉROS des UNITÉS.	CAPITAINES.				LIEU
	NOMS ET PRÉNOMS.	DÉCORA-TIONS.	DOMICILE PERSONNEL.	MUTATIONS.	NOMS ET PRÉNOMS.	DÉCORA-TIONS.

Recto (3ᵉ page).

...TENANTS.		SOUS-LIEUTENANTS.			
DOMICILE PERSONNEL.	MUTATIONS.	NOMS ET PRÉNOMS.	DÉCO-RATIONS.	DOMICILE PERSONNEL.	MUTATIONS.

...TENANTS.		SOUS-LIEUTENANTS.			
DOMICILE PERSONNEL.	MUTATIONS.	NOMS ET PRÉNOMS.	DÉCO-RATIONS.	DOMICILE PERSONNEL.	MUTATIONS.

Verso (4ᵉ page).

NOMS ET PRÉNOMS.	GRADES.	DÉCO- RATIONS.	RÉSIDENCES.	MUTATIONS PENDANT LE TRIMESTRE ET EMPLOI (a).

Officiers à la suite du corps et ayant un emploi.

Officiers à la suite du corps, disponibles ou rayés.

Nécessaire en officiers : X... { Officiers supérieurs ; Capitaines ; Lieutenants ou sous-lieutenants.

EXCÉDENT *ou* DÉFICIT : X... (B).

(Rayer colle des indications inutiles.)

(B) Ces indications doivent concorder avec les vacances indiquées dans les colonnes distinctives à chaque grade.

(a) Ne rejoindra que le   • jour de la mobilisation.
Affectation spéciale (décision ministérielle du   ).
Affecté à une formation active.
Affecté à la place de
Commandant l'artillerie du   • secteur, *ou* adjoint au commandant l'artillerie du • secteur.
Service photo-électrique *ou* service des transports, service des voies ferrées, service des tourelles, etc.

A   , le 1ᵉʳ   19   .

Le Chef de corps,

• CORPS D'ARMÉE

DIRECTION
DE L'ARTILLERIE.

BUREAU DU PERSONNEL.

RÉPUBLIQUE FRANÇAISE.

° RÉGIMENT D'ARTILLERIE.
ou : ° RÉGIMENT D'ARTILLERIE A PIED.
ou : ° RÉGIMENT DE MONTAGNE.
ou : ° GROUPE D'AFRIQUE.

Recto (1ʳᵉ page).

MODÈLE Nº 33 *bis*.

DIMENSION DU PAPIER :

Hauteur......... 0ᵐ,40
Largeur......... 0ᵐ,25

Situation (1) *nominative des officiers de réserve affectés au corps*
à la date du 1ᵉʳ   19   .

UNITÉS.	NOMS ET PRÉNOMS.	GRADES.	DÉCORA-TIONS.	RÉSIDENCES (2).	MUTATIONS pendant le trimestre écoulé
1ʳᵉ batterie.					
2ᵉ batterie.					
3ᵉ batterie.					
4ᵉ batterie.					
5ᵉ batterie.					
6ᵉ batterie.					
7ᵉ batterie.					
8ᵉ batterie.					
9ᵉ batterie.					
10ᵉ batterie.					
11ᵉ batterie.					

(1) Cette situation ne comporte que des officiers d'artillerie. Chaque officier ne doit figurer qu'à l'unité où il se trouve affecté au premier jour du trimestre.

Les sous-lieutenants provenant de l'Ecole polytechnique, de l'Ecole centrale, de l'Ecole des mines ou des élèves officiers de réserve accomplissant leur 2ᵉ année de service actif seront inscrits nominativement à l'encre bleue, ainsi que des élèves des écoles précitées, et élèves officiers de réserve affectés au corps comme sous-lieutenants de réserve à la mobilisation, soit à l'unité à laquelle ils sont affectés, soit comme officiers disponibles avec l'une des indications suivantes : sous-lieutenant de réserve accomplissant sa 2ᵉ année de service actif, ou élève de l'école de..., sous-lieutenant de réserve à la mobilisation, ou élève officier de réserve au... Les officiers de l'armée active remplaçant des officiers de réserve et ceux de l'armée territoriale affectés à des unités seront inscrits à l'encre rouge.

(2) Pour les villes, indiquer la rue et le numéro.

Verso (2ᵉ page).

UNITÉS.	NOMS ET PRÉNOMS.	GRADES.	DÉCORA-TIONS.	RÉSIDENCES.	MUTATIONS pendant le trimestre écoulé
1ʳᵉ section (a)					
Compagnie d'ouvriers.					
1ʳᵉ colonne légère.					
2ᵉ colonne légère.					
3ᵉ colonne légère.					
4ᵉ colonne légère.					
ᵉ batterie de dépôt.					
ᵉ batterie de dépôt.					

(a) De munitions d'infanterie, de munitions d'artillerie, de parc.

ETATS-MAJORS DES GROUPES.

Recto (3ᵉ page).

FORMATIONS.		NOMS ET PRÉNOMS.	GRADES.	RÉSIDENCES.	MUTATIONS pendant le TRIMESTRE ÉCOULÉ
Artillerie de corps du ⁕ corps d'armée ou de la ⁕ division active.	Etat-major de l'artillerie de corps.	N. N. N.	Sous-lieutenant. Id. Id.		
	Etat-major du 1ᵉʳ groupe de batteries.	N. N. N.	Sous-lieutenant. Id. Id. (Officier d'approvis.)		
	Etat-major du 2ᵉ groupe de batteries.	N. N. N.	Sous-lieutenant. Id. Id. (Officier d'approvis.)		
	Etat-major du 3ᵉ groupe de batteries	N. N. N.	Sous-lieutenant. Id. Id. (Officier d'approvis.)		
	Etat-major du 4ᵉ groupe de batteries.	N. N. N.	Sous-lieutenant. Id. Id. (Officier d'approvis.)		
Etat-major de l'artillerie de la ⁕ division de cavalerie.		N. N.	Sous-lieutenant. Id.		
Artillerie de la ⁕ division de réserve ou d'artillerie de corps du ⁕ corps.	Etat-major de l'artillerie divisionnaire.	N. N. N. N. N (s'il y a lieu).	Colonel. Lieut.-colonel adjoint (s'il y a lieu). Sous-lieutenant. Id. Id.		
	Etat-major du ⁕ groupe de batteries.	N. N. N. N.	Chef d'escadron. Sous-lieutenant. Id. Id. (Officier d'approvis.)		
	Etat-major du ⁕ groupe de batteries.				
Artillerie lourde d'armée.	Etat-major de l'artillerie lourde.	N. N. N.			
	Etat-major de la colonne légère.	N. N. N.			
Etat-major du ⁕ échelon de parc d'artillerie du ⁕ corps d'armée ou état-major du ⁕ groupe de batteries de sorties.		N. N.			
Etat-major du ⁕ échelon de parc d'artillerie du ⁕ corps d'armée		N. N.	Sous-lieutenant. Id. (Officier d'approvis.)		

Verso (4e page).

NOMS ET PRÉNOMS.	GRADES.	DÉCO-RATIONS.	RÉSIDENCES.	MUTATIONS PENDANT LE TRIMESTRE ET EMPLOI (*a*).

Officiers à la suite du corps et ayant un emploi.

Officiers à la suite du corps, disponibles ou rayés.

Nécessaire en officiers : { Officiers supérieurs ; Capitaines ; Lieutenants ou sous-lieutenants.

EXCÉDENT *ou* DÉFICIT (selon le cas) . | S'il existe un déficit, le chiffre porté doit correspondre aux vacances indiquées dans les colonnes destinées à chaque grade.

(*a*) Ne rejoindra que le   jour de la mobilisation.
Affectation spéciale (décision ministérielle du   ).
Affecté à une formation active.
Service photo-électrique *ou* service des transports.
Service des voies ferrées, service des tourelles, etc.

A   , le 1er   19 .

Le Chef de corps,

<table>
<tr><td>

• CORPS D'ARMÉE

—

DIRECTION
DE L'ARTILLERIE
ET DU
TRAIN DES ÉQUIPAGES
MILITAIRES.

—

BUREAU DU PERSONNEL.

</td><td>

RÉPUBLIQUE FRANÇAISE.

—

ᵉ ESCADRON (*a*)
DU TRAIN DES ÉQUIPAGES MILITAIRES.

—

Situation nominative des officiers de complément affectés à l'escadron, à la date du 1ᵉʳ 19 .

</td><td>

Recto (1ʳᵉ page).
MODÈLE N° 34.

—

Instruction ministérielle
du 2 février 1909.

Cette situation doit parvenir au Ministre le 10ᵉ jour de chaque trimestre.

DIMENSIONS DU PAPIER:
Hauteur......... 0ᵐ.40
Largeur......... 0ᵐ,25

</td></tr>
</table>

ÉTAT-MAJOR (2).

NOMS ET PRÉNOMS.	GRADES ET EMPLOIS.	DÉCORATIONS.	RÉSIDENCES (1).	MUTATIONS.
	Chef d'escad. commandant.			
	Sous-lieutenant adjoint au trésorier.			
	Sous-lieutenant adjoint à l'officier d'habillement.			

(*a*) Ajouter *Territorial* lorsqu'il s'agit de l'escadron territorial.
(1) Pour les villes, indiquer la rue et le numéro.
(2) Le cadre « État-Major » sera supprimé lorsqu'il s'agit de la situation des officiers de réserve.

Verso (2ᵉ page).

NU-MÉROS des UNITÉS.	CAPITAINES.					LIEU...	
	NOMS ET PRÉNOMS.	DÉCORA- TIONS.	DOMICILE PERSONNEL.	MUTATIONS.		NOMS ET PRÉNOMS.	DÉCORA- TIONS.

Recto (3° page).

...ENANTS.			SOUS-LIEUTENANTS.			
...OMICILE PERSONNEL.	MUTATIONS.	NOMS ET PRÉNOMS.	DÉCORA- TIONS.	DOMICILE PERSONNEL.	MUTATIONS.	

Verso (4ª page).

NOMS ET PRÉNOMS	GRADES.	DÉCO-RATIONS.	RÉSIDENCES.	MUTATIONS PENDANT LE TRIMESTRE ET EMPLOI.
Officiers à la suite du corps et ayant un emploi.				
1º Service automobile.				
2º Services divers (a).				
Officiers à la suite du corps, disponibles ou rayés.				

Nécessaire en officiers : X... { Capitaines ; Lieutenants ou sous-lieutenants.

EXCÉDENT *ou* DÉFICIT : X (B) :

(Rayer celle des indications inutile).

(B) Ces indications doivent concordor avec les vacances indiquées dans les colonnes destinées à chaque grade.

(*a*) Affectation spéciale (décision ministérielle du   ).
Affecté à une formation active, etc.

A   , le 1ᵉʳ   19   .

Le Chef de corps,

CORPS D'ARMÉE.

ETAT
MODÈLE N° 34 *bis.*

FORMAT :
Largeur....... 0^m21
Hauteur....... 0^m31

Dispositions spéciales à l'Artillerie et au Train des équipages militaires.

(1) ___________

(2) . ___________

Etat des mutations prononcées.

____

A , le 191

Le Général,

Vu et transmis à M. le Ministre de la guerre,
A , le 191 .

Le Général commandant le corps d'armée,

(1) Réserve ou armée territoriale.
(2) ^e régiment d'artillerie ou ^e escadron du train des équipages, ou groupe territorial du ^e régiment d'artillerie, ou ^e escadron territorial du train des équipages militaires.

NOMS et PRÉNOMS.	GRADES.	ANCIEN EMPLOI.

NOUVEL EMPLOI.	OBSERVATIONS.

MINISTÈRE
DE LA GUERRE.
—
3ᵉ DIRECTION.
—
ARTILLERIE
ET ÉQUIPAGES MILITAIRES
—
1ᵉʳ BUREAU.
—
Personnel.

RÉPUBLIQUE FRANÇAISE.
—

ÉTAT-MAJOR PARTICULIER
RÉSERVE OU ARMÉE TERRITORIALE.
—

(1)

MODÈLE N° 35.
—
Instruction ministérielle
du 2 février 1909.
—
Cette situation doit parvenir au Ministre le 10ᵉ jour de chaque trimestre.

DIMENSIONS DU PAPIER :

Hauteur.......... 0ᵐ,40
Largeur.......... 0ᵐ,25

Situation nominative des officiers de l'armée territoriale affectés à (1)   à la date du 1ᵉʳ   19 .

NOMS ET PRÉNOMS	GRADES.	EMPLOI de mobilisation.	DÉCO-RA-TIONS.	RÉSI-DENCES (2).	MUTA-TIONS.

(1) Indiquer : l'état-major, l'établissement ou l'école.
(2) Pour les villes, indiquer la rue et le numéro.

A   , le   19 .

L

MINISTÈRE
DE LA GUERRE.

—

DIRECTION

DE LA CAVALERIE.

—

BUREAU

DE LA GENDARMERIE.

GENDARMERIE NATIONALE.

———

SERVICE DU REMPLACEMENT.

(Réserve de l'armée active
et armée territoriale.)

———

° RÉGION DE CORPS D'ARMÉE.

Recto.

MODÈLE Nº 36.

—

ARTICLE 8
de l'instruction ministé-
rielle du 2 février 1909.

*Dispositions spéciales
à la gendarmerie.*

DIMENSIONS DU PAPIER :
Hauteur.......... 0ᵐ,35
Largeur.......... 0ᵐ.25

ÉTAT des mutations survenues parmi les officiers pendant le ᶜ *trimestre de l'année 19 , et indiquant leur situation au 1ᵉʳ 19 .*

———

1º OFFICIERS DOMICILIÉS OU NON SUR LE TERRITOIRE DU CORPS D'ARMÉE ET POURVUS D'UNE AFFECTATION DANS LA RÉGION.

RÉSIDENCES DES OFFICIERS du cadre actif à pourvoir d'officiers de remplacement.		OFFICIERS DE REMPLACEMENT.					
Indication des résidences.	Grades des officiers à remplacer	NOMS.	GRADES, emplois et provenance des officiers (1).	DÉCORATIONS.	DOMICILES ET ADRESSES. (2)	MUTATIONS.	

(1) Indiquer par la lettre R les officiers de réserve seulement et à la suite de la désignation de leur grade.

(2) Indiquer la commune et le département et, pour Paris et les grandes villes, la rue et le numéro.

A Monsieur le Ministre de la guerre. (Direction de la cavalerie. Bureau de la gendarmerie.)

Verso.

2° OFFICIERS DOMICILIÉS SUR LE TERRITOIRE DU CORPS D'ARMÉE ET
POURVUS D'UNE AFFECTATION DANS UNE AUTRE RÉGION.

NOMS.	GRADES EMPLOIS et provenance des officiers.	DÉCO-RA-TIONS.	AFFEC-TATIONS.	DOMICILES ET ADRESSES.	MUTATIONS.

3° OFFICIERS DOMICILIÉS SUR LE TERRITOIRE DU CORPS D'ARMÉE ET QUI,
NON POURVUS D'UNE AFFECTATION, SONT DISPONIBLES.

NOMS.	GRADES EMPLOIS et provenance des officiers.	DÉCO-RA-TIONS.	DOMICILES ET ADRESSES.	MUTATIONS ET OBSERVATIONS.

A   , le 19 .

Le Chef de la légion,

• CORPS D'ARMÉE.

—

2ᵉ DIRECTION.
(Cavalerie.)

—

2ᵉ BUREAU
(Remontes).

(A)

MODÈLE Nᵒ 37.

—

Dispositions spéciales
aux vétérinaires.

FORMAT :
Hauteur.......... 0ᵐ,36
Largeur............0ᵐ,23

SITUATION
au 1ᵉʳ

—

(A) Corps d'armée, corps
ou service.

État nominatif trimestriel des vétérinaires de
réserve et de l'armée territoriale (1) indiquant
les mutations et changements de domicile
survenus pendant le trimestre précédent.

NOMS ET PRÉNOMS.	GRADES.	DÉCO-RA-TIONS.	DOMICILES.	MUTATIONS et OBSERVATIONS.
VÉTÉRINAIRES DE RÉSERVE.				
VÉTÉRINAIRES DE L'ARMÉE TERRITORIALE.				

(1) Affectés audit corps (à produire par les régiments de cavalerie, d'artillerie, du génie et les escadrons du train des équipages militaires) ou affectés aux états-majors des brigades d'infanterie (à produire par les états-majors de corps d'armée).

ou affectés aux services vétérinaires spéciaux de la région (à produire par les états-majors des corps d'armée),

ou affectés aux établissements de remonte (à produire par les états-majors des corps d'armée).

A   , le   19

L

CORPS D'ARMEE.

Recto (1re page).

MODÈLE N° 38.
—
Instruction du 2 février 1909 (Dispositions spéciales au génie, art. 2).

Format du papier :
Hauteur...... 0ᵐ,31
Largeur...... 0ᵐ,21

RÉGIMENT DU GÉNIE.

(ou bataillon du génie.)

(ou compagnie du génie.)

ETAT nominatif des officiers du cadre actif, de réserve et, exceptionnellement, de l'armée territoriale affectés à chacune des formations que doit constituer, à la mobilisation, le (régiment, bataillon ou compagnie), *indiquant leur situation au 1ᵉʳ 19 , et les mutations survenues parmi eux pendant le trimestre précédent.*

A , le 19 .

Le (chef de corps)

Nota. — Lorsqu'un emploi d'officier prévu pour une formation n'est pas pourvu de titulaire, remplacer le nom de l'officier manquant par le mot : « Vacance ».

A Monsieur le Ministre de la guerre. — 4ᵉ Direction; 1ᵉʳ Bureau.

Verso (2ᵉ page).

NUMÉ-ROS des ba-taillons	NUMÉROS ET DÉNOMINATION DES UNITÉS.	NOMS DES OFFICIERS ET ASSIMILÉS du cadre actif.		
		CAPITAINES.	LIEUTENANTS et SOUS-LIEUTENANTS	OFFICIERS d'administration.
°	1ʳᵉ compagnie, compagnie divisionnaire de la ° division.			(Ajouter les inter
°	2ᵉ compagnie, compagnie de corps du ° corps d'armée.			
°	3ᵉ compagnie, compagnie d'équipages de pont du ° corps d'armée.......			
°	8ᵉ compagnie, compagnie de parc du génie du ° corps d'armée...............			
°	° compagnie, compagnie télégraphique d'armée á sections..:............			
°	Compagnie d'aérostiers.....			
°	Compagnie de chemins de fer.			
	Détachement cycliste.......			
	Etc..., etc...	....	....	....

DÉ

État-major

EMPLOIS.	NOMS.	GRADES.

Bataillon

Officiers en sur

Recto (3ᵉ page).

SOUS-LIEUTENANTS ÉLÈVES de l'école de Fontainebleau, ÉLÈVES OFFICIERS de l'Ecole de Versailles, ÉLÈVES de l'Ecole polytechnique.		OFFICIERS DE COMPLÉMENT.			ÉLÈVES OFFICIERS de réserve.	ÉLÈVES de l'Ecole des ponts et chaussées.
NOMS (ou indication numérique).	ÉCOLES.	NOMS.	GRADES (réserve ou territoriale).	RÉSIDENCES (pour les grandes villes indiquer le numéro et la rue).	NOMS (ou indication numérique).	NOMS (ou indication numérique).
calaires nécessaires.)						

POT.

du dépôt.

(Dernière page.)

RÉSIDENCES (pour les grandes villes indiquer le numéro et la rue).	OBSERVATIONS.

de dépôt.

nombre à la suite.

*•*CORPS D'ARMÉE.

—

ᵉ RÉGIMENT DU GÉNIE.

ou

• BATAILLON DU GÉNIE.

Recto (1ʳᵉ page).

MODÈLE Nᵒ 39.

—

Instruction du 2 février 1909. (Dispositions spéciales au génie, *B. O.*, É. M., vol. nᵉ 72, art. 72, p. 122.)

Format du papier :

Hauteur........ 0ᵐ,31
Largeur........ 0ᵐ,21

ᵉ ᵉ ET ᵉ BATAILLONS TERRITORIAUX DU GÉNIE.

Emplacements. { Etat-major à
ᵉ bataillon à
ᵉ bataillon à
• bataillon à
Compagnies de dépôt à

ÉTAT NOMINATIF des officiers indiquant leur situation au 1ᵉʳ 19 et les mutations survenues parmi eux pendant le trimestre précédent.

NUMÉROS des bataillons.	NOMS ET PRÉNOMS.	GRADES et EMPLOIS.	DÉCORATIONS.	DOMICILE PERSONNEL.	MUTATIONS.

ÉTATS-MAJORS.

A , le 19 .

Le (chef de corps)

A Monsieur le Ministre de la guerre. — 4ᵉ Direction ; 1ᵉʳ Bureau.

Verso (2ª page).

| NUMÉROS | | CAPITAINES. | | | | LIEU | |
du bataillon.	des compagnies.	NOMS ET PRÉNOMS.	Décora-tions.	DOMICILE personnel.	MUTATIONS.	NOMS ET PRÉNOMS.	Décora-tions.
							(Ajouter les

Recto (3ᵉ page).

ENANTS.		SOUS-LIEUTENANTS.				
DOMICILE personnel.	MUTATIONS.	NOMS ET PRÉNOMS.	Décorations.	DOMICILE personnel.	MUTATIONS.	
(ntercalaires nécessaires.)						

TABLES

TABLE MÉTHODIQUE.

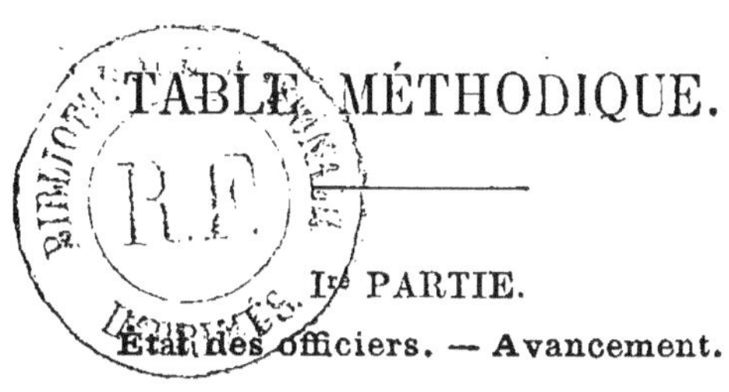

Ire PARTIE.

État des officiers. — Avancement.

IIe PARTIE.

Instruction relative aux officiers et assimilés de complément.

DISPOSITIONS COMMUNES.

CHAPITRE Ier.

TABLE CHRONOLOGIQUE.

TABLE ALPHABÉTIQUE.

C

J

Pages.

L

M

N

O